西藏民族大学资助、西藏自治区"知识产权法"一流课程建设成果

中国西藏科技进步与知识产权法

张　林　张君帅／著

ZHONGGUO XIZANG KEJI JINBU
YU ZHISHI CHANQUAN FA

法律出版社
LAW PRESS · CHINA
北京

图书在版编目(CIP)数据

中国西藏科技进步与知识产权法 / 张林,张君帅著. -- 北京:法律出版社,2023
ISBN 978-7-5197-8104-0

Ⅰ.①中… Ⅱ.①张… ②张… Ⅲ.①科技进步法-西藏②知识产权法-西藏 Ⅳ.①D927.750.217
②D927.750.34

中国国家版本馆 CIP 数据核字(2023)第 150792 号

中国西藏科技进步与知识产权法
ZHONGGUO XIZANG KEJI JINBU YU ZHISHI CHANQUAN FA

张 林 张君帅 著

策划编辑 张 颖
责任编辑 张 颖
装帧设计 鲍龙卉

出版发行 法律出版社
编辑统筹 法律应用出版分社
责任校对 李慧艳
责任印制 刘晓伟
经　　销 新华书店

开本 880 毫米×1230 毫米 1/32
印张 9 **字数** 241 千
版本 2023 年 4 月第 1 版
印次 2023 年 4 月第 1 次印刷
印刷 北京建宏印刷有限公司

地址:北京市丰台区莲花池西里 7 号(100073)
网址:www.lawpress.com.cn
投稿邮箱:info@lawpress.com.cn
举报盗版邮箱:jbwq@lawpress.com.cn

销售电话:010-83938349
客服电话:010-83938350
咨询电话:010-63939796

书号:ISBN 978-7-5197-8104-0
定价:48.00 元

凡购买本社图书,如有印装错误,我社负责退换。电话:010-83938349

序言 Preface

科技创新在西藏社会长治久安和高质量发展过程中发挥了至关重要的作用。早在1980年3月召开的西藏工作座谈会上，中共中央就提出西藏要发展工业，挖掘潜力，充分利用水力、地热等资源，发展动力和燃料工业，加强青藏、川藏公路的养护和维修，改善交通手段，发展航空运输；继承和发展藏医藏药和藏历、气象学。① 为了推动西藏工业发展，1983年8月中共中央组织部、劳动人事部*专门发文鼓励内陆科技人员前往西藏工作。在1984年3月召开的西藏工作座谈会上，中共中央提出“积极采用畜牧业生产和畜产品加工的先进技术，如电动剪毛、挤奶、手摇和电动奶油分离器等，以提高畜产品的商品率”②，并加强与内陆省区的技术交流。从羊八井地热电站、青藏公路、青藏铁路的建设到第二次青藏高原综合考察研究、川藏铁路的施工建设，每一个重大项目的成功实施都使西藏广大人民群众真实感受到科技进步带来的

① 参见中共中央文献研究室、中共西藏自治区委员会编：《西藏工作文献选编（一九四九——二〇〇五年）》，中央文献出版社2005年版，第307－308页。

* 现为人力资源和社会保障部。

② 中共中央文献研究室、中共西藏自治区委员会编：《西藏工作文献选编（一九四九——二〇〇五年）》，中央文献出版社2005年版，第363页。

幸福感和成就感，感受到党中央的关心关怀，感受到中国特色社会主义制度的显著优势。“科技是第一生产力、人才是第一资源、创新是第一动力”，我们要深入实施“科教兴国战略、人才强国战略、创新驱动发展战略”，完善以企业为主体的技术创新体系，加强关键核心技术攻关，推进科技创新平台建设，不断塑造西藏社会发展的新动能、新优势。

保护知识产权就是保护创新。随着我国知识产权法律制度体系的逐步完善，知识产权行政管理、司法保护与救济、中介服务市场的日趋健全，西藏注册的驰名商标、地理标志、有效专利数量不断增加与质量不断得到提升，西藏企业逐步掌握了运用和管理知识产权的能力，实现科技成果的产出与成果转化的同步进行，西藏高校、科研院所与企业、银行金融机构紧密联系，实现产学研的深度融合。此外，西藏还拥有丰富的非物质文化遗产，通过构建非物质文化遗产与知识产权制度的有效衔接，能够推动实现非物质文化遗产的合理开发，使传统智慧成果迸发出新的生命力。

本书从西藏科技进步立法的修订入题，先后论及第二次青藏高原综合考察研究、西藏科技发展政策、手工业非物质文化遗产的经营和创新主体、藏戏非物质文化遗产保护、藏药商业秘密保护与专利制度、商标显著性及其语言学分析、人工智能生成物著作权权利归属，为法学本科生、研究生、知识产权管理者和运营者、科技工作者了解西藏、服务西藏，熟悉掌握最新科技进步立法和知识产权立法，保护、运用、管理知识产权提供了重要的参考。“知识产权是设定在特定创新性智力成果这种特定信息上的专有权、排他权。”① 在西部民族地区，地广人稀，交通成本和人工成本较高，市场经济的发达水平、开放程度与东南沿海地区存在较大差距，随着中央提出加快构建“以国内大循环为主体、国内国际双循环相互促进”的新发展格局，西藏将抓住前所未有的有利发展时机，提升科技创新和知识产权保护水平，积极参与国内产业链、供应链建设，不断提高供给的质量和科技水平，实现西藏科技创新体制机制的重大变革。

① 郑成思主编：《知识产权——应用法学与基本理论》，人民出版社2005年版，第17页。

目 录 *Contents*

第一章

科教兴国战略之下的科技创新思想

第一节 贯彻新发展理念 实施创新驱动发展战略

习近平总书记关于科技创新的重要论述包含了许多新思想和新论断，是马克思主义创新理论的继承和发展，更是马克思主义中国化的重要内容。在马克思、恩格斯的经典文献中，并未发现“科技创新”这个词汇，但马克思对于科技的革命力量是有许多经典论断的。“一旦生产力发生了革命——这一革命表现在工艺技术方面——生产关系也就会发生革命。”① 马克思对于第一次工业革命所带来的社会发展和制度革新有着非常深刻的思考。“17 世纪和 18 世纪从事制造蒸汽机的人们也没有料到，他们所制作的工具，比其他任何东西都更能使全世界的社会状态发生革命。”② 中华人

---

① 《马克思恩格斯文集》（第 8 卷），人民出版社 2009 年版，第 341 页。
② 《马克思恩格斯文集》（第 9 卷），人民出版社 2009 年版，第 561 页。

民共和国成立后，党和国家的第一代领导人非常重视科学技术，毛泽东提出，“不搞科学技术，生产力无法提高”，并提出了“向科学进军”的伟大号召，强调“我们必须打破常规，尽量采用先进技术，在一个不太长的历史时期内，把我国建设成为一个社会主义的现代化强国”①。党的十八大提出了“实施创新驱动发展战略”，在党的十八大报告中对于该战略进行非常全面的阐释，创新驱动发展战略要“提高原始创新、集成创新和引进消化吸收再创新能力，更加注重协同创新”，创新成为新时代驱动经济社会发展的关键性要素。在党的十九大报告中，创新成为建设现代化经济体系的“战略支撑”，瞄准世界科技前沿、强化基础研究、实现前瞻性基础研究……党的十九大报告对于建设创新型国家作出了一系列重要部署。党的二十大报告提出，“必须坚持科技是第一生产力、人才是第一资源、创新是第一动力”，突出教育、科技、人才对于全面建设社会主义现代化国家的基础性、战略性支撑。

为了统筹推进知识产权强国建设，全面提升知识产权创造、运用、管理和服务水平，充分发挥知识产权制度在社会主义现代化建设中的重要作用，2021 年 9 月中共中央、国务院印发了《知识产权强国建设纲要（2021—2035 年）》，该纲要从战略背景、总体要求、建设面向社会主义现代化的知识产权制度、建设支撑国际一流营商环境的知识产权体系、建设激励创新发展的知识产权市场运行机制、建设便民利民的知识产权公共服务体系、建设促进知识产权高质量发展的人文社会环境、深度参与全球知识产权

① 《毛泽东文集》（第 8 卷），人民出版社 1999 年版，第 341 页。

治理以及组织保障等9个方面着眼于2021年至2035年，对于如何推进我国的知识产权强国战略作出了总体规划和行动指南，包括知识产权立法、执法、司法、守法，涉及知识产权创新、保护、运用、管理、服务全过程。《知识产权强国建设纲要（2021—2035年)》的颁布与实施是推进我国知识产权国家治理体系和治理能力现代化的重要举措。“国家治理体系和治理能力现代化是一个巨大的系统工程，核心是国家制度的有效运用，这离不开法律制度的充分实施。”① 法律制度不仅包括以《科学技术进步法》《促进科技成果转化法》为代表的科技行政管理类法律，还包括以《专利法》《商标法》为代表的知识产权法。对于健全新型举国体制而言，体制的有效运行应当以法律法规为依据。只有构建科学有效的知识产权法治保障才能够充分发挥我国“集中力量办大事”的优势，在党的集中统一领导下，协调统筹各种创新资源，不断提高我国知识产权的创造、运用、保护、管理和服务水平。

“在知识产权法的价值构造中，私权保护是主旋律，利益平衡是副歌。”②《知识产权强国建设纲要（2021—2035年)》坚持“合作共赢”的原则，提出构建“开放包容、平衡普惠的知识产权国际规则”，使发明创造能够惠及各国人民。在新型举国体制中，参与联合创新的主体人数众多、类型多样，需要平衡发明创造者与投资者、组织者、被许可使用者之间的关系，平衡知识产权人与

① 冯晓青：《我国知识产权制度实施的战略布局——关于〈知识产权强国建设纲要（2021—2035年)〉的理论思考》，载《知识产权》2021年第10期。

② 冯晓青：《我国知识产权制度实施的战略布局——关于〈知识产权强国建设纲要（2021—2035年)〉的理论思考》，载《知识产权》2021年第10期。

社会、国家之间的利益关系，充分保障国家在大型科技攻关中的引导功能，实现科技创新过程中经济利益主体与政治利益主体的默契相处、共谋大事，而《知识产权强国建设纲要（2021—2035年)》则为健全新型举国体制提供了重要参考。

一、创新驱动发展是大势所趋

我国经济发展进入新常态，主要呈现为“速度变化、结构优化、动力转换三大特点”[①]，面对新常态我们不能置之不理，而应当通过科技创新适应新常态、引领新常态，牢牢掌握发展的自主权。我国经济发展过程中存在不平衡、不可持续问题，人口、资源、环境压力越来越大，不能再通过增加要素投入的方式驱动发展，而应当在创新上寻找出路，依靠科技创新和体制机制创新推动社会经济发展。

近三年（2018 年至 2020 年）西藏经济社会得到了持续快速发展，全区生产总值发展速度保持在 10% 左右，位居全国前列，同时西藏不断增强科技投入，2018 年自治区科技研发投入 3. 7 亿元，增长 8. 8% ,[②] 2019 年财政资金科技投入、高新技术企业研发投入分别增长 23% 和 19% 。[③] 截至 2020 年 2 月西藏建成各类“双创”载体 131 家，孵化企业 2129 家，吸纳就业 1. 54 万人，建成 9 个国

① 中共中央文献研究室编：《习近平关于科技创新论述摘编》，中央文献出版社 2016 年版，第 8 页。

② 参见齐扎拉：《2019 年西藏自治区政府工作报告》，载西藏自治区人民政府网，http：//www. xizang. gov. cn/zwgk/xxfb/zfgzbg/201911/t20191114_123622. html。

③ 参见齐扎拉：《2020 年西藏自治区政府工作报告》，载西藏自治区人民政府网，http：//www. xizang. gov. cn/zwgk/xxfb/zfgzbg/202003/t20200302_133323. html。

家级企业技术中心和工程实验室，科技对农牧业贡献率达 51%。[①] 依靠科技进步西藏的特色产业和新兴产业得到快速发展，不但增强了企业的经济实力，还增加了人民群众的收入。

二、创新驱动发展战略是“双轮驱动”的全面创新

习近平总书记指出“实施创新驱动发展战略，最根本的是要增强自主创新能力，最紧迫的是要破除体制机制障碍，最大限度解放和激发科技作为第一生产力所蕴藏的巨大潜能”[②]。2016 年出台的《国家创新驱动发展战略纲要》就曾提出“坚持双轮驱动、构建一个体系、推动六大转变”的战略布局，其中的“双轮驱动”就是指科技创新和体制机制创新两个轮子。在习近平总书记看来，创新并不能止步于发表论文、申请专利，创新应当是一个系统工程，它应当实现“科学研究、实验开发、推广应用”的三级跳，创新应当能够在与市场其他要素结合后培育出新的产业链和经济增长方式。习近平总书记还指出，“我们要立足于科技创新，释放创新驱动的原动力，让创新成为发展基点”[③]。在科技创新方面要有新的理念、新的设计和新的战略，还意味着我们要从制度和各种具体机制拓宽研究的新领域、创造新机遇，激发研究者的创新力。从人类科技发展史来看，一个国家一个地区科技制度创新的

---

① 参见齐扎拉：《2018 年西藏自治区政府工作报告》，载西藏自治区人民政府网，http://www.xizang.gov.cn/zwgk/xxfb/zfgzbg/201902/t20190223_62068.html。

② 中共中央文献研究室编：《习近平关于科技创新论述摘编》，中央文献出版社 2016 年版，第 16 页。

③ 习近平：《论把握新发展阶段、贯彻发展理念、构建新发展格局》，中央文献出版社 2021 年版，第 117 页。

水平决定着该国该地区科技创新的水平，尤其在科技竞争日趋激烈的当今世界，只有通过良好的制度构建才能为持续的科技创新提供有效保障、营造良好的创新环境，具体来说，我们需要转变政府职能，培育市场化创新机制，建立完善的产权与知识产权制度，强化创新激励机制，建立集聚优秀创新人才计划等政策环境和制度环境。

三、要牢牢掌握科技创新的主动权

我们要牢牢掌握科技创新主动权，勇于挑战最前沿科学问题，加强基础研究。习近平总书记多次强调真正的核心技术是买不来的，我们只有拥有强大的科技创新能力才能不受制于人，领跑世界科技。

在新冠疫情暴发后，世界各国都在疫苗抗体研制、药物筛选、病毒致病机理研究、快速检测试剂研究和应用方面开展一系列研究，中国在疫情发生后很快发现了新型冠状病毒基因序列信息和病毒毒株，并分享给世界卫生组织，帮助世界其他国家共同抗击疫情。中国企业已经在印度尼西亚、巴西、阿联酋、马来西亚、巴基斯坦、土耳其等共建“一带一路”伙伴国开展疫苗联合生产。①国家卫生健康委员会发布的新版诊疗方案中提出“要在医疗救治工作中积极发挥中医药作用，加强中西医结合”的原则，并推荐了 6 种化学药物、8 个中药处方和 4 种中成药。西藏自治区为了充分发挥藏医药防治新型冠状病毒，专门组织区内藏医药专家制定

① 参见习近平：《建设更紧密的“一带一路”伙伴关系》，载习近平：《习近平谈治国理政》（第 4 卷），外文出版社 2022 年版，第 493 页。

了《西藏自治区新型冠状病毒感染的肺炎藏医药防治方案》，还推荐了八味大汤散、十三味主药散两个经典方剂。随着科技创新不断突破地域和学科界限，各国之间科技竞争逐步演化为一种创新体系的竞争，各国之间科技创新能力的竞争成为各国之间相互竞争的重要内容，在这种情况下哪一个国家掌握了关键的核心技术，掌握科技创新的主动权，哪一个国家就能在未来的竞争中处于优势地位。就广大科技工作者而言，从“跟跑者”“并跑者”到“领跑者”的转变关键在于树立自主创新的决心，要敢于攻坚克难，勇于攀登科技高峰。

第二节　贯彻“三个分工”“一个加强”的科技管理目标

一、完善党中央对科技工作统一领导，健全新型举国体制

习近平总书记指出要以转变政府职能为目标做好“三个分工”和“一个加强”，即政府和市场分工、中央各部门功能性分工、中央和地方分工，同时，要加强党对科技工作的领导，把握方向，突出重点，形成拳头，狠抓落实。[①] 党的坚强领导是我国各项事业取得胜利的根本保证，也是我国科技创新事业不断取得胜利的根

① 参见中共中央文献研究室编：《习近平关于科技创新论述摘编》，中央文献出版社 2016 年版，第 67 页。

本政治保障。按照法兰克福学派的观点，生产力所包含的科技发展水平，从政治的角度来看，已经不是对生产关系合法性进行批判的基础，它本身已经变成合法性的基础，或者说科技已经成为“意识形态的制度框架”。从以蒸汽机为代表的第一次工业革命到以人工智能为代表的第四次工业革命，标志性的发明创造不仅大大提升了生产力水平，作为劳动者的人也在发生改变：人的大脑和手脚、感官功能得到了加强，但也存在被替代的可能，有时不借助智能化工具人类将无法完成生产生活，因而科技的发展必须与一定的解释模式相适应。当前我国在科技领域取得了一系列重大突破，正在从“跟跑者”“并跑者”向“领跑者”转变，我们应当将科技进步与社会主义制度优越性结合起来与中华优秀传统文化的传承发展结合起来，贯彻新时代党的治藏方略，加强党的集中统一领导。

党的十九届四中全会通过的《中共中央关于坚持和完善中国特色社会主义制度　推进国家治理体系和治理能力现代化若干重大问题的决定》明确提出“构建社会主义市场经济条件下关键核心技术攻关新型举国体制”。此后，党的十九届五中全会通过的《中共中央关于制定国民经济和社会发展第十四个五年规划和二〇三五年远景目标的建议》再次强调要“健全社会主义市场经济条件下新型举国体制，打好关键核心技术攻坚战，提高创新链整体效能”①。

① 《中共中央关于制定国民经济和社会发展第十四个五年规划和二〇三五年远景目标的建议》，载中华人民共和国中央人民政府网，https：//www. gov. cn/xinwen/2021 -03/13/content_5592681. htm。

面对日趋激烈的竞争态势，尤其是其他国家对于我国高科技发展采取遏制和围堵战略，通过经贸摩擦、科技脱钩、金融施压等，企图将中国长久地锁定在全球价值链的最低端。构建和优化新型举国体制已经成为我国实现关键核心技术实现重大突破的体制保障。在党的十九届六中全会通过的《中共中央关于党的百年奋斗重大成就和历史经验的决议》中，党对于新型举国体制的目标定位作出了非常明确的阐述，“健全新型举国体制，强化国家战略科技力量，加强基础研究，推进关键核心技术攻关和自主创新”。2022 年 9 月 6 日，习近平总书记主持召开的中央全面深化改革委员会第二十七次会议审议通过了《关于健全社会主义市场经济条件下关键核心技术攻关新型举国体制的意见》。首先，《关于健全社会主义市场经济条件下关键核心技术攻关新型举国体制的意见》提出健全关键核心技术攻关新型举国体制的主要思路就是要把政府、市场、社会有机结合起来，科学统筹、集中力量、优化机制、协同攻关；其次，《关于健全社会主义市场经济条件下关键核心技术攻关新型举国体制的意见》还确定了新型举国体制实施的对象，即以国家战略目标为导向，瞄准事关我国产业、经济和国家安全的若干重点领域及重大任务，明确主攻方向和核心技术突破口，重点研发具有先发优势的关键技术和引领未来发展的基础前沿技术；最后，《关于健全社会主义市场经济条件下关键核心技术攻关新型举国体制的意见》对于实施新型举国体制作出了具体部署，即通过加强党中央集中统一领导，建立权威的决策指挥体系，构建协同攻关的组织运行机制、高效配置科技力量和创新资源、强化跨领域跨学科协同攻关，强化企业技术创新主体地位，加快转变政府科技管理职能，营造良好的创新生态，激发创新主体的活力。在党的二十大上，习近平总书记所作的《高举中国特色社会主义伟大旗帜　为全面建设社会主义现代化国家而团结奋斗》报告中再次提出“完善党中央对科技工作统一领导的体制，健全新型举国体制”，新型举国体制将成为强化我国战略科技力量、优化配置创新资源、优化创新主体定位和布局、加强科技基础能力建设的基本保障。

与其他国家相比，坚持党的集中统一领导是我国新型举国体制的政治优势。① 有学者认为，举国体制作为一种强大国家能力的体现，它根本上解决的就是“团结”的问题，或者说是在复杂环境下网络协作问题。② 团结的首要问题就是要解决由谁来领导和组织的问题，而只有中国共产党具备“总揽全局、协调各方”的领导权威和领导能力，能够统筹协调动员全国的物力、财力和人力，调动中央政府和地方政府两个治理主体的积极性。③ 科技进步的意义是科技价值的基础，这个基础是鼓舞人们向更高价值的共同目标共同奋斗的动力来源。在中国共产党百年奋斗历程中，始终立志于中华民族千秋伟业，致力于人类和平与发展崇高事业，牢记

---

① 参见唐皇凤、徐植：《新型举国体制的科学内涵、独特优势与运行机制优化》，载《新疆师范大学学报（哲学社会科学版）》2023 年第 1 期。

② See Brett Doyle. Lessons on Collaboration from Recent Conflicts：The Whole – of – Nation and Whole – of – Government Approaches in Action. InterAgency Journal, 2019（1）：p. 105 – 122.

③ 参见谢宜泽、胡鞍钢：《新型举国体制：时代背景、基本特征与适用领域》，载《深圳大学学报（人文社会科学版）》2021 年第 4 期。

初心，不忘使命，激励着一代又一代的科研人员从事科技攻关工作，释放出强大的创造能量，在科学研究、产业发展方面取得了令人瞩目的巨大成就。要超越所谓的技术民族主义，摆脱二元论视角下的欧洲中心主义、人类中心主义或者某个国家利益优先主义，就必须倡导“人类命运共同体”意识。西藏是反分裂斗争的前沿阵地，因此西藏科技立法应当明确禁止危害国家安全、损害社会公共利益、公民身体健康的科学技术研究，并规定国家安全机关、公安机关、人民检察院和人民法院建立密切协同科技管理机制，正确研判、及时处置违反规定的科学技术研究与应用。

二、推进科技进步是全社会的共同责任

推进科技进步是全社会的共同责任，而不是某一个部门专属的职责。习近平总书记多次指出“创新是引领发展的第一动力”，在引领社会发展中创新处于首要地位，这一观念应当成为全社会的共识，并成为自治区各级政府、事业单位、社会团体和各族人民共同努力的目标，只有整个社会都树立科学创新理念，支持和积极参与科技创新和体制机制创新，深化产学研融合，才能够真正推动整个社会的进步。

西藏经济社会的高质量发展必须贯彻新发展理念，而其中创新理念是首要理念。“创新是引领发展的第一动力”，创新不仅包括科技创新，还包括体制机制创新，而西藏自治区科技进步立法的修订则成为西藏自治区实施创新驱动发展战略、把握青藏高原生态环境变化规律、巩固脱贫成果、维护国家安全的关键环节。

科技进步立法的修订有利于加强党对西藏科技工作的科学领导，有利于全社会树立科学创新理念，有利于贯彻西藏自治区党委、政府提出的“建平台、攻专项、促转化、广普及”的科技工作要求。从西藏科技管理体系来看，缺乏横向部门之间配合与职责划分，在纵向上过分倚重自治区人民政府及其科技管理行政部门；从规范文件的种类来看，无法正确厘清规范性文件与政策性文件之间的联系与区别；无法正确处理科学研究重点领域与重点产业之间的关系，以重点产业代替重点科学研究领域，科学规划缺乏前瞻性，忽视基础研究作为理论来源的重要地位；专利制度并没有充分发挥激励创新的作用，包括藏药在内的传统发明创造与专利制度存在严重隔阂，缺乏市场竞争力。对于存在的问题，我们应当在学习贯彻习近平总书记关于科技创新的重要论述的基础上推动西藏的科技管理体制的各项改革与发展。

第三节　科技发展与生态保护

在中央第六次西藏工作座谈会上，习近平总书记指出，“要坚持生态保护第一，采取综合举措，加大对青藏高原空气污染源、土地荒漠化的控制和治理，加大草地、湿地、天然林保护力度”。[①]在五年之后的中央第七次西藏工作座谈会上，习近平总书记再次

① 《依法治藏富民兴藏长期建藏　加快西藏全面建成小康社会步伐》，载《人民日报》2015年8月26日，第1版。

指出，“要深入推进青藏高原科学考察工作，揭示环境变化机理，准确把握全球气候变化和人类活动对青藏高原的影响，研究提出保护、修复、治理的系统方案和工程举措”①。连续两次西藏工作座谈会都提出西藏生态保护问题，足以见中央对于西藏生态文明建设的重视程度，习近平总书记甚至将保护好青藏高原生态视为对中华民族生存和发展的最大贡献。生态保护工作在西藏各项工作任务中居于非常重要地位，但要实现各种保护目标不能不依靠科技的进步。国务院新闻办公室 2018 年 7 月发布的《青藏高原生态文明建设状况》白皮书显示，科技在青藏高原社会经济发展和生态文明建设中发挥着越来越重要的支撑作用。“新中国成立以来，青藏高原科学研究经历了从局部到整体、从单学科研究到综合研究、从国内合作到国际合作的发展过程，现已形成较高水平的科研力量，建成了较为完备的生态与环境检测体系。”② 2017 年 8 月《习近平致中国科学院青藏高原综合科学考察研究队的贺信》指出：“青藏高原是世界屋脊、亚洲水塔，是地球第三极，是我国重要的生态安全屏障、战略资源储备基地，是中华民族特色文化的重要保护地。开展这次科学考察研究，揭示青藏高原环境变化机理，优化生态安全屏障体系，对推动青藏高原可持续发展、推进国家生态文明建设、促进全球生态环境保护将产生十分重要的

① 《中央第七次西藏工作座谈会在北京召开》，载中国西藏网，http：//www. tibet. cn/cn/zt2020/xzzth/pic/202008/t20200830_6845093. html。

② 中华人民共和国国务院新闻办公室：《青藏高原生态文明建设状况（2018 年 7 月）》，人民出版社 2018 年版，第 25 页。

影响。”① 生态文明建设关系人民福祉，关乎民族伟大。党的十八大以来，以习近平同志为核心的党中央统筹推进“五位一体”总体布局，把建设美丽中国作为实现中华民族伟大复兴中国梦的重要内容，形成了一系列新理念、新思想、新战略。2020 年 8 月在中央第七次西藏工作座谈会上，习近平总书记指出，“保护好青藏高原生态就是对中华民族生存和发展的最大贡献。要牢固树立绿水青山就是金山银山的理念，坚持对历史负责、对人民负责、对世界负责的态度，把生态文明建设摆在更加突出的位置，守护好高原的生灵草木、万水千山，把青藏高原打造成为全国乃至国际生态文明高地”②。2021 年 7 月在庆祝西藏和平解放 70 周年之际，习近平总书记来到西藏，祝贺西藏和平解放 70 周年，看望慰问西藏各族干部群众，给各族干部群众送去了党中央的关怀。习近平总书记强调要坚持保护优先，坚持山水林田湖草沙冰一体化保护和系统治理，加强重要江河流域生态环境保护和修复，统筹水资源合理开发利用和保护，守护好西藏的生灵草木、万水千山。

习近平总书记的殷殷嘱托已成为西藏发展科技创新事业，不断增强生态环境保护能力的重要动力。2021 年西藏 50% 的国土空间划入“三线一单”优先保护单元，发布第一批自治区级重要湿

① 《习近平致中国科学院青藏高原综合科学考察研究队的贺信》，载新华网，http：//www. xinhuanet. com/politics/2017 – 08/19/c_1121509919. htm。

② 《习近平在中央第七次西藏工作座谈会上强调：全面贯彻新时代党的治藏方略 建设团结富裕文明和谐美丽的社会主义新西藏》，载中华人民共和国中央人民政府网，https：//www. gov. cn/xinwen/2020 – 08/29/content_5538394. htm。

地名录，三江源国家公园唐北片区获批设立，第二次青藏高原综合考察研究（以下简称第二次青藏科考）深入开展。① 随着各种新技术、新方法的适用，科技在西藏生态文明建设中发挥了越来越重要的作用。

① 参见严金海：《2022 年西藏自治区政府工作报告》，载西藏自治区人民政府网，http：//www. xizang. gov. cn/zwgk/xxfb/zfgzbg/202201/t20220125_281389. html。

第二章

西藏科技进步立法

第一节　西藏科技进步立法概况

一、西藏已经形成以法律、地方性法规、规章为主体的法律体系

（一）从法律规范的形式来看

从法律规范的形式来看，西藏科技进步立法的法律渊源种类较多，主要包括全国性立法和地方性立法两个部分。在全国性立法层面，不仅包括《宪法》的部分条文，还应当包括《科学技术进步法》、《促进科技成果转化法》和《科学技术普及法》的主要条文。在地方性立法层面，主要包括由西藏自治区人大常委会制定的《西藏自治区实施〈中华人民共和国科学技术进步法〉办法》（1998 年制定，2011 年修订）、《西藏自治区实施〈中华人民共和国促进科技成果转化法〉办法》（2000 年制定，2018 年修订）。除此之外，还包括 2 部行政法规、6 部部门规章、1 部党内法规制度、24 件地方规范性文件（见表 1）。它们共同构成了西藏科技进步立法的主体。

表1 西藏科技立法概况

序号	法律文件名称	类型	立法单位	公布日期	涉及领域
1	《宪法》	根本法	全国人大	1982年12月4日	—
2	《科学技术进步法》		全国人大常委会	2021年12月24日	激励科技创新
3	《促进科技成果转化法》		全国人大常委会	2015年8月29日	促进科技成果转化
4	《科学技术普及法》		全国人大常委会	2002年6月29日	普及科学技术
5	《国家科学技术奖励条例》	行政法规	国务院	2020年10月7日	科技奖励
6	《人类遗传资源管理条例》	行政法规	国务院	2019年5月28日	规范科研活动
7	《科学技术部规章制定程序的规定》	部门规章	科技部	2003年8月4日	立法程序
8	《社会力量设立科学技术奖管理办法》	部门规章	科技部	2006年2月5日	科技奖励
9	《国家科技计划实施中科研不端行为处理办法（试行）》	部门规章	科技部	2006年11月7日	规范科技行为
10	《农村实用人才和农业科技人才队伍建设中长期规划（2010—2020年）》	党内法规制度	中共中央组织部农业部（现为农业农村部）、人力资源和社会保障部	2011年3月21日	人才培养

续表

序号	法律文件名称	类型	立法单位	公布日期	涉及领域
11	《科学技术保密规定》	部门规章	科技部、国家保密局	2015 年 11 月 26 日	规范科技行为
12	《中央引导地方科技发展资金管理办法》	部门规章	财政部、科技部	2022 年 1 月 1 日	创新激励
13	《科学技术活动违规行为处理暂行规定》	部门规章	科技部	2020 年 7 月 17 日	科技活动
14	《西藏自治区实施〈中华人民共和国科学技术进步法〉办法》	地方性法规	西藏自治区人大	2011 年 9 月 30 日	全部
15	《西藏自治区实施〈中华人民共和国促进科技成果转化法〉办法》	地方性法规	西藏自治区人大	2018 年 12 月 3 日	成果转化
16	《西藏自治区专利申请资助和奖励办法（暂行）》	地方规范性文件	西藏自治区人民政府	2004 年 1 月 2 日	创新激励
17	《西藏自治区科学技术奖励办法》	地方政府规章	西藏自治区人民政府	2021 年 12 月 17 日	创新激励
18	《西藏自治区关于加快发展农牧民专业合作经济组织的意见（试行）》	地方规范性文件	西藏自治区政府	2009 年 5 月 27 日	组织建设

续表

序号	法律文件名称	类型	立法单位	公布日期	涉及领域
19	《西藏自治区组织实施国家科技支撑计划项目管理暂行办法》	地方规范性文件	西藏自治区科技厅	2008年7月8日	科学研究
20	《自治区科技计划专项经费监督管理暂行办法》	地方规范性文件	西藏自治区科技厅	2008年7月8日	保障措施
21	《西藏自治区科技计划（专项、基金等）项目管理专业机构管理暂行办法》	地方规范性文件	西藏自治区科技厅	2019年6月28日	组织建设
22	《西藏自治区科技计划项目管理暂行办法》	地方规范性文件	西藏自治区科技厅	2008年11月28日	科学研究
23	《关于加强农牧民劳动技能技术培训的意见》	地方规范性文件	西藏自治区人力资源和社会保障厅、西藏自治区财政厅	2011年4月7日	人才培养
24	《西藏自治区应用技术研究与开发专项资金管理办法》	地方规范性文件	西藏自治区财政厅、西藏自治区科技厅	2018年12月19日	科研与科技转化
25	《西藏自治区科学技术奖励办法实施细则》	地方规范性文件	西藏自治区科技厅	2015年10月20日	创新激励

续表

序号	法律文件名称	类型	立法单位	公布日期	涉及领域
26	《西藏自治区科技创新券管理办法（暂行）》	地方规范性文件	西藏自治区科技厅	2022年8月2日	科研与科技应用
27	《西藏自治区科学技术厅预决算信息公开暂行管理办法》	地方规范性文件	西藏自治区科技厅	2019年3月18日	保障措施
28	《西藏自治区自然科学基金管理办法（暂行）》	地方规范性文件	西藏自治区科技厅	2018年4月2日	科学研究
29	《西藏自治区科技计划项目管理办法》	地方规范性文件	西藏自治区科技厅	2019年4月29日	科学研究
30	《西藏自治区科技计划科技报告管理暂行办法》	地方规范性文件	西藏自治区科技厅	2019年4月29日	保障措施
31	《西藏自治区农业科技园区管理办法》	地方规范性文件	西藏自治区科技厅等	2020年4月16日	科研与科技应用
32	《西藏自治区企业研究开发费用加计扣除项目鉴定办法（暂行）》	地方规范性文件	西藏自治区科技厅等	2020年4月16日	保障措施
33	《关于深化自治区科技领域放管服改革优化创新服务环境的实施意见》	地方规范性文件	西藏自治区科技厅	2020年4月24日	保障措施

续表

序号	法律文件名称	类型	立法单位	公布日期	涉及领域
34	《赋予科研人员职务科技成果所有权或长期使用权试点实施方案》	地方规范性文件	科技部等	2020 年 5 月 9 日	创新激励
35	《西藏自治区科技计划项目过程管理办法（试行）》	地方规范性文件	西藏自治区科技厅	2019 年 6 月 28 日	科学研究
36	《拉萨市科技型中小企业认定管理暂行办法》	地方规范性文件	拉萨市科技局	2020 年 1 月 14 日	保障措施
37	《拉萨市科技型企业奖励资金管理办法》	地方规范性文件	拉萨市科技局	2020 年 1 月 14 日	创新激励
38	《拉萨市科技企业孵化器绩效管理办法（暂行）》	地方规范性文件	拉萨市科技局	2019 年 4 月 3 日	科技成果转化
39	《拉萨市科技计划项目管理办法（试行）》	地方规范性文件	拉萨市科技局	2020 年 4 月 26 日	科学研究

（二）从立法的内容来看

从内容上看，西藏科技立法主要涉及科技行政管理、科学研究、技术开发与应用、科学技术研发与转化组织、科技奖励制度、行为规范与制度保障等几个部分。

1.《宪法》是我国的根本法，对我国的科学技术制度作出了根本性的规定。我国《宪法》在序言中就提出要实现包括科学技术现代化在内的“四个现代化”，并在第一章“总纲”部分明确提出要“推广先进的科学技术”“提高全国人民的科学文化水平”，开展科学技术的教育，并规定国家奖励科学研究成果和技术发明创造。在第二章“公民的基本权利和义务”部分，我国《宪法》对公民科学研究自由权予以肯认，并规定国家对有益于社会的创造性劳动给予鼓励和帮助。在第三章“国家机构”部分，我国《宪法》规定了全国人民代表大会设立教育科学文化卫生委员会，国务院领导和管理科学工作，县级以上地方各级人民政府依法管理本地区科学工作，发布决定和命令，民族自治地方自治机关管理本地方的科学事业。

为了贯彻实施宪法所确立的基本制度，全国人大及其常委会制定了一系列法律推动科技进步和成果转化。2007 年《科学技术进步法》共有 8 章 75 个条文，2021 年全国人大常委会对该法进行了修订，增加了基础研究、区域科技创新、国际科学技术合作和监督管理 4 个章节，条文数目增加至 117 条。该法是我国科技领域的基本法律，确立了科技进步立法的立法宗旨、基本原则和基本制度。该法在第 1 条中即规定了立法的宗旨，主要包括以下三点：一是促进科技自身的进步；二是充分发挥科技对推动生产力的作用，将科技转化成现实生产力；三是推动科技新支撑和引领经济社会发展。除了确立立法宗旨，《科学技术进步法》提出了科学研究自由原则、尊重知识、尊重创造性劳动、科技工作服务经济社会建设原则等。同时《科学技术进步法》还规定了国务院与各级人民政府科技进步工作的职责、科技进步工作的协调机制和决策机制、科技创新成果的知识产权划分、国家鼓励企业的创新活动等内容。

2.《促进科技成果转化法》是我国为了促进科技成果转化为生产力进行的专门立法，共有6章52条，按照该法解释，科技成果范围十分广泛，包括科学研究和技术开发所产生的具有实用价值的一切成果，并不区分发明与发现，而科技成果转化就是指对前期科技成果的后续试验、开发、应用、推广，并与其他技术或产品结合后所形成的新技术、新工艺、新材料、新产品和新产业。该法的立法宗旨就是推动科技成果转化，实现社会经济的高质量发展。

3.《科学技术普及法》共有6章34条，该法是对国家机关、社会团体、企事业单位、农村基层组织开展普及科学技术知识、传播科学思想进行的专门立法。从《科学技术进步法》第12条对国家发展科学技术普及事业，普及科学技术知识的规定以及第40条、第51条、第70条对企业开展科技普及、科研机构开展科技普及、科技协会和科技社会团体发展科技普及的规定来看，《科学技术进步法》与《科学技术普及法》相辅相成。

二、科技进步立法有效保障地方优势产业发展

在人类社会经济发展的过程中，创新一直是推动社会经济发展的重要力量。美国学者约瑟夫·熊彼特在其《经济发展理论》一书中指出“创新是一种新的组合，是一种新的生产函数”，是

“生产要素”的重新组合。美国管理学彼得·德鲁克在熊彼特创新理论的基础上将创新定义为“改变资源的产出”或者“通过改变产品和服务，为客户提供价值和满意度”。国内学者江涛涛等认为，创新是把“新组合”引入生产体系，通过竞争不断消灭旧事物的过程，创新对于企业等市场经济主体而言就是一种自我更新的过程。① 创新不论是发生在技术领域还是发生在体制机制领域，它都具有革命性的根本变革。“18 世纪以来的三次工业革命颠覆性的科技革新，带来社会生产力的大解放和生活水平的大跃升，从根本上改变了人类历史的发展轨迹”②，而现在我们所经历的以智能化为特征的第四次工业革命，是一场更深层次意义上的科技革命和产业变革，涉及深度学习、人工智能、量子计算机、新能源、新材料与新药品等，面对历史机遇与挑战，作为世界上最大的发展中国家，我们必须抓住机遇，实现从科技大国向科技强国的转变。

近年来，西藏在传统的农牧业、藏药研究领域取得了巨大的成果。例如，2020 年西藏自治区在青稞育种培育方面取得重大突破，首次绘制了青稞基因组框架图，发现了青稞由巴基斯坦北部—印度—尼泊尔传入中国西藏东南部的驯化迁入途径，阐明了青稞主要通过强化苯丙烷代谢通路抵御高原强紫外辐射的选择驯化机制。发掘出耐低氧、抗寒和抗旱等 360 个高原适应性相关基

---

① 参见江涛涛、马剑锋、赵明明：《科技创新与区域经济发展》，经济管理出版社 2019 年版，第 23 页。

② 《金砖未来掌握在五国人民自己手中》，载人民网，http://paper.people.com.cn/rmrbhwb/html/2018-07/27/content_1870892.htm。

因，克隆MYB、MYC、HvGW2、Waxy等青稞重要性状相关基因36个，开发功能标记8个。在传统藏药研发方面，西藏自治区藏医院通过与华西医科大学协作开发研制，有5个药品（十味龙胆花颗粒、六味能消胶囊、十味蒂达胶囊、六味枸杞口服液、索罗玛宝颗粒）获得国家药品准字号，每年创造产值2亿元。

创新是实现西藏高质量发展的关键环节，通过创新实现西藏发展方式的根本转变。与传统依赖土地、资本等生产要素不同，新的发展方式通过技术进步和劳动力素质提升不仅提高了生产要素的使用效率，它还能够形成新的要素组合方式，甚至创造新的生产要素。2011年实施的《西藏自治区实施〈中华人民共和国科学技术进步法〉办法》明确规定西藏自治区科学技术工作围绕特色农牧业、藏药业、民族手工业、特色旅游业、优势矿产业、高原特色生物产业和新能源等自治区战略性支撑产业和新兴产业，开展科学研究、技术开发与科学技术的应用推广。2019年实施的《西藏自治区实施〈中华人民共和国促进科技成果转化法〉办法》也明确规定对于能够促进高原生物产业、特色旅游文化产业、绿色工业、清洁能源产业、现代服务业、高新数字产业、边贸物流产业等自治区重点产业的科技成果转化项目，自治区通过政府采购、研究开发资助、发布产业技术指导目录、示范推广等方式予以支持。科技立法在推动西藏科学研究、科技创新和转化、吸纳就业、培养科技人才等方面提供了制度保障，为西藏支柱产业和新兴产业实现高质量发展、从劳动密集型向知识密集型增长方式转变创造了良好的环境。

三、不断尝试科技管理制度创新

（一）出台科技创新券管理办法，推动“大众创业、万众创新”

2019年3月西藏自治区科技厅出台了《西藏自治区科技创新券管理办法（试行）》，建立了西藏自治区的科技创新券制度，随后根据实践情况进行了修订并于2022年8月2日出台了《西藏自治区科技创新券管理办法（暂行）》。科技创新券是指利用财政资金支持区内科技型中小企业和创新创业团队向高校、科研院所以及科技服务机构购买科技服务而发放的配额凭证。与传统直接资金资助不同，科技创新券发放是一种新型财政资金投入方式，它能够突出发挥市场在科技资源配置中的主导地位，推动科技资源开放共享，促进科技创新的供需双方的有效对接，并激发“大众创业、万众创新”的活力。随着科技创新券的不断推广，不断有科技企业、创新创业团队提出申请，仅拉萨市科技局2019年就拟发放科技创新券1000张，每张面额5000元，[①] 用于科技企业、创新创业团队向认定的科技创新券服务机构购买服务。

（二）出台科技特派员规范性文件，提升基层科技服务质量

西藏自治区科技特派员的选派开始于2005年，在实施之初科技特派员大部分是自治区涉农的科研院所、农牧业技术推广部门、基层农牧业管理部门的技术人员（包括一些退休科技人员），共计

---

① 参见郭雨辉：《西藏拉萨市科技创新券首发》，载中国西藏网，http：//www.tibet.cn/cn/news/zx/201906/t20190628_6623178.html。

182 人。2009 年自治区党委、政府加大农牧民科技特派员推进工作，根据《中共西藏自治区委员会西藏自治区人民政府关于加强农牧业科技工作的意见》（藏党发〔2012〕8 号）中提出“壮大农牧民科技特派员队伍，新发展科技特派员 8837 名，到 2015 年每个建制村达到 2 名”的工作目标，开始重点发展科技特派员，科技特派员发展到 1 万多人，率先在全国实现行政村覆盖率 100%。[①] 2017 年 7 月自治区科技厅、组织部、教育厅、财政厅、人力资源和社会保障厅、农牧厅、扶贫办共同发布了《西藏自治区科技特派员管理办法》，在原有管理办法的基础上进一步规范了科技特派员的选聘解聘、组织管理、保障机制，并开发了“西藏自治区科技特派员培训管理平台”，提升基层科技服务的信息化水平。科技特派员常年驻村入户、普及科技知识，把现代技术、生产要素、市场要素和创新资源有效植入“三农”。形成以科技特派员为中坚骨干的“科技特派员 + 农牧业经济合作组织”的富有成效的农牧业技术推广运作模式，构筑了农村承接新技术、新成果的“平台”。科技特派员累计推广各类先进适用技术 300 余项，实施科技开发项目 122 项，创办企业 37 家，组建专业技术协会或经济合作组织 219 家，创建创业基地 175 个，培训农牧民群众及广大县、乡、村农技人员 65 万人次，有效带动 11,410 户建档立卡脱贫户脱贫致富。[②] 在西藏，科技特派员能够充分了解广大农牧民的科技需

① 参见《驻守雪域高原一线的“土专家”——西藏科技特派员制度实施纪实》，载陕西省科学技术厅官网 2019 年 11 月 6 日，http：//kjt. shaanxi. gov. cn/kjzx/kjyw/157503. html。

② 参见《驻守雪域高原一线的“土专家”——西藏科技特派员制度实施纪实》，载陕西省科学技术厅官网 2019 年 11 月 6 日，http：//kjt. shaanxi. gov. cn/kjzx/kjyw/157503. html。

求，能够将上级政府的科技扶持项目、科技培训计划和科技动态信息传递给广大农牧民，有效夯实了“科技扶贫”的基础。

四、完善科技进步立法的建议

自2010年以来，西藏科技进步立法得到快速发展，但客观地说其科技立法仍有继续完善的必要，表现在以下三点：第一，尚未建立起科学规范的立法程序，立法过程中缺少广泛征集社会意见、专家论证的阶段，在立法实施过程中缺少对科技进步立法运行状况的跟踪、调查、评估机制，没有对立法实施过程中存在的问题进行及时分析和总结。科技进步立法既没有解决好强制性规范与任意性规范之间的关系，也没有对科技立法的程序和权限进行明确界定，导致一方面科技立法较多，另一方面科技立法可操作性不强，科技立法的贯彻落实效果亟待提高。第二，没有对废止或失效的规范性文件进行公示。通过登录西藏自治区科技厅网站我们发现，网站“规范性文件”板块只公布了现行有效的规范性文件，并没有公布已经废止或失效的规范性文件。但从科技部的网站中我们却发现科技部于2011年出台了第14号决定对《科技开发企业审批登记暂行办法》等68件规范性文件予以废止，在罗列规范性文件名称和文号的同时，该决定还对废止的原因进行了简单说明，① 西藏自治区也应当参照科技部的做法对已制定的规

---

① 不仅对于规范性文件，2016年6月23日科技部还发布第17号《科技部关于对部分规章和文件予以废止的决定》，对1994年国家科委发布的《科学技术成果鉴定办法》和1999年科技部发布的《社会力量设立科学技术奖管理办法》废止予以公告，并对废止的原因进行了说明。两部规章废止的原因相同，都是因为国务院出台决定取消了行政主体的行政许可权限。

章、规范性文件进行整理，并对已经废止的规章、规范性文件进行公告。第三，缺少对行政职权行使的司法监督程序。《西藏自治区实施〈中华人民共和国科学技术进步法〉办法》仅在第66条规定，科技行政管理部门及其工作人员在科技进步工作中滥用权力、玩忽职守、徇私舞弊的，对直接负责的主管人员和其他直接责任人员依法追究纪律处分和刑事责任，但对于行政机关超越职权、违反程序、违背事实的行政行为，行政相对人或利害关系人是否能够向上一级行政机关申请行政复议或向人民法院提出行政诉讼没有作出规定。2018年发布的《西藏自治区实施〈中华人民共和国促进科技成果转化法〉办法》法律责任部分共有4个条文，有3个条文都是对行政相对人违法行为的行政处罚，却没有规定对行政机关的违法行为予以监督。

第二节 西藏自治区科技进步立法亟待解决的问题分析

一、大量科技立法的出台不断扩张着行政职权

（一）科技进步立法中的行政要素

科学技术的发展对于一个国家、一个地区的经济发展、社会稳定、公民就业、人民幸福发挥着至关重要的作用。科学正在改变着人类对于自然、社会的认知，尤其在疫情防控过程中，新药

品、疫苗、人工智能疾病诊疗技术都成为普通民众热议的话题，也成为世界各国科技角逐的重点。正如J. 弗兰克所指出的那样，法律现实主义者的一个主要目的就是使法律“更多地回应社会需求”，为了达到这一目的，他们极力主张扩大“法律相关因素的范围”，以便法律推理能够包含对官方行为所处社会场合及其社会效果的认识。① 无论是《科学技术进步法》《促进科技成果转化法》，还是西藏自治区人大常委会修订的《西藏自治区实施〈中华人民共和国科学技术进步法〉办法》以及科技部出台的部门规章都包含有大量的关于行政主体、行政职权、行政程序的规定，涉及的行政行为包括行政许可、行政指导、行政处罚等内容。如《科学技术进步法》第15条对于国务院制定科学技术发展规划的规定，第18条规定国家建立科学技术奖励制度属于行政奖励，第32条对利用财政性资金设立的科学技术资金项目产出的科技成果，授权项目承担者取得相关知识产权属于行政确认。科技行政管理主体在科技创新、大众创业、融资贷款、粮食安全、生态保护等领域越来越发挥重要的作用。

（二）行政职权的扩张

科技进步立法作为新兴立法，具有开放性和弹性特征，以适应科学技术日新月异的发展和日趋激烈的竞争，但这种开放性立法和原则性规定也为行政权力的扩张提供了更大的空间。正如表1所示，近年来西藏科技进步立法的颁行呈现加速之势，2019年以

① 参见［美］诺内特、［美］赛尔兹尼克：《转变中的法律与社会：迈向回应型法》，张志铭译，中国政法大学出版社1994年版，第81页。

来制定和修订的法律文件数量达到19件。一些科技管理行为、创新主体甚至进入了法律监督的“盲区”。我国《行政复议法》第6条所列举的可申请复议的行政行为包括行政处罚、行政强制措施、自然资源行政确认、行政许可、行政救济、未履行行政职责等，并未包括行政奖励、行政指导。行政确认的对象只是针对土地、矿藏等自然资源所有权，并未包括知识产权等无形资产的权利确认，对于行政合同该法只涉及“农业承包合同”并未包括科学研究委托合同、科技成果转化合同等在科技行政管理中大量存在的行政合同。

如果说《行政复议法》还属于行政机关内部监督，那么《行政诉讼法》则属于对于行政机关的外部监督，即司法监督，它在对行政行为监督过程中发挥着至关重要的作用。《行政诉讼法》虽经2017年第二次修订，但对于科技行政行为的监督缺乏专门规定，在该法第12条列举的可以受理的案件范围中，包括行政处罚、行政强制、征收征用、行政许可等常见行政行为，还包括行政相对人、利害关系人“认为行政机关滥用行政权力排除或者限制竞争”的情形，但通过查阅相关资料和典型案例，笔者尚未发现有行政相对人对于科技行政管理机构滥用科技管理权力，不正当地扶持某企业排除或者限制市场自由竞争提起诉讼。就地方政府而言，在扶持当地科技企业尤其是已经取得垄断地位的科技企业过程中，应当依法履行科技管理职权，对自己作出的行政行为是否会对当地市场的自由竞争造成破坏，是否在扶持一个科技企业过程中造成其他存在竞争关系的其他科技企业丧失市场竞争力进行分析。

除此之外，《行政诉讼法》还将行政合同的履行、违法变更、解除列为可以提起诉讼的事项，但可惜只将行政合同类型限制在政府特许经济合同、土地房屋征收补偿协议，使大量科技行政合同被排除在受案范围之外。

二、厘清规范性文件与政策性文件之间的联系与区别

从西藏自治区科技立法体系来看，除了全国性的法律法规之外，还有地方性法规、地方性规章和规范性文件，而在科技行政管理中还存在大量政策性文件。如果从数量上看，规范性文件和政策性文件明显要多于法律法规的数量，例如科技部网站上公布的法律法规共12部，规范性文件42部，政策解读6部，部门规章1部。从内容上来看，政策性文件具有较强的针对性和可操作性，如《进一步深化管理改革 激发创新活力确保完成国家科技重大专项既定目标的十项措施》，该文件是为了落实习近平总书记在两院院士大会上的重要讲话精神和《国务院关于优化科研管理提升科研绩效若干措施的通知》的要求制定的，是依据国务院政策性文件制定的科技部政策性文件。与政策性文件不同的是，规范性文件非常注重是否实现“依法行政”，具体包括行政主体是否合法、行政程序是否合法、行政职权是否合法等，正是基于此科技创新规范性文件通常要提及制定的依据，例如，科技部印发的规范性文件《国家科学技术秘密定密管理办法》明确说明该办法是依据《保守国家秘密法》《科技进步法》《保守国家秘密法实施条例》《科学技术保密规定》等法律法规制定，又如，《国家科技资源共

享服务平台管理办法》是依据《科学技术进步法》和《国家科技创新基地优化整合方案》制定。但在西藏，规范性文件的制定会出现忽视上位法的法定授权的情形，如上文提及的《西藏自治区科技创新券管理办法（试行）》，在第1条提出“为贯彻落实《关于大力推进大众创业万众创新若干政策措施的意见》（国发〔2015〕32号）、《中共西藏自治区委员会 西藏自治区人民政府关于促进高校毕业生就业创业的若干意见》（藏党发〔2017〕9号）、《中共西藏自治区委员会办公厅 西藏自治区人民政府办公厅关于印发〈推进大众创业万众创新三年行动计划〉的通知》（藏委厅〔2017〕40号）精神”，并未提及《科学技术进步法》，但从内容来看，该规范性文件是贯彻实施《科学技术进步法》第40条国家鼓励企业以委托等方式与科技研究开发机构、高等学校联合开展科学技术研究开发的具体体现。

在当今世界，科技创新事关一个国家的国家安全、人民幸福，政府成为推动科技创新的重要动力，设计科技发展规划、培养科技人才、建设科学研究和成果转化平台……很多顶层设计都是通过制定政策性文件的方式确立起来的，如《国家“十二五”科学和技术发展规划》《国家中长期科技人才发展规划（2010—2020年）》，这些政策性文件成为指导各级人民政府科技立法的重要依据，但规范性文件始终与政策性文件不同，按照国务院的解释，“行政规范性文件是除国务院的行政法规、决定、命令以及部门规章和地方政府规章外，由行政机关或者经法律、法规授权的具有管理公共事务职能的组织（以下统称行政机关）依照法定权限、程序制定并公开发布，涉及公民、法人和其他组织权利义务，具有普遍约束力，在一定期限内反复适用的公文”①。从该定义来看，规范性文件具有以下特征：第一，从程序上看，规范性文件具有严格的制定、修改、废止程序，公众的参与度更高，2021 年 1 月施行的《西藏自治区行政规范性文件制定和备案监督管理办法》就从程序上对规范性文件的制定进行了规定。第二，从内容上看，规范性文件往往涉及公民、法人和其他组织的重大权利，是对重大社会关系的调整。第三，从适用上看，规范性文件能够重复适用，从而区别于针对特定问题作出的政策性文件。第四，从行政职权来看，立法主体应当对立法事项享有相应权限，对规范性文件的合法性审查，首先审查的就是立法程序的合法性和行政职权的合法性，如果没有法定职权或委托授权，其作出的规范性文件就是无效的。

为了推动科技创新和成果转化，各级政府和政府职能部门都有推动科技进步的热情并纷纷出台相关政策和规范性文件，但由于缺乏对政策性文件、规范性文件有效的审查评价机制，规范性文件与政策性文件之间的矛盾是不可避免的，而《科学技术进步法》“调整范围过于狭窄，调整方法单一，较多地运用了肯定、鼓励、奖励、倡导等激励性措施”②，忽视强制性或羁束性规范的制定，导致实践中将规范性文件视为政策性文件、以政策性文件贯

① 《国务院办公厅关于加强行政规范性文件制定和监督管理工作的通知》（国办发〔2018〕37 号）。

② 易继明：《技术理性、社会发展与自由——科技法学导论》，北京大学出版社 2005 年版，第 389 页。

彻政策性文件、执行规范性文件执行效率不高等现象。

三、科学划分各级政府的行政职权

（一）增加横向部门之间的协作配合

我们认为，首先，《西藏自治区实施〈中华人民共和国科学技术进步法〉办法》第 12 条对县级以上人民政府各部门之间科技分工与协作的规定过于概括，没有对各部门具体职权加以明确规定。其次，该条文也没有对部门之间的统一协调组织进行规定，对于哪些科技行政管理事项由本级人民政府负责协调，哪些事项由科技厅（科技局）负责协调没有作出明确的规定，结果导致“九龙治水”“各自为政”，大大降低科技行政管理的效率。最后，该条文不具有开放性，从科技管理实践来看，一些部门并没有被纳入立法列举的科技协同管理部门范围之内，例如，科技创新券的管理需要地方财政部门的支持和配合，专利权质押融资离不开知识产权局、银行监管部门的支持和配合。我们建议：一方面，可以通过加强多部门共同立法或者直接由本级人民政府立法的方式对部门之间的职权进行科学划分，提升各部门之间行政管理的效率；① 另一方面，可以在各级人民政府建立一个独立的科技创新委员会，吸纳各相关部门负责同志参加，将部门协同管理常态化，

① 为了加强各部门之间的配合和协助，应当在各级政府的协调下由多个职能部门共同立法或者直接由政府出台地方性规章，但在西藏自治区科技立法中多部门联合立法的比例偏低，这将严重影响《科技进步法》等法律法规在西藏自治区的运行效果。通过在西藏自治区科技厅网站检索发现，只有《西藏自治区农业科技园区管理办法》《西藏自治区科技特派员管理办法》等属于多部门联合立法。

统筹推进西藏科技行政管理工作。

（二）扩大基层人民政府的科技行政管理职权

除横向部门之间相互协助之外，在纵向上西藏自治区科技立法也缺乏对各级科技主管部门的职权划分。在《科学技术进步法》中有7个条文对地方人民政府的科技管理职责进行了规定，其中属于地方各级人民政府的科技管理职责包括：采取措施推进科技进步（第15条）、鼓励和引导群众性科技组织为农牧业发展提供科技服务（第36条）、提高科技人员工资福利待遇（第60条）、保障科技人员接受继续教育的权利（第61条）。属于县级以上人民政府的科技管理职责包括：采取措施支持公益性农业科技研发机构和推广机构（第36条），制订科学计划、确定科技计划项目、鼓励企业积极参与实施（第55条），创造公平竞市场环境（第47条）；而《西藏自治区实施〈中华人民共和国科学技术进步法〉办法》对自治区的科技管理职责的规定有多条，而对市、县人民政府科技管理职责的规定只有1条，没有对乡镇基层政府及其科技行政管理部门进行规定，有过分倚重自治区人民政府及其科技管理行政部门的倾向，这也导致配套立法中缺乏对基层政府科技创新职责的规定，例如，《西藏自治区科技计划项目管理办法》应当对全区科技项目进行规定，不仅包括自治区资助的科技计划项目，还应当包括市或县级政府资助的科技计划项目，但从内容来看，该办法只对自治区资助的科技计划项目进行了规定。

从统计数据来看，西藏科技资源地区差异性大，大多数科技资源都集中在拉萨。2018年西藏科技统计数据显示，西藏全区27

家科学研究与技术服务事业单位（不包括转为企业1家），在拉萨市24家，占总数的88.89%；山南市、昌都市、日喀则各有1家，林芝市、那曲市和阿里地区没有1家。2018年西藏自治区科学研究和技术服务事业单位共有从业人员1741人，其中拉萨市852人，昌都市21人，山南市40人，林芝市、那曲市、阿里地区则没有1人。① 城市群是现今经济发展格局中最具活力和潜力的核心地带，也是创新资源最为密集、成果最为丰富的地区。② 在西藏并没有形成真正意义上的科技创新城市群，而是“一枝独秀”，拉萨作为西藏首府，拥有良好的工业基础、庞大的消费群体、良好的公共设施、大量高水平科研人员，但其科技研究成果并没有形成外溢性，并不能有效辐射、引领其他城市的科技创新。西藏的科技进步应当是7个地市的共同进步，西藏7地市都应当充分发挥自己的科技优势构建本地区的科技发展规划。从立法角度来看，对各市县政府科技职权的规定有利于充分发挥各地区科技创新的积极性，实现7个地市科技共同进步。

（三）行政职权对市场的适当干预

一方面在政府驱动之下，科技进步有集中化的趋势；但另一方面存在大量企业、中介机构、社会团体及消费群体，科学研究的自主化和消费需求的多样性，使科学研究和成果转化具有分散化的特点，很多时候，通过市场实现的资源组合形成的科学研究

---

① 参见《2018年西藏科技统计数据》。

② 参见姚士谋等：《我国城市群总体发展趋势与方向初探》，载《地理研究》2010年第8期。

团队或组织也同样具有很强的创新性和生命力。市场能够形成对科技创新的长效激励机制和科技成果的有效转化，但市场经济发展的非均衡性、科学研究的长期积累性、信息不对称性等导致市场激励机制的作用发挥存在“失效”的可能，尤其是过分强调科技的经济价值而忽视了科技创新的政治意义、社会意义和文化意义。

“市场机制存在缺陷”和“赶超其他省区”是西藏地方政府推行产业政策、驱动科技创新的两个重要理论依据。一是西藏地方经济水平低、市场发育不完善、规模以上的企业少、创新能力弱、市场机制不健全，不能完全适应西藏高质量发展需要；二是凡是存在市场机制缺陷的地方，政府必须积极加以干预，避免市场的自发性导致科技进步发展目标难以实现，并针对市场存在的弊端设定产业布局和科技发展目标，但问题是这种运用行政手段干预市场经济发展的政策效果是否能够令人满意。

“产业政策是对一定时期内产业结构变化趋势和目标的设想，同时规定各个产业部门在社会经济发展中的地位和作用，并提出实现这些设想的政策措施。”① 日本有学者认为产业政策是“政府为改变产业间的资源分配和各种产业中私营企业的某种经营活动而采取的政策。换句话说，它是为促进某种产业的生产、投资、研究开发、现代化和产业改组而抑制其他产业的同类活动的政策”②。制定产业政策并不仅是为了某一个产业的发展，而是从地方经济

① 周叔莲等编：《产业政策问题探索》，经济管理出版社 1987 年版，第 9 页。

② ［日］小宫隆太郎等编：《日本的产业政策》，黄晓勇等译，国际文化出版公司 1988 年版，第3 页。

发展的全局出发，为了实现某种经济和社会目标而制定的。在一个地方的产业政策中，科技政策备受各方关注，但科技政策有其特殊性：首先，科技研发的投入巨大，一些领域（如医药学）面临较大风险，而在基础研究领域，虽然研究成果具有非常高的价值，但往往在一段时间内并不能给投资人带来丰厚的经济回报。其次，科技研发的成果具有非排他性，随着创新技术的商品化、产业化，通过反向工程，创新技术能够被相关经营者所知晓，“免费搭车”现象将无法避免，作为付出巨大人力物力的科研人员和投资人将丧失对自己的发明创造的控制权，而要解决这一问题就需要建立专利制度，确保权利人对其发明创造的排他性权利。最后，科技研发成果作为一种无形财产，其价值并不同于有形财产，普遍缺乏非常具体或统一的价值评价标准，而影响其价值的因素包括权利人生产能力、销售渠道、科技的可替代性、产业特征等，因而在评价科技成果、衡量科技投入产出率等方面无法完全做到非常精准。

产业政策的制定是由政府决策层制定并由政府行政系统执行的政策规范，它不仅是一个经济问题，还是一个政治问题，更是一个多方博弈的结果，但问题是产业政策的制定与执行是否比通过市场机制自身解决问题的成本更有效率、更能够推动地方可持续发展。市场经济主要依赖市场（如价格调节机制）实现对于资源的合理分配，最理想的状态或者说最有效率的机制是在增加自身福利的同时并不减少任何一方既有福利，即所谓“帕累托最优”。要实现“帕累托最优”，充分发挥市场对于人力资源、科技创新要素、资金、土地等资源的有效分配，就需要满足一些条件，如交易双方信息对称、充分的自由竞争、市场交易规则的公平、反对垄断和各种贸易保护主义。从地方立法层面来看，维护市场规则的公正对市场竞争主体颇为重要，过分依赖政府行政手段推动科技进步并不一定有利于地方经济的高质量发展。如产业政策的各种优惠、项目审批肯定会影响企业的决策，企业为了多出科技成果势必追求短期效应而不愿意从长计议，一些企业借助地方政府扶持做大做强但却运用垄断手段损害自由竞争，一些企业生产具有污染性，破坏当地生态系统等都具有外部负效应。

科技创新不断推动形成新的生产方式，在某种意义上生产方式解决了统治的合法性问题。“财产私有者赖以交换商品的市场机制（包括那些没有私有财产的人们把他们的劳动力当作唯一的商品拿去交换的市场在内），确保着交换关系的公平合理和等价交换。”① 在政府积极驱动科技进步的过程中，不断运用手中掌握的政策工具创新生产方式，加快科技研发和成果转化，但在很多情况下过分强调“自上而下”的职权行使，而忽视了“自下而上”的制度创新。

在科技管理中我们不能因为市场发育不完善、不成熟就拒绝发挥市场在资源配置中的决定性作用，通过检索发现在《西藏自治区实施〈中华人民共和国科学技术进步法〉办法》中只有2处涉及“市场”，一处是第33条规定建立以企业为主体，以“市场

① ［德］哈贝马斯：《作为“意识形态”的技术与科学》，李黎、郭官义译，学林出版社1999年版，第54页。

为导向”的技术创新体系；另一处是在第19条“鼓励符合条件的科技型企业利用资本市场融资”。但在我国的《科学技术进步法》中共有11个条文提到“市场”，从条文数量对比中我们能够发现《西藏自治区实施〈中华人民共和国科学技术进步法〉办法》对于如何发挥市场在资源配置的决定性作用是缺乏深入思考的。

四、正确处理科学研究重点领域与重点产业之间的关系

（一）重点领域的确定不应当完全取决于政府的产业政策

与江苏省等省区在科技进步法实施条例中直接规定科学研究的重点领域不同，《西藏自治区实施〈中华人民共和国科学技术进步法〉办法》第15条并没有明确规定科学技术研究的重点领域，而是在“科技服务经济发展”理念指引之下，确定了特色农牧业、藏药业、民族手工业、特色旅游业、优势矿产业、高原特色生物产业和新能源作为科学研究、技术应用推广的主要领域。从2010年西藏自治区人民政府工作报告来看，当年确立的重点发展产业主要涉及旅游业、藏医药业、优势矿产业、高原特色生物产业和绿色食（饮）品业、特色农牧业及加工业、建筑建材业、民间手工业和以水电为主的能源工业，[①]《西藏自治区实施〈中华人民共和国科学技术进步法〉办法》中确立的7个重点研究领域全部被包括在自治区的重点产业中，但实际上“特色旅游业”属于典型资源型产业，科技创新附加值并不高。科技创新和推广应当有利

---

① 参见《2010年西藏自治区政府工作报告》，载西藏自治区人民政府网，http://www.xizang.gov.cn/zwgk/xxfb/zfgzbg/201902/t20190223_62063.html。

于当地经济社会发展，但并不能因此认为只要有利于地方产业发展的研究都属于重点科学研究领域。无论是从国家顶层设计，还是从地区发展规划来看，科技创新和推广都具有相对独立价值，尤其是基础研究领域的重大突破都具有战略意义，仅仅从推动地区经济发展层面评价科技创新实际上是不全面的。①

在2017年、2018年、2019年西藏自治区科学技术奖获奖的59个项目中，高原特色农牧业和青藏高原生态保护各取得13项成果，高原医药学和可再生能源技术各取得8项成果，4个领域所取得的科技成果占所有科技成果71.2%（见图1）。作为自治区长期确立的特色产业旅游业竟然没有1项科技成果获奖，甚至不如非重点产业的建筑工程技术的科技成果多（5项），这充分反映产业之间是存在差异性的，一些产业属于技术密集型，有的产业本身就属于资源密集型，在同等科技政策、财政支持之下，科技密集型产业能够产生更多优质科技成果，能够更加有效地提升科技的外溢性。

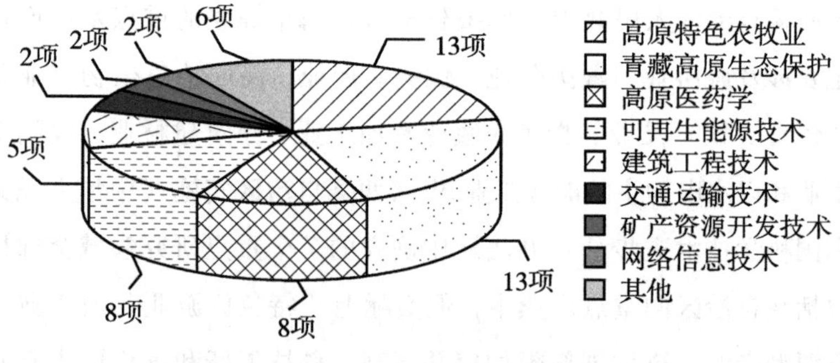

图1　2017—2019年西藏科技重大突破

① 参见张林、张战：《西藏科学技术进步法立法的修订与立法建议》，载《西藏科技》2021年第5期。

（二）重点领域的确定应当具有前瞻性和科学性

一方面，对于科技发展的重点领域确定应当具有一定前瞻性，我们要按照习近平总书记“谋创新就是谋未来”精神，从本地区社会经济发展目标出发，但还需要考虑国内外科技发展现状和趋势，尊重科学研究和成果转化的客观规律。另一方面，重点研究领域的确定应当兼顾西藏基础研究和应用研究，很多情况下基础理论领域的重大进步可能影响多个产业，如人工智能；而有些具有战略意义的基础研究、应用研究持续时间较长、成本高昂，并不能因为短期内对当地产业发展不具有明显的推动力而放弃该项研究。科学研究重点领域的确定往往是建立在对本区域科学创新评价的基础上确立的，在一定时期内具有相对稳定性。地方政府在每一个五年计划中都会对重点产业进行调整，如2020年西藏自治区人民政府工作报告已经将高原生物产业、旅游文化产业、清洁能源产业、绿色工业、现代服务业、高新数字产业、边贸物流业确定为重点产业，但重点产业的变化并不能成为调整自治区科学研究领域的充分条件，否则就有违科学研究与技术推广的发展规律。

西藏目前的传统产业依然占据主导地位，产业结构调整的重点是传统产业结构的优化升级，从劳动密集型向知识密集型转变，从依赖资源的传统产业向技术密集型产业转变。战略性新兴产业往往是建立在突破性技术的基础上，通过知识扩散、技术聚集，给传统产业注入新的生命力量。因此，通过高新数字产业、清洁能源产业带动传统畜牧业、传统医药业、传统制造业技术更新、产业升级是西藏当前实现产业技术创新布局的重要内容。

2016年中共中央、国务院出台的《国家创新驱动发展战略纲要》是科技部会同相关部门在开展国内外调研、中长期科技规划纲要和科技评估、科技预测基础上做出的，它是落实习近平总书记系列重要讲话精神和党的十八届五中全会提出的创新驱动发展理念的具体行动，是对未来30年创新驱动发展战略进行的顶层设计和系统谋划，[①] 因而在修订《西藏自治区实施〈中华人民共和国科学技术进步法〉办法》时应当充分考虑该份纲要。《国家创新驱动发展战略纲要》提出发展智能绿色制造技术、现代农业技术、现代能源技术、现代服务技术是与相应产业发展存在密切联系的，为了推动这些产业发展有必要将高原生物产业、清洁能源产业、绿色工业、现代服务业、高新数字产业、边贸物流业等领域视为科学研究的重要领域，同时随着新冠病毒的出现，藏医药产业应当成为自治区科学院研究的重中之重，高原生物产业并不能包含藏医药的科学研究和成果转化，因此建议在修订《西藏自治区实施〈中华人民共和国科学技术进步法〉办法》时将重点研究领域列为“高原生物产业、藏医药、清洁能源、绿色工业、现代服务、高新数字、边贸物流”。

五、发挥知识产权制度对于科技创新的激励作用

（一）知识产权具有激励科技创新的功能

知识产权制度尤其是专利制度具有激励创新的强大作用。两

① 参见《〈国家创新驱动发展战略纲要〉政策解读》，载中华人民共和国国务院新闻办公室官网2016年5月24日，http：//www. scio. gov. cn/34473/Document/1478594/1478594. htm。

次工业革命期间英国出现了大量发明家、科学家和企业家，而专利制度的建立和完善为英国科技创新提供了重要的制度保障。英国在1624年颁布的《垄断法》（Statute of Monopolies），被认为是世界上第一部具有现代意义的专利法，并授予发明者对发明享有14年的垄断期，该法的出台引发了专利申请的爆炸式增长，虽然当时的专利制度还不够完善，但它却成为保护原创性唯一的方法。"几乎所有18世纪后期的伟大发明都被授予了专利，而大部分发明人都得到了回报。"① 专利制度成为英国率先进行工业革命的关键性制度因素，专利推动了知识的更新和技术的进步，保障了发明者的利益，并促进了技术与资本的结合。

作为欧洲赶超先进的典型代表，德国在借鉴英国、法国等工业化国家的成熟经验之后，顺应第二次工业革命的发展需要，逐步构建起自己国家的创新制度，建立专利制度依然是不断推动德国科技发展的支柱。1815年普鲁士王国制定了第一部专利法，1877年德国通过了第一部专利法。德国专利法虽然在内容上效仿法国、英国和其他国家已经公布的专利法，值得注意的是德国专利法采用"第一申请原则"取代"第一发明原则"，积极鼓励发明人申请专利。为了提高专利质量，专利法规定了较高的专利费以淘汰那些没有实际价值的专利技术。德国专利法对发明创造的保护有利于鼓励企业增加科技创新的投入，鼓励企业运用专利技术提高自生竞争力。正如沙伦伯格所言，"虽然专利不是技术本身，

---

① 刘东：《大国崛起与产业创新》，经济管理出版社2019年版，第25页。

但是却控制着技术的应用"①。德国创新能力之所以能够赶超英、法等国，很大程度上依赖于德国专利制度的建立和完善。

改革开放以来，我国知识产权制度得到快速发展，仅 2019 年发明专利申请量就达到 140.1 万件，授权发明专利 45.3 万件，其中国内发明专利授权 36.1 万件。我国除港澳台外其他地区发明专利拥有量达到 186.2 万件，每万人口发明专利拥有量达到 13.3 件。② 反观西藏自治区，无论是专利申请数量还是申请质量都远远落后于其他省区，2018 年专利申请数为 1469 件（发明专利 453 件），而陕西、甘肃、青海、新疆申请数为 76,512 件（发明专利 30,888 件）、27,882 件（发明专利 6035 件）、4439 件（发明专利 1287 件）和 14,647 件（发明专利 3665 件）。同时，专利技术商品化、市场化水平低，专利的许可、专利转让数量少，专利权质押贷款还未真正落地，专利技术作为无形财产的价值还未真正实现，一些发明人申请专利的目的并不在于专利的实施和科技进步，而主要是提升专业技术职称或完成科研项目，专利仅仅成为填报表格时有用的"摆设"，背离了其制度设计的初衷。

西藏作为一个西部民族边疆地区，创新能力较差，创新主体较少且创新能力不强，③ 缺乏能够产生创新溢出效应的研究

① ［美］小艾尔弗雷德·钱德勒：《规模与范围：工业资本主义的原动力》，［日］引野隆志协助，张逸人等译，华夏出版社 2006 年版，第 469－476 页。

② 参见《国家知识产权局就 2019 年主要工作统计数据及有关情况举行新闻发布会》，中华人民共和国中央人民政府官网，http：//www.gov.cn/xinwen/2020－01/15/content_5469519.htm。

③《中国科技统计年鉴 2019》统计显示，全自治区规模以上工业企业中只有 2 家有研发机构，只有 13 家有研发活动，高技术产业企业仅为 8 个，高等院校只有 7 所，研发人员合计 1366 人，研发经费内部支出 6713 万元，外部支出 359 万元。

型大学，[①] 没有形成创新型科技产业链，企业创新能力较薄弱，区域创新环境较差，“支撑西藏区域创新的软硬环境和基础设施建设滞后”[②]。但我们不能因为创新能力不强、市场发育不完善就放弃知识产权制度的建立与完善，相反我们更应当积极转变观念，实现体制机制变革，充分利用市场经济规则和中央给予西藏的各项优惠政策，尤其是中央第七次西藏工作座谈会提出推动新时代西藏工作长治久安和高质量发展，为西藏知识产权事业带来了前所未有的宝贵机遇，我们集聚人才和物力，普及知识产权知识，推广知识产权管理制度，为知识产权的确权、许可、交易、评估和保护提供平台。

（二）专利制度与西藏传统发明创造之间的冲突与互动（以藏药为例）

1. 西藏自治区藏药专利制度概况

西藏是我国藏医药的发源地，常用藏药就有360多种，但当代医药产业已经成为技术门槛高、投入高、风险高的产业，相较于其他产业，医药产业对于知识产权保护尤其是专利保护具有相当高的依赖度。美国经济学家曼斯菲尔德统计的数据显示，如果没有专利保护，有60%的药品发明研究不出来，并且有65%的药品不会被利用。专利制度激发了创新主体研发新药的热情，加速了

---

① 通过在国家知识产权网站上检索我们发现，西藏大学申请的专利数为176个，西藏民族大学（西藏民族学院）申请了126件，西藏农牧学院申请244件，其中发明专利占比不到40%。

② 次仁罗布：《西藏科技创新发展的问题与对策探讨》，载《西藏科技》2015年第9期。

药品商品化、产业化。

西藏自治区藏药企业先后成功研制十味龙胆花颗粒剂等5种新型藏药，七十味珍珠丸等13种药品列入国家中药保护品种，但通过在国家知识产权局检索，发现西藏自治区藏药厂只申请了3项专利（2项为藏药炮制方法、1项为七十味珍珠丸包装盒外观设计专利），没有1项是新型藏药产品发明，而西藏甘露藏药公司申请的7项专利有5项都是七十味珍珠丸的包装盒，另外2项是藏药制备方法和制备机器，没有形成良好的专利布局，缺乏对潜在新药的探索和发现。企业是技术创新的主体，企业是否能够建立科学的专利战略，直接决定着我区知识产权战略的实施。

自新冠疫情发生以来，西藏自治区充分发挥藏医药对于突发传染病防治的作用，组织区内藏医药专家制定了《西藏自治区新型冠状病毒感染的肺炎藏医药防治方案》，并推荐了八味大汤散、十三味主药散2个经典处方对疾病进行药物治疗，但问题是对于患者和医生，药品的使用很多时候是建立在自己的医药知识之上，如果药品生产者不能使用规范的方法对药品的化学成分、适用症状、靶向、药品机理进行说明，患者使用药品的概率并不大。

2. 藏医药申请专利面临诸多困难

藏药属于自然植物药物，藏药材所包含的活性成分较为复杂，不具有化学合成药物的稳定性、单一性，无法将所有成分都予以药理分析，但现代专利申请是以化学药物标准审查药品的新颖性、创新性和实用性。为了满足专利审查的要求，一方面我们需要借助现代生物医药知识和方法，对药物的分子构成、有效成分、药理反应进行研究；另一方面，需要确立藏药的质量标准和安全性评价标准。藏药发展的一大“瓶颈”就是质量标准建设滞后，《西藏自治区医药工业发展规划（2017—2025年）》显示，“藏成药制剂工艺、质量标准以及疗效验证、安全性评价等藏药质量评价标准体系有待进一步提高、完善，大部分藏药材、藏成药质量标准尚为空白”。

在疫情防控过程中，瑞德西韦作为“特效药”而受到社会各界关注，瑞德西韦是核苷类似物，主要通过阻止病毒在细胞内进行RNA（核糖核酸）复制产生作用，它本是美国吉利德科学公司为治疗非洲埃博拉出血热疾病研发的药品，实际上该药仍然在临床试验阶段，并未真正上市，但其研发公司美国吉利德科学公司实际上早在2011就开始向国家知识产权局申请专利了，也就是说即便是阶段性研究成果，为了保护自己科技研发的优先地位就可以申请专利，不用等到药品审批上市之日。另外，药品专利申请的类型是非常重要的，吉利德科学公司围绕瑞德西韦药品共申请了6个专利（见表2），申请的类型分别为化合物结构专利、用途专利、制备方法专利、药品晶体专利。就藏药而言，通过申请专利我们可以对藏药的炮制方法申请方法专利，对藏药的有效化合物可以申请化合物结构专利，对成药申请药品晶体专利，从而对药品进行全方位保护。需要说明的是，如果申请不到专利，就很难在药品进入市场后延续对该种药品的垄断性权利。

表 2　美国吉利德科学公司在我国申请的瑞德西韦专利

序号	专利公开号	专利名称	专利类型	申请日期	说明
1	CN103052631B	用于治疗副黏病毒科病毒感染的方法和化合物	化合物结构专利	2011 年 7 月 22 日	所提供的化合物、组合物和方法可用于治疗人呼吸道合胞病毒感染
2	CN105343098B	用于治疗副黏病毒科病毒感染的方法和化合物	化合物结构专利	2011 年 7 月 22 日	所提供的化合物、组合物和方法可用于治疗人呼吸道合胞病毒感染
3	CN107073005A	治疗丝状病毒科病毒感染的方法	用途专利	2015 年 10 月 29 日	所制造的化合物、组合物和方法特别适用于治疗马尔堡病毒、埃博拉病毒和奇瓦病毒感染
4	CN107074902A	制备核糖核苷的方法	制备方法专利	2015 年 10 月 29 日	依据该方法所产生的化合物、组合物特别适用于治疗马尔堡病毒、埃博拉病毒和弯曲病毒

续表

序号	专利公开号	专利名称	专利类型	申请日期	说明
5	CN108348526A	治疗沙粒病毒科和冠状病毒科病毒感染的方法	用途专利	2016年9月16日	提供了通过施用式I的核苷及其前药来治疗沙粒病毒科和冠状病毒科病毒感染的方法
6	CN110636884A	用于抗病毒治疗的1'-取代的CARBA-核苷类似物	晶体专利	2018年4月27日	所述病毒包括冠状科病毒

为了贯彻落实《中共中央、国务院关于促进中医药传承创新发展的意见》，国家知识产权局起草了《中药领域发明专利审查指导意见（征求意见稿）》（以下简称中药专利征求意见稿）并于2020年4月22日对外予以公布。中药专利征求意见稿指出说明书应当满足充分公平发明的要求，中药材的名称应当充分公开并且使用中药材名称，实际上在藏药中，药材名称不统一是充分公开的一大障碍，同一种药品在西藏各地的名称是存在差异的。另外中药专利征求意见稿规定现有技术能够预测中药产品的医药用途，也就是说说明书应当提供具体的实验数据，至少使本领域的技术人员依据常识能够知晓。对于藏药而言，提供科学实验数据是其达到申请要求的重要条件，但通过实践调研我们发现，藏药的许多传承人都更愿意通过商业秘密的方式保护藏药配方，维持其排

他性权利，这是与专利“以公开换垄断”的原则相悖的，从长远来看并不利于藏药研究的推陈出新，无法借助新技术、新方法实现关键技术领域的突破。另外随着西藏生态保护的加强，藏药原材料的价格将不断上涨，藏药产品的市场竞争力进一步减弱。

3. 无法利用专利信息有效管理专利技术

在积极申请专利的同时，藏药企业还应当学会运用专利技术，培育具有市场潜力的专利技术。藏药企业不仅要关注自己企业的研发信息，还要关注竞争对手或行业内部企业的研发进展信息，并对自身研发技术设计市场潜力进行科学评估，对于企业自身的专利布局作出合理安排。

4. 运用多种方法保护其技术创新

对于藏药研发企业而言，它可以采取多种方式保护其新技术，其中包括申请获得专利权、申请获得中药品种保护和采取技术秘密的方式（见表3）。三种方式之间并不是相互排斥的，优秀的藏药企业应当综合运用多种方式实现经济利益的最大化。

表3　中药品种保护、专利保护、技术秘密保护的比较

序号	内容	中药品种保护	专利保护	技术秘密保护
1	新颖性、创造性	不要求	要求	不要求
2	权利排他性	不具有	具有	不具有
3	技术信息是否公开	不公开	公开	不公开
4	保护类型	行政保护	司法保护、行政保护	司法保护、行政保护

续表

序号	内容	中药品种保护	专利保护	技术秘密保护
5	保护期限	7～30年	20年（发明专利）	无期限
6	是否要求经过审批上市	是	否	否
7	弊端	保密成本较高、行政审批期限长、标准较高	需要公开、保护期限短、维权成本较高	保密成本高

5. 不能运用多种手段打击侵犯专利权的行为

专利侵权诉讼确实面临维权成本高、证据获取困难、赔偿额不足以弥补损失等问题，为了解决这些问题，2020年我国《专利法》进行了修订，增加专利侵权惩罚性赔偿，将专利侵权的法定最高赔偿额由100万元提高到500万元，下限提高到3万元，并完善专利侵权赔偿数额的证据规则。但在前期调研过程中我们发现，西藏自治区高级人民法院、拉萨市中级人民法院近两年（2019年、2020年）来没有受理过1件专利侵权诉讼案件；在西藏自治区知识产权局调研过程中，通过翻阅相关资料，我们发现近三年（2018年、2019年、2020年）来，知识产权局参与处理的专利争议案件只有1件，专利争议数量非常少，远远低于内陆省区，其产生的原因是多方面的。没有专利侵权诉讼，并不意味着不存在专利侵权，缺乏维权意识、不知道该如何维权是西藏广大中小型企业普遍存在的问题。政府应当积极筹建西藏企业知识产权维权行业组织，选聘优秀专利代理人员和律师组成专业维权团队，依法要求侵权人赔礼道歉、消除影响、赔偿损失，增加侵权人的侵权成本。

六、财政资助科技成果的知识产权归属

财政资助科研项目形成的科技成果知识产权权利归属及收益划分不仅直接涉及项目承担单位和科技人员的经济利益，还影响着科技成果的转化以及激励机制是否能够充分发挥作用。

2000年修订的《专利法》修改全民所有制单位职务发明专利权利由“单位持有”的规定，在境内转让专利申请权或者专利权不必经上级主管级批准，只需将转让合同向国务院专利行政部门登记，允许发明人、设计人与用人单位通过合同约定，获得职务发明专利权。2002年《国务院办公厅转发科技部、财政部关于国家科研计划项目研究成果知识产权管理的若干规定》（国办发〔2002〕30号），将财政性资金为主支持的国家科研项目知识产权，除涉及国家安全、国家利益和重大社会利益外，授予项目承担单位取得，项目承担单位可以依法自主决定实施、许可他人实施、转让、作价入股等，并取得相应的收益，国家根据需要保留无偿使用的权利。2007年修订的《科学技术进步法》在第20条①规定利用财政性资金资助的科技项目形成的专利权、计算机软件著作

① 2021年修订的《科学技术进步法》第32条第1款规定：利用财政性资金设立的科学技术计划项目所形成的科技成果，在不损害国家安全、国家利益和重大社会公共利益的前提下，授权项目承担者依法取得相关知识产权，项目承担者可以依法自行投资实施转化、向他人转让、联合他人共同实施转化、许可他人使用或者作价投资等。

权、集成电路布图设计专有权和植物新品种权由项目承担者取得，国家保留无偿使用、许可无偿使用的权利。从“项目承担单位”到“项目承担者”的表达方式转变，使实际承担项目的个人可以成为财政资助项目形成科技成果的专利权人。

就政府而言，财政资助项目形成的科研成果是国有资产的一部分，涉及技术类无形资产的管理问题，在充分考虑无形资产的有效利用的同时，应当保障无形资产的保值增值。2019 年修订的《事业单位国有资产管理暂行办法》对于国家设立的研究开发机构、高等院校对其持有的科技成果的转让、许可、作价投资权的权利予以肯认，并且上述自由转让、许可权不需要报主管部门、财政部门批准，所获得的收益归本单位所有，一改过去对无形资产强制评估、评估结果备案制、所得或收益“收支两条线”的规定，所获收益全部归本单位，大大地提高了科技成果转让、许可或者作价投资的运行效率，提高了单位推动科技成果转化的积极性。2015 年修正的《促进科技成果转化法》则从法律层面规定，国有研究开发机构、高等院校对于其持有的科技成果享有自由处分的权利，但应当通过协议定价、在技术交易市场挂牌交易、拍卖等方式确定价格。同时，按照 2016 年国务院颁布的《实施〈中华人民共和国促进科技成果转化法〉若干规定》的规定，只要单位负责人履行勤勉尽责义务、没有牟取非法利益，免除其在科技成果定价中因科技成果转化后续价格变化产生的决策责任，减少了单位负责人对科技成果价格变化需要承担行政责任的忧虑，从而鼓励其积极推动本单位科技成果转化工作。由于西藏科技创新和成果转化较为缓慢，科技成果市场发育不充分，在很长时间内都无法对单位持有的科技成果进行有效评估，单位在许可、转让、作价入股科技成果时如果选择双方协议方式，往往遭到他人对于交易价格的质疑，导致单位领导宁愿将科技成果长期闲置也不愿意实施成果转化，而上述法律法规的出台无疑为财政资助科研机构、高等院校实施科技成果转化提供了良好的制度保障。

从国外立法来看，对于政府资助科技成果的知识产权权属问题，各国都通过立法加以规定，其中以美国《拜杜法案》最为著名。美国《拜杜法案》允许接受政府资助的企业或非营利组织选择保留研发成果的权利，申请专利并实施专利。获得研发成果权利的项目承担者有责任定期向联邦机构报告其专利许可使用的情况，对项目承担者选择保留权利的发明，联邦政府拥有无偿使用及保留介入权。对于该法案美国国内主要存在两种观点：一种观点认为，项目承担者保留专利权能够有助于专利技术的商业利用，如果缺乏明确的专利权归属将很难吸引企业参与政府资助发明创造的商业化。专利的商业化费用通常是研发费用的 10～100 倍，如果没有排他性权利的保护，很难有企业愿意承担投资风险，与其让专利技术“躺在政府的抽屉里”，不如将其商业化，使社会公众能够享受科技创新所带来的红利。另一种观点则认为，资助发明创造的资金来自政府公共财政，应该由公众从中受益，而不应将专利技术变成私人的垄断利益，公众使用该专利技术时不应当二次支付使用费用。“公共财政支持科研的目的是多重的，其中一个重要的方面就是弥补市场失灵造成的公共产品的缺陷，并尽可能快地促进这些公共知识的扩散和传播，从而促进社会文明的进步。”① 立法者考虑到过度商业化倾向可能使高校研究人员从实用主义出发过多考虑应用研究和发明创造的商业化使用，而忽视或影响原本的科学研究。

1967 年颁布的英国《发明开发法》规定，由政府资助的研发成果一律归国家所有，但在 1984 年 11 月，英国政府废除了这一规定，规定知识产权许可和转让所获得的收益在教师、大学和隶属学院之间进行分配。而 1998 年颁行的日本《产业活力再生特别措施法》第 30 条规定，受到国家委托项目产生的研究成果，其专利权除为公共利益，若一定期限内国家没有使用，国家即不能收回该专利权，而研究者所在大学可以将专利转让、许可，所获得收益在研究者、所属院系和学校之间进行分配。2002 年修订的德国《雇员发明法》也作出类似规定，发明人有权获得发明创造商业化所获得收益的 30%。科技成果商业化过程中投资数额巨大，况且还面临着技术更新、技术人员培训、大规模营销成本、消费者需求变化等众多成本和风险，如果没有充分的产权保障，作为投资人的企业并不愿意承担意外的投资风险，而让一些专利技术仅仅“躺在政府的抽屉里”肯定违背了政府资助科学研究的目的。只有实现专利技术的商业化，才能够使普通消费者享受到科学技术带来的便利，因而科技进步立法需要将财政资助科研项目所获得的专利权授予项目承担人，项目承担人更加清楚发明创造实现商业

① 唐素琴、周轶男：《美国技术转移立法的考察和启示——以美国〈拜杜法〉和〈史蒂文森法〉为视角》，知识产权出版社 2018 年版，第 58 页。

化使用的方式方法，在清晰的产权保障之下，能够独立行使排他性的专利权，充分保障投资者和发明人的经济回报。

第三节 对修订科技进步立法的相关建议

一、调整科技立法指导思想的文字表述

2018年3月召开的第十三届全国人民代表大会通过了《宪法》修正案，“习近平新时代中国特色社会主义思想”被写入《宪法》，成为我国推动各项事业发展的指导思想。实际上，作为党和国家的指导思想，无论是“马克思列宁主义”，还是“习近平新时代中国特色社会主义思想”都包含了与时俱进的科技创新理论，《西藏自治区实施〈中华人民共和国科学技术进步法〉办法》第3条只将“科学发展观”列明为《西藏自治区实施〈中华人民共和国科学技术进步法〉办法》的指导思想是与事实不完全相符的。同时，按照西藏自治区党委、政府提出的“建平台、攻专项、促转化、广普及”的科技工作要求，建议将《西藏自治区实施〈中华人民共和国科学技术进步法〉办法》第3条修改为：“自治区人民政府坚持创新发展理念，实施创新驱动发展战略，实行建平台、攻专项、促转化、广普及的科学技术工作指导方针，完善自治区创新体系，建设创新型西藏。”

二、优化科技行政职权划分

（一）《西藏自治区实施〈中华人民共和国科学技术进步法〉办法》应当对"自治区"指代对象加以明确规定

依据不同的政策法规，"自治区"可以由中国共产党西藏自治区委员会代表，也可以由西藏自治区人民代表大会及其常委会代表，还可以由西藏自治区人民政府代表。我们认为，从《科学技术进步法》的立法宗旨和立法内容来看，该法主要是推动科技与经济的结合，注重组织和引导企业、科研机构、高等院校、社会组织积极参与科技创新和成果转化，包含有大量行政规划、行政命令、行政指导、行政处罚、行政许可、行政奖励、行政确认的内容，虽然对于各种行政行为的程序和条件规定较为简略，需要配套行政法规加以明确规定，但《科学技术进步法》依然属于行政立法，按照我国《宪法》《地方各级人民代表大会和地方各级人民政府组织法》的规定主要由各级人民政府贯彻实施较为妥当。通过翻阅其他省、自治区、直辖市的相关地方立法，所有立法都明确规定了省、自治区、直辖市人民政府的职责，因此建议在修订《西藏自治区实施〈中华人民共和国科学技术进步法〉办法》时，使用"自治区人民政府"替换"自治区"，从而明确科技行政管理的行政主体地位。

（二）《西藏自治区实施〈中华人民共和国科学技术进步法〉办法》应当对各级人民政府之间的行政职权进行具体划分

按照我国《地方各级人民代表大会和地方各级人民政府组织

法》第73条、第76条的规定，地方各级人民政府有权管理本行政区域内的经济、教育、科学、文化、卫生、体育事业、环境和资源保护、城乡建设事业和财政等行政工作，虽然该条文只提及“科学”并未提及“技术”，但在该条文广泛的列举中应当能够确定各级政府有管理本行政区域内科学技术的行政工作，但上述组织法并没有对各级人民政府管理科技创新的职责分工进行规定，建议《西藏自治区实施〈中华人民共和国科学技术进步法〉办法》增加基层科技特派员的相关规定，明确各市（地区）、县人民政府的科技管理职责，每年政府工作报告应当包括本地区中长期科技发展规划内容和年度重点工作内容，鼓励基层政府在科技管理方面进行制度创新。

（三）将推进科技进步作为全社会的共同责任

建议将“推进科技进步是全社会的共同责任”写入《西藏自治区实施〈中华人民共和国科学技术进步法〉办法》，并在相应条款进行解释：“自治区各级国家机关、企业事业单位、社会团体、其他组织和公民都必须学习、传播、运用科学知识和技能，普及科学知识，弘扬科学精神，传播科学思想，倡导科学方法，自觉抵制违反科学精神的愚昧落后观念，积极促进科技进步与社会文明。”

（四）确立对行政职权行使的合法性审查机制

随着科技发展的标准化、专业化、集中化，为了持续推动全社会的科技进步，一个强有力的政府是必不可少的。在科技行政管理中，行政主体所实施的行政行为不仅与激励技术创新相关，还与全区的大众创业、产学研合作、企业融资、高等教育、生态保护、粮食安全存在着密切的联动，若缺乏监督将有害于地方经济社会发展。因此，我们建议在修订《西藏自治区实施〈中华人民共和国科学技术进步法〉办法》时，立法应当保障行政相对人和利害关系人申请行政复议、行政诉讼的权利，以监督行政主体依法行使职权，纠正科技行政管理中的不作为、乱作为。

三、发挥市场对创新资源分配的决定性作用

在科技创新的初期阶段，政府驱动对于推动科技进步具有重大意义，但到了科技创新的中后期，对创新资源分配起到决定性作用的是市场。首先，建设市场化的科技成果交易转化平台，服务西藏企业、科研机构和高等院校，解决科技信息不对称的现状。通过政府认证、中介履职和财务监督，保证信息真实性，降低交易风险，维护交易安全，实现科技成果的有效转化。其次，充分运用政府采购等市场化方式引导科技创新。我国《科学技术进步法》第 91 条明确规定在性能、技术指标达到政府采购需求的条件下，政府应当优先购买自主创新产品、服务；同时对于政府采购产品尚待研究开发还未上市的产品，政府可以运用招投标的方式确定科学研究的开发机构并予以订购。依据该条文地方各级政府可以遵循市场基本交易方式扶持本地区创新产业的发展。区别于传统的财政资金资助，通过市场方式推动本地区科技创新产业发展更有利于推动科技成果转化，有利于提高资源配置的有效性，因而西藏自治区完全可以通过政府采购的方式积极扶持西藏科技

创新企业，如藏药产品、高原畜牧产品。最后，积极支持中小微创新企业的发展。积极扶持中小微企业参与科技创新，鼓励中小微企业参与政府科技采购项目，并在税费减免方面给予特别的优惠。西藏自治区财政厅制定的《西藏自治区2019年度政府集中采购目录及标准》依据财政部、工业和信息化部《政府采购促进中小企业发展暂行办法》规定预留给小型和微型企业的采购比例不低于60%，但《西藏自治区实施〈中华人民共和国科学技术进步法〉办法》却没有对采购比例下限和适用条件加以规定。通过调研我们发现，西藏小微企业的大量产生是与国家推动“大众创业、万众创新”工作有着密切的联系，将近半数的企业都源于高校、科研院孵化基地创业团队。小微企业不仅解决了大学毕业生的就业问题，还推动了全民创业创新，增强了西藏地方经济的活力，因此我们建议在下次修订时增加对小微创新企业的扶持内容，增强其科技创新能力和市场竞争能力。

（一）培育多元科技创新的主体

科技创新的主体不仅包括企业，还包括科技服务中介机构、高校、科研院所和政府（见图2）。企业是科技创新的主体，但要实现科技创新和成果转化，需要政府出台明确的政策法规，建立清晰的产权制度和规范公平的交易平台，需要政府在基础设施建设、人才培养和引进、金融服务等方面给予充分的保障，为企业科技创新提供良好的创新环境和可持续发展的政策保障。除此之外，高校为企业提供了优秀的科技创新人才，科研院所为企业的发展提供了有力的技术支持，科技服务中介机构能够提供高质量的专利、商标申请和企业知识产权管理，律师事务所能够为企业提供知识产权争议的法律保护……只有“政产学研”多主体参与，企业才能不断研发出符合市场需求的商品和服务，当然企业在创造出更多利润的同时，也推动当地的经济社会发展，推动科技创新应当成为全社会的共同责任。

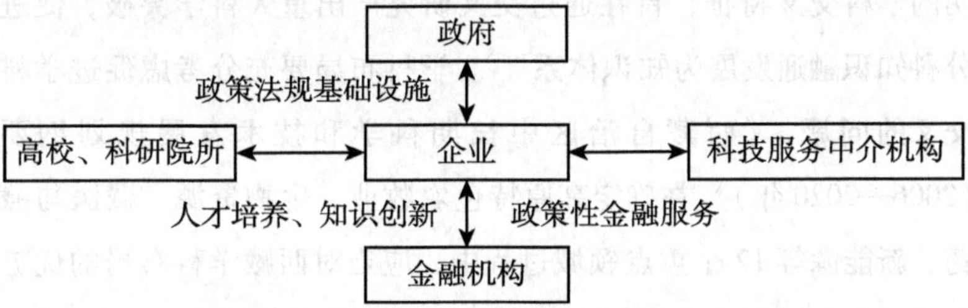

图2　多元创新主体关系

（二）以市场为导向拓宽科技创新范围

小到一家企业，大到一座城市、一个产业，甚至一个国家，每一个人、组织都在自觉、不自觉地参与到科技创新的活动中，并分享着科技创新所带来的高质量幸福生活，而对于一个地区而言，科技创新可以极大提高城市交通系统、动力能源系统，有效提升行政效率和公共服务水平，增加工作岗位，提升劳动者工资收入，不断增强该地方的综合竞争力。

四、推动学科之间的交叉融合

（一）主动迎合学科交叉融合发展趋势

除《国家中长期科学和技术发展规划纲要（2006—2020 年）》

对交叉学科作出规定外，2020 年国家自然科学基金委员会在发布一般面上项目过程中也积极引导不同学科研究者进行交叉学科的研究，委员会将所有科学问题的属性分为四种类型，其中第四种类型就是“共性导向，交叉融通”，按照国家自然科学基金委员会的解释，“该类科学问题源于多学科领域交叉的共性难题，具有鲜明的学科交叉特征，旨在通过交叉研究产出重大科学突破，促进分科知识融通发展为知识体系”①。学科布局要充分考虑促进学科交叉的问题，《西藏自治区中长期科学和技术发展规划纲要(2006—2020 年)》在确定高原特色农牧业、生物资源、藏医与藏药、新能源等 12 个重点领域过程中，应当对西藏学科布局的优势学科和劣势学科进行分析，对在解决国家和社会重大问题时是否需要其他相关学科进行协同创新应当有一个总体构思，对于国际国内最新跨学科创新团队应当有基本的了解，对于科学研究过程中如何实现重大突破应当具有一定的判断力。如在藏医药领域，通过真空冻干技术实现了贴膏保持药物活性的突破，通过对自然药物有效化学成分分析找到可替代药材，藏医药领域的重大突破往往需要诸多学科的协同创新。

（二）吸引多学科人才积极从事科学研究

人才集聚是学科集聚的前提条件，只有多个学科的科技人才相互配合才能够真正实现“融合科学”，推动科技的重大突破。从“尊重人才、关爱人才”的政策倾斜，到“育才、引才、聚才、用

---

① 《2020 年度国家自然科学基金项目指南》，载国家自然科学基金委员会网 2020 年 3 月 10 日，http：//www. nsfc. gov. cn/publish/portal0/xmzn/2020/jj/。

才”的人才工程，人才的集聚不仅直接影响科研团队的组成，还制约着科学研究和推广应用的水平。在增加科学研究财政投入、提高科技工作者福利待遇的同时，西藏还应当花大力气解决人才有效使用的问题，最大限度地发挥人才的作用，将科技人才的“定期援藏”与“柔性引进”“专家协作”“自身培养”结合起来，提升高校、科研机构的用人自主权，允许高校、科研机构、国有企业通过签订合同方式聘用高层次科研人才，借鉴内陆知名高校的成果经验，充分考虑人才的市场价值，进行绩效考核，不对工资福利、配套资金进行过多限制。

（三）不断提高教育教学水平，提升公民科技意识

首先，第二次青藏科考能够始终以国家战略需求为导向，与组织者、参与者的政治素养和爱国情怀有着密切联系，与国家从基础教育到高等教育的教育制度有着密切的联系，因此在教育过程中我们要积极培养学生的中华民族共同体意识，增进“五个认同”。其次，教育应当为受教育者确立“终身学习”的目标，在基础教育阶段，要积极普及科技知识，培养学生热爱科学、勇于探索的精神，反对愚昧迷信；在高等教育阶段，要培养他们敢于质疑现有理论，勇敢攀登科学研究高峰的精神。最后，从第二次青藏科考的角度来看，高等教育不应当实施过细的专业或学科划分，在课程管理中应当鼓励学生按照兴趣选择跨学科、跨专业课程，教师在课程讲授中应当对相关学科的研究方法进行介绍，在完成毕业论文或毕业成果过程中应当允许由不同专业的导师共同指导，不断拓宽学生的研究视野，提升实践能力。

五、提高科技资源的使用效率

习近平总书记指出在保持财政投入力度的同时，需要不断提升科技资金的使用效率。[①] 一些地方“科技资源配置分散、封闭、重复建设问题比较突出，不少科研设施和仪器重复建设和购置，闲置浪费比较严重，专业化服务能力不高”，习近平总书记指出对于公共财政投资形成的国家重大科研基础设施和大型科研仪器应当向社会开放。[②] 习近平总书记的上述论断对于提升西藏自治区科研设备使用效率，提高政府专业服务水平都具有非常重要的现实意义，因此建议在《西藏自治区实施〈中华人民共和国科学技术进步法〉办法》中专门对科研设备、大型仪器共享机制加以规定。

我国《科学技术进步法》第 54 条明确规定利用财政性资金设立的科学技术研发机构应当建立科学技术资源开放共享机制，促进科技资源的有效利用；在第 77 条对区域创新平台构建利益分享机制，推动科学仪器设备、科技基础设施、科学工程和科技信息资源等开放共享作出了规定；在第 94 条、第 102 条从保障措施层面对国家统筹购置大型科学仪器设备开展联合评议、公开技术资源共享使用制度作出了规定。《西藏自治区实施〈中华人民共和国科学技术进步法〉办法》在第 63 条也规定了财政性资金投资的大型科学仪器设备和平台资源共享机制，但并没有对如何建立大型

---

① 参见中共中央文献研究室编：《习近平关于科技创新论述摘编》，中央文献出版社 2016 年版，第 67 页。

② 参见中共中央文献研究室编：《习近平关于科技创新论述摘编》，中央文献出版社 2016 年版，第 69 页。

科学仪器设备清单，如何对外公布信息，如何接受申请，如何建立对外共享仪器设备进行奖励加以规定。“西藏大型科学仪器设备数据库现有区内可供仪器设备共享单位 16 家，仪器设备 324 台，仪器总价值为 1679.8069 万元，但管理机制导致的条块分割、地区分割、行业分割，使西藏地区大中型仪器设备重复购置，有限的资源得不到有效利用。”①《中国统计年鉴》（2018 年）的统计数据显示西藏 2017 年研发经费投入 2.9 亿元，排在 31 个省区最后一名，在投资经费有限的情况下，更应当提高大型仪器设备使用效率，提高企业、高等院校、科研机构对于仪器设备使用的协作机制。

从其他省区的立法来看，上海、陕西等地出台的相应规定值得西藏自治区借鉴。2007 年出台的《上海市促进大型科学仪器设施共享规定》（已修改）提出建立仪器设备共享服务平台，向用户提供大型科学仪器设备共享的信息查询、服务推介、技术培训等服务；新建大型设备可行性研究报告应当包括提供共享服务的承诺以及共享时间、范围、方式；对于本市已有同类大型科学仪器设施通过共享服务可以满足申请单位科学研究的，不允许批准新购该类设备。按照 2018 年出台的《陕西省重大科研基础设施和仪器设备开放共享实施方案》的规定，陕西省建立重大科研设备和仪器设备开放共享专项工作协调小组，实施部门联动机制，由陕西省科技厅牵头负责仪器设备开放共享的宏观管理和综合协调，

① 达娃：《西藏科技信息资源共享需求与资源分析》，载《西藏科技》2007 年第 12 期。

建设陕西省科研设施和仪器设备网络管理平台，公布科研设施与仪器设备目录、开放共享制度、服务方式、服务内容、服务流程、收费标准等信息，实时提供在线服务。

西藏自治区应当在借鉴上海和陕西地方立法的基础上，综合考虑西藏特殊区情构建具体的共享机制：（1）对于财政资金资助购买的仪器设备信息，只要不涉及国家安全和个人隐私问题，都应当通过网络平台予以公布。（2）对于新购买的大型仪器设备，应当通过网络平台对外予以公布，提供申请使用仪器设备的途径。（3）对项目申请人提出购买大型仪器设备的请求进行审查，申报书须对仪器设备是否同意向社会公开作出承诺并对共享使用的条件进行设定。（4）申请购买大型设备仪器须提供自治区科研仪器和设备网络平台的检索报告，通过共享方式能够满足新申请项目研究需要的，不批准购买新的仪器设备，从而避免科研仪器设备的重复购置。（5）为了激励大型仪器设备管理单位参与科研资源共享制度，减少仪器设备闲置浪费的发生，需要建立自治区大型科研仪器设备共享奖励基金，对共享使用率高的仪器设备管理单位予以奖励，对闲置率高、共享使用低的管理单位应当予以劝诫和通报批评，暂停该单位购买大型仪器设备的申请。（6）实现西藏与内地援助省区仪器设备信息联网互通，开辟共享仪器设备使用的咨询板块，加强仪器设备使用的技术指导，建立西藏与内地援助省区科技资源的共享机制。①

① 参见张林、张战：《西藏科学技术进步法立法的修订与立法建议》，载《西藏科技》2021 年第 5 期。

第三章

“融合科学”与西藏科学技术发展的模式选择

青藏高原作为“世界屋脊”“亚洲水塔”，是我国重要的生态安全屏障，2017 年 8 月 19 日启动的第二次青藏科考在第一次青藏科考的基础上，着眼于近 50 年来青藏高原自然与社会环境发展的巨大变化，确立了“亚洲水塔”动态变化与影响、生态系统与生态安全、生物多样性保护与可持续利用、人类活动与生存环境安全等 10 个重大研究任务和 60 多个科考专题。自 2018 年 9 月在拉萨发布首期阶段性重大成果以来，第二次青藏科考团队通过中国科学院网络平台不断公开科考数据，发布最新研究成果，对人们比较关心的气候变化、冰川消融、冰湖扩张进行了立体监测研究，对全球温室效应之下青藏高原冰川、积雪消融、湖泊变化给西藏带来的农牧业生产、生态保护、减灾防灾的影响提出了科学预测分析。第二次青藏科考是一次着眼于国家战略需要的跨学科、跨地区的重大科学研究，认真分析总结此次青藏科考的成功经验对于社会各界学习贯彻习近平致中国科学院青藏高原综合科学考察研究队的贺信精神，全面落实西藏自治区党委、政府提出的“建平台、攻专项、促转化、广普及”的科技工作要求，编制与实施“十四五”科技发展规划都具有十分重要的意义。

第一节 “融合科学”概念的基本含义

近现代以来，人类的学科建设和科学研究都沿着精细化和综合化两个维度进行。在人类社会早期，人类缺乏精细的学科门类划分，对于自然和社会的认知都处于一种相对原始的状态，① 直到欧洲文艺复兴解放了人们的思想，哥白尼提出“日心说”、牛顿提出三大运动定律和万有引力定律，奠定了近代物理学的基础，伽利略开创了以实验事实为根据的近代科学理论，才具备了科学研究的雏形，并且随着新发现、新发明的不断涌现，传统物理学、化学、数学不断演化出量子力学、生物化学、地球物理学等众多学科，据统计截至 1987 年全世界的学科已经达到 8530 种，② 而按照我国现行的学科分类国家标准，13 个学科门类之下共有 2382 个三级学科，③ 存在学科划分过细，不利于学科交叉的问题。很多学科之间具有亲缘关系或承继关系，如分子生物学与生物化学之间

① 《墨经》中有多处关于自然科学的论述，内容涉及力学、数学、光学时空观念，但该部分内容只属于萌芽阶段的科学研究，并不具备构建学科的基础理论和实验数据。

② 参见李晓强、张平、邹晓东：《学科会聚：知识生产的新趋势》，载《科技进步与对策》2007 年第 6 期。

③ 参见李静海：《抓住机遇推进基础研究高质量发展》，载中国人大网，http://www.gmw.cn/xueshu/2019-04/30/content_32797629.htm。

的关系，学科之间的联系和协作在各学科精深研究、强调专业性的同时往往被人们所忽视，尤其在人们面对生态环境、气候变暖、公共卫生、能源短缺等重大问题时，如何组织多学科协同创新、共同攻关已成为各国政府普遍关注的重点，而其中“融合科学”的出现最为值得关注。

一、“融合科学”概念的提出

2011 年美国麻省理工学院夏普教授明确提出“融合”概念，认为融合式研究是通过整合原本被认为是分离和割裂的方法、技术、流程和设备来推动新的科学和技术进步。[①] 麻省理工学院在当年发布的白皮书中提出，生命科学、物理学和工程学的“融合”代表着生命科学领域的第三次重大变革，其深远影响将突破生命科学范畴，推动健康、能源、食品、气候和水资源等诸多行业取得重大进步。[②] 2014 年美国国家研究理事会发布的报告《融合：推动生命科学、物理科学、工程学等跨学科整合》认为“融合”是生命健康科学、物理学、数学等科学的知识、工具和思维方法的合成，并形成一个复杂的综合框架结构，以解决已经存在的科学和社会挑战。就“融合”而言，一个关键信息是“融合”来自广泛不同知识领域的思想、方法和技术，它是世界各国解决复杂社会问题、解决新兴学科和新技术背后的复杂智力问题的一个重

① 参见陈捷、肖小溪、李晓轩：《融合科学的发展及其对科技评价的挑战》，载《军事运筹与系统工程》2019 年第 1 期。

② 参见肖小溪等：《“融合科学”新范式及其对开放数据的要求》，载《中国科学院院刊》2020 年第 1 期。

要战略。[①] 2000年欧盟成员国领导人在葡萄牙首都里斯本通过了十年经济发展规划，该战略确立了一个重要内容就是发展以知识和创新为主的智能经济，提高欧盟各成员国的科技竞争力，而一些学者将“融合科技”视为推动“里斯本战略”的重要方式。随着生命医学、生物化学、信息工程等学科的快速发展，纳米技术的广泛采用，“融合科学”成为科技创新的重要蓝图。

二、国内对“融合科学”的研究与使用

在我国国内，已经有学者开始关注“融合科学”。2007年李晓强、张平、邹晓东书写的《学科会聚：知识生产的新趋势》一文就指出，“以NBIC为核心的会聚科技的崛起与众多非传统知识生产模式的涌现，学科会聚作为在整体论基础上的学科交叉与融合，已成为知识生产的新趋势”[②]。2019年陈捷、肖小溪、李晓轩书写了《融合科学的发展及其对科技评价的挑战》一文，指出科学技术的融合已经成为全球科学技术发展的总体趋势，受到各国政府、科学界的重视，该文还对“融合科学”的特征进行了总结，即“问题导向性、多学科交叉汇聚、覆盖创新价值链和多元主体协同参与”[③]。按照《牛津高阶英汉双解词典》的解释，“converge”原

① See NRC. Convergene: facilitating transdisciplinary integration of life science, physicalsciences, engineering, andbeyond. Committee on key challenge areas for convergence and health. Washington D. C.: The national academies press, 2014.

② 参见李晓强、张平、邹晓东：《学科会聚：知识生产的新趋势》，载《科技进步与对策》2007年第6期。

③ 陈捷、肖小溪、李晓轩：《融合科学的发展及其对科技评价的挑战》，载《军事运筹与系统工程》2019年第1期。

意是指“线条、运动的物体等会于一点，向一点会合；聚集”①，因而作为名词的“convergence”的含义在于强调不同事物基于一定原因聚集于一点，与《现代汉语词典》对“融合”的解释，即“几种不同的事物合成一体”② 还是有一定的差异。从西方学者的相关研究来看，生物学、纳米技术、工程学与认知科学的结合并没有“融合”形成一种新的学科，只是确立了在重大技术攻关过程中多学科协同创新，联合攻关的创新机制，相关问题的解决往往是从既有知识的应用中产生，而新的知识元素必须参加到其中。美国夏普教授曾经讲述这样的一个工程学与医药学相互“融合”治疗癌症及药物释放的例子：生物学家创造了某种细菌，其携带来自另一个细菌种群的高密度传感器，该种密度传感器可以根据氧气水平对哺乳动物细胞的拥挤密度进行检测，而超过某一密度将通过激活被称为侵袭素的酶，触发侵袭哺乳细胞的行为，由于癌细胞在产生后将发生恶性细胞大量复制的现象，因而该技术有利于检测到癌症的发生。在对癌细胞的用药过程中，通过该种细菌携带杀癌药品进行靶向治疗，药物的释放不会伤及良性细胞从而降低了药品的副作用，通过运用工程学知识实现了生物制药领域的突破。“融合科学”充分发挥多个学科的优势，实现科技资源优化配置，有效推动科技创新。

在我国，“融合”一词也是科技创新领域的热词。习近平总书记

① 霍恩比：《牛津高阶英汉双解词典》（第4版），商务印书馆、牛津大学出版社2000年版，第309页。

② 中国社会科学院语言研究所词典编辑室编：《现代汉语词典》（第7版），商务印书馆2019年版，第1107页。

在党的十九大报告中明确提出，“深化科技体制改革，建立以企业为主体、市场为导向、产学研深度融合的技术创新体系”①。2015年中共中央办公厅、国务院办公厅印发的《深化科技体制改革实施方案》中，使用了“军民科技融合深度发展”的表述，在中国科学院“十三五”发展规划纲要中则使用了“科教融合”的概念，而出现“融合”频次最多的科技文件是2016年中共中央、国务院印发的《国家创新驱动发展战略纲要》，在该纲要中共有18处出现“融合”概念，具体包括“科技与经济深度融合”“工业化和信息化深度融合”“生命科学、中西医药、生物工程等多领域技术融合”“农业向一二三产业融合”“学科交叉与融合”等。与欧美国家不同，我国相关文件所提出的“融合科学”适用范围不仅包括学科之间的融合，还包括产业融合；不仅包括多学科创新的技术融合，还包括科技与教育相互促进、科技创新与经济发展的制度融合。

三、“融合科学”代表着未来科技研究的新方向

近年来，多学科协同创新成为科学技术发展的重要趋势，交叉学科②、多学科、跨学科成为科技界探讨的重要议题，面对日趋

① 习近平：《决胜全面建成小康社会　夺取新时代中国特色社会主义伟大胜利——在中国共产党第十九次全国代表大会上的报告》，载中华人民共和国中央人民政府网，https：//www. gov. cn/zhuanti/2017－10/27/content_5234876. htm。

② 交叉学科是指不同学科之间相互交叉、融合、渗透而出现的新兴学科。交叉学科可以是自然科学与人文社会科学之间交叉而形成的新兴学科，也可以是自然科学和人文社会科学内部不同分支学科交叉而形成的新兴学科，还可以是技术科学和人文社会科学内部不同分支学科交叉而形成的新兴学科。

复杂的研究内容和日益激烈的国际竞争，以单一学科为基础的“划科而治”只会导致学科发展的“画地为牢”，束缚自身发展。首先，就科技工作者而言，“融合科学”概念的提出并不是要形成一种新的学科，它所强调的是以发展的眼光看待学科之间的差异和区分，强调学科的协同创新，打破原有的思维定式，扫除思维盲区。科技工作者所经历的学历教育是依据专业划分的，不同的专业接受不同学科知识体系，并且随着学历的提高研究就越精深，而按照夏普教授的观点，“融合科学”就是要将原来看似“割裂”的知识，甚至是看似“不相关”的知识整合到一起，这也意味着科技工作者需要了解其他学科的基础知识或者具有学习其他学科知识的能力。其次，知识生产的新模式不断促成“产学研的深度融合”。按照联合国教科文组织（UNESCO）《科学技术统计指南》的分类，研究与试验发展活动被分为基础研究、应用研究和试验发展，按照传统观念基础研究进行的发现与探索并不以某一具体应用或使用为目的，但实际上“对于基础研究、应用研究和试验发展这种线性接续关系的认识，以及基础研究主要是好奇心驱动的理解，已经越来越显露出其局限性”①。基础研究、应用研究和试验发展的非线性互动与交融不断淡化科学界与产业界之间的界限，企业的知识生产和科技创新也能够推动高校和科研院所的基础研究，行业分工的弹性化能够有效推动产业界和科学界之间的互动合作，容纳产业变革的矛盾与冲突，激发全社会的科技创新

① 李静海：《抓住机遇推进基础研究高质量发展》，载中国人大网，http://www.gmw.cn/xueshu/2019-04/30/content_32797629.htm。

精神。最后，从国家角度来看，“融合科学”的提出有利于我国掌握科技主动权，提升国家整体科技创新能力。“融合科学”并不以某一项发明创造为目标，它是以满足国家重大需求为目标，多学科、多主体参与，因而“融合科学”着力推动的是学科群的整体协作能力和创新能力，解决的是政府、社会组织的科技管理能力和有效保障能力，提升的是国家在重大科技领域的全球影响力。

第二节　“融合科学”在当今时代的主要特征

一、以国家和社会重大需求为导向

正如习近平总书记所言，“科技是国之利器”，① 一个国家只有拥有强大的科技创新能力，才能提高社会生产力和国际竞争力。传统的科技创新很大程度上依赖科学家的个人兴趣和个人技艺，随着国际科技竞争的加剧、科研难度的增加，传统单一学科精深研究路径日益无法满足国家的战略需要，而以“融合科学”为代表的交叉学科研究范式，以国家战略和社会经济发展重大需求为导向，以维护国家安全、社会稳定、民族团结、地区经济发展和人民幸福为目标，并不以某项产品发明或技术更新为目标，“融合科学”就是要发挥各个学科的合力，解决单个学科无法解决的难

① 《科技是国之利器》，载新华网，http：//www.xinhuanet.com/politics/2016－06/06/c_129043555.htm。

题，因而作为“融合科学”的组织者必须具有强有力的科技统筹能力和组织保障能力。一方面，组织者能够充分把握创新研究的发展方向，创新成果要能够满足“国家需要、人民要求、市场需要”的要求。第二次青藏科考的重要意义就在于它能够紧紧围绕中央对于西藏“两屏四地”的重要战略定位，贯彻习近平生态文明思想，促进西藏绿色可持续发展，并维护西藏的长治久安。另一方面，组织者应当具有宽广的专业视野和科学的实施计划。

二、“融合科学”覆盖基础研究和应用研究

很多情况下，“融合科学”是将原本不相关的知识整合到一起。按照夏普教授的观点，“融合科学”就是要将原来看似“割裂”的知识，甚至是看似“不相关”的知识整合到一起。“融合科学”的特殊性在于它创造了一个特定的应用情境，对于貌似“不相关”知识的应用进行了鼓励，形成了在特定应用情境之下的理论结构、研究方法和实践模式，虽然这些成果在传统学科版图上是无法进行定位的。“跨学科性是动态的”①，因而对于研究者来说，跨哪些学科、如何跨学科这都与科研人员解决问题的能力密切相关，只有找到多个学科知识、方法应用的“融合点”才能够推进创新。

“融合科学”诞生于当代是有其技术背景的，随着“互联网+”、5G、人工智能、云计算等新科技的不断涌现，市场需求、科技创

---

① ［英］迈克尔·吉本斯等：《知识生产的新模式：当代社会科学与研究的动力学》，陈洪捷等译，北京大学出版社2011年版，第6页。

新成果、国家的科技规划很快能够为上下游的科研院所和企业所知晓，“融合科学”的组织者需要准确判断科研风险、搭建科研平台、组建科研团队、增加科研投入，不断推动产学研的合作，实现科技关键领域的重大突破。

“融合”并不仅仅是研究工具从一个学科（行业）扩展到另一个学科（行业），它还包括不同学科（行业）之间基本概念、研究方法的相互交流与应用。如众多物理科学和工程学知识被使用到生命科学研究领域；同时，生命科学对于复杂的生命进化体系的理解也影响了物理科学和工程学的发展，学科之间的相互融合具有类似“异花传粉”的效应。在欧洲，信息类、生物类、纳米技术等新兴学科与认知科学、社会心理学等学科相互结合构成了 21 世纪重要的研究内容。“融合科学”的发展正在以潜移默化的方式改变着科学研究的方向和人类的生活方式，基础研究和应用研究的划分界限日益变得模糊。如纳米科技的发展使工程学发展到了分子层面，通过将神经细胞分子与某些人工传感器联合可以帮助盲人恢复视力。[①] 同时，随着世界科技的快速发展、学科融合的加深，出现了许多新的学科，如生物化学、分子生物学、计算机逻辑学、认知心理学，它们的研究内容都兼具基础理论价值和应用价值。

三、“融合科学”以数据公开为基础

一方面，“融合科学”借助平台实现学科团队整合和数据共

---

① See Alfred Nordmann, Kristine Bruland, Wolfgang Bibel, *Converging Technologies—Shaping the Future of European Societies*, https: //www. researchgate. net/publication/311456580, 2020 - 5 - 30.

享。“融合科学”组织者有效整合科技资源，打破了由于行政隶属、地域限制所产生的产学研机构之间信息交流壁垒，通过平台公开大型仪器设备信息、各学科成员学术背景信息、创新成果信息，从而有效提升团队成员之间、团队之间信息交流效率。另一方面，“融合科学”非常重视不同种类科研数据的开放和共享，主动推动科技创新。如美国国立卫生研究院建立并维护多个开放获取的基因数据库和临床数据库。在我国，在政府的积极引导之下，研究机构、高校、行业组织也纷纷建立网络平台数据库、发布专项报告、举行国际会议公布最新科研成果，如中国科学院通过国家青藏高原科学数据中心数据库将科考数据予以公开，在弥散式的科技创新背景之下，“融合学科”将不断带动相关学科快速发展。

四、“融合科学”成为推动创新的新范式

正如习近平总书记所言，“创新是引领发展的第一动力”，[①] 创新不是简单的从无到有的技术发明，它还应当包括从不知道到知道、从忽视到重视的过程，有学者认为对于创新应当从更加宽广的意义上进行理解，只要是“能够产生社会、经济价值的科学发现、发明和洞察力”都应当属于创新。[②] 科学考察为创新提供了广阔的视野和丰富的素材，从科技发展史来看，重大科学发现往往带动多个学科的理论突破和技术创新。

---

① 中共中央文献研究室编：《习近平关于科技创新论述摘编》，中央文献出版社 2016 年版，第 7 页。

② See Phillip A. Sharp, *Meeting Global Challenges: Discovery and Innovation Through Convergence*, Science, 2014, 346 (6216): p. 589.

20世纪50年代，我国第一个中长期科技规划——《1956—1967年科学技术发展远景规划纲要》将青藏高原科学研究列为规划研究的重要内容。20世纪70年代，中国科学院组织院内外专家制订了《中国科学院青藏高原综合科学考察规划》，并组织2000多名科技人员，历经20余年，开展了第一次青藏科考，获得了大量宝贵研究资料，为青藏高原生态保护和经济社会发展提供了有力支撑。2017启动的第二次青藏科考在第一次科考的基础上，采用新理念，运用新技术，使科考设计更加科学、后勤保障更加有效，因而第二次青藏科考能够取得更多高水平的创新成果。2020年6月中国科学院青藏高原研究所马耀明研究员在国际著名学术期刊《科学—进展》（Science Advances）发表重要论文，该论文基于青藏高原湖泊非结冰期能量平衡的合理假设，结合卫星遥感资料、气象驱动数据资料，发展了一种可靠的湖泊蒸发量估算方法，为估算"亚洲水塔"湖泊水资源储量提供数据参考。[①] 同时，第二次青藏科考还推动了相关学科之间的相互合作。例如，在对纳木错区域水循环观测研究中，中国科学院青藏高原研究所、中国科学院空天信息研究所和长光研究所50多位科研人员利用浮空艇开展7000米高空大气水汽稳定同位素、大气黑碳和大气甲烷等大气组分的研究，该浮空艇为我国自主研发，创造了同量级浮空艇观测海拔最高的世界纪录。

---

① 参见《Science Advances：新方法准确估算"亚洲水塔"年蒸发量》，载中国科学院青藏高原研究所官网，http：//www.itpcas.cas.cn/kycg/yjcg/202006/t20200628_5612365.html。

从第二次青藏高原科考的进展来看，“融合科学”的出现是科学发展的必然选择。科学的发展不仅始终存在学科的分化与综合的问题，还存在边缘领域中心化等学科热点不断转化的现象。“人们在认识自然的过程中，人为地将科学分解为各个环节（学科）又重新整合起来。融合科学以各学科中取得的重大进展为基础，各学科之间的交叉融合正在改变着传统学科之间的界限和研究方法，这使其能有效突破相关领域的原有界限，推动和促进科技的发展。”① 第二次青藏科考参与人员众多、涉及问题复杂、影响力持久，不断吸引各个学科的年轻科学家从事“地球第三极”“亚洲水塔”的研究，必将有利于增加我国科学家在该领域研究的先进性和主动性。“融合科学”的发展能够为科技创新提供持续的动力。

五、第二次青藏科考具有“融合科学”的基本特征

首先，第二次青藏科考以国家和社会重大需求为导向。传统的科技创新很大程度上依赖科学家的个人兴趣和个人技艺，随着国际科技竞争的加剧、科研难度的增加，传统单一学科精深研究路径日益无法满足国家的战略需要。国家战略需要构成了科学研究的重要背景，参与第二次青藏科考的主体非常多，他们参加科学研究的出发点是为了贯彻中央治藏方略，贯彻习近平生态文明思想，促进西藏绿色可持续发展。

---

① 参见陈捷、肖小溪、李晓轩：《融合科学的发展及其对科技评价的挑战》，载《军事运筹与系统工程》2019 年第 1 期。

其次，第二次青藏科考是一次跨学科综合研究。青藏高原作为世界第三极，具有世界独一无二的生态环境，在对其进行系统研究过程中将不断碰到新现象和新问题，需要利用新的技术手段、新的思路。正如第二次青藏科考负责人姚檀栋院士所言，对于“亚洲水塔”的研究主要涉及地球科学理论，要将大气圈、水圈、冰冻圈、岩石圈、生物圈、人类圈等不同的地球圈层研究有机整合起来，揭示各个子系统之间相互联系和相互作用的机制，[①] 从而为青藏高原的环境变化和可持续发展打下基础。姚院士的地球生态多层理论突破了传统科学研究的狭隘视域，将第三极气候变化与农牧业生产、生态保护、人类活动密切结合起来，对西藏社会经济发展和生态保护具有重大的现实意义。

再次，第二次青藏科考覆盖基础研究和应用研究。人们通常会将创新的过程描述为一个“线性的过程”，即“基础研究—应用研究—商品化—市场化”的过程，其中基础研究是创新过程不竭的动力，创新来自研究者对于专业的兴趣，但实际上很多基础研究是为了解决现实问题，是为了满足国家和社会的现实需要而发展起来的，不是“为科学而科学”，“而是在重大经济社会问题的目标引导下，进一步沿着创新价值链向后延展，跨越基础研究与实际问题解决之间的鸿沟”[②]。第二次青藏科考所进行的地球生态的多层研究对于推动西藏科学研究、科技创新、产业布局具有重

① 参见张冬梅、张莉：《对话姚檀栋：走近第二次青藏高原综合科学考察》，载《科学通报》2019 年第 27 期。

② 肖小溪等：《“融合科学”新范式及其对开放数据的要求》，载《中国科学院院刊》2020 年第 1 期。

大引导作用，西藏的高原生物、藏医药、水资源开发、绿色工业等领域的研究都应当充分运用这次科考的最新成果，加强与生态学、信息工程、生物化学、工程学等学科的合作与交流，不断拓展自己的研究领域，加快提升研究成果的应用价值，共同助力建设美丽新西藏。

最后，第二次青藏科考是以数据公开为基础的。通常来说，人们习惯于将科学、技术两个词语连接使用，统称为科学技术，并简称为“科技”。[①] 科学与技术既密切联系，又相互区别，科学更倾向于解决理论问题，而技术所要解决的是实践应用性问题，但实际上这种区分日益变得模糊。弗里曼在其《工业创新经济学》中认为“科技”概念本身就是一套有关技能的知识，科技在很多情况下被用来表示知识本身，而所谓的“技术创新”或“创新”所要表达的是“知识的进步”。[②] 应当说“创新”在很大程度并不完全是指新知识的产生，它还包括知识在社会经济中的采用和推广，在创新过程中如何能够获得准确及时的信息已经成为评价世界各国创新能力的重要指标。在第二次青藏科考中，数据公开共享对于提高科研准确度发挥了重要作用。通过使用高寒网、青藏高原数据中心、“第三极环境（TPE）”国际中心、中国科学院海外科教中心等国际科学联盟，结合卫星遥感、系留浮空艇、无人机等新技术，极大地提高了科学研究的准确性，而在使用数据的

① 参见中国社会科学院语言研究所词典编辑室编：《现代汉语词典》（第7版），商务印书馆2019年版，第735页。

② 参见［英］克里斯·弗里曼、［英］罗克·苏特：《工业创新经济学》，华宏勋、华宏慈等译，北京大学出版社2004年版，第4页。

同时，此次青藏科考还在不断将取得的动态数据和最新成果对外进行公开，为全世界关注第三极的科技工作者共享数据提供了条件。按照第二次青藏科考的计划，下一步要建立青藏科考数据共享平台，成立青藏科考转移转化国际中心和产学研合作技术创新联盟，推进科考成果转化和产业技术创新。

第三节　努力开创西藏科学研究的新时代

第二次青藏科考为我们重新反思西藏的科技规划提供了一个良好的契机。第二次青藏科考所涉及的学科不仅包括地球物理学、生态学等学科，还包括气象、水文、农业、土木工程、电子信息、医药学等众多学科。第二次青藏科考所要解决的现实问题不仅包括西藏冰川退缩、湖面上升、冻土层恶化，还包括铁路、公路在冻土层的修建、开采自然资源、城市垃圾处理、工业污水处理等一系列问题。随着第二次青藏科考的深入，不断有最新研究成果予以公布，科学研究成为社会各界关注的焦点，科学知识对西藏近几年气候变化的解释被民众所接受，科学正在以潜移默化的方式影响着普通民众的生活。

一、科技在实现西藏可持续发展中的重要地位

（一）以可持续发展指标替代国内生产总值

已故印度总理甘地夫人在1972年斯德哥尔摩第一次联合国环

境峰会时指出“贫穷是最大的污染者”，这句话在当时是具有一定道理的，印度当时的空气污染和水污染都需要巨大的经济投入才能实现有效治理。但在当代社会，情况出现了翻转，“富裕是最大的污染者”，正是大量温室气体排放、资源消耗，以及破坏土壤和生物多样性的土地利用，才成就了富裕。① 提出“富裕是最大的污染者”实际上反映了社会可持续发展中经济目标与生态目标之间的冲突，但问题是为了保护生态就放弃经济发展，让普通民众维持在贫困生活状态也并不是人类致力实现的目标，关键在于追求经济发展过程中如何实现“谨慎地使用自然资源”。当然也有西方学者根据热力学第一定律说明在环境和经济之间，物质和能量存在定量的竞争关系，根据热力学第二定律说明经济通过提取低熵资源②和返回高熵废物，使环境产生了质的退化，甚至认为，经济的秩序和结构是以制造生态混乱和破坏可持续生态圈为代价获得的。③ 从能源利用来看，虽然人类可以接收、存储太阳能、水能、风能等可再生能源，但在很长时间内经济发展对于有限、不可再生资源的依赖是无法改变的。人类的经济活动持续地从自然环境中攫取资源和能量实际上就在降低自然系统的“总潜能”，例如对于青藏高原永久冻土层的破坏不仅会导致土地荒漠化，还会使冻土层原有集聚二氧化碳的功能丧失，使更多的二氧化碳释放到大

① 参见［德］魏伯乐、［瑞典］安德斯·维杰克曼编著：《翻转极限：生态文明的觉醒之路》，程一恒译，同济大学出版社 2018 年版，第 52 页。

② 低熵资源就是指低耗能、低污染的资源。

③ 参见［德］魏伯乐、［瑞典］安德斯·维杰克曼编著：《翻转极限：生态文明的觉醒之路》，程一恒译，同济大学出版社 2018 年版，第 71 页。

气中导致温室效应。

生态环境不是社会经济发展的对立物，它应当是社会经济发展的一部分，但在GDP（国内生产总值）[①] 的指标中实际上并未包含生态环境指标。GDP是指一个国家或一个地区所有常住单位在一定时期内生产活动的最终成果，[②] GDP在计算经济增加值的同时并没有考虑工业生产、人类活动对于气候、土壤、水资源、生物多样性等生态系统的影响，因此，引入可持续发展指标作为评价西藏社会经济发展的新指标是十分必要的。

可持续发展指标体系对于评估西藏可持续发展、经济发展与生态环境、人类活动具有重要意义。实际上早在1992年联合国21世纪议程可持续发展委员会就倡导通过指标的开发和研究引导国家或地区的可持续发展，此后在国际上还出现了联合国可持续发展委员会（UNCSD）指标体系、联合国统计局（UNSTAT）的可持续发展指标体系框架（FISD）。2016年1月1日的联合国《2030年可持续发展议程》生效，该议程提出了17个可持续发展目标和

---

① GDP是按市场价格计算的一个国家（或地区）所有常住单位在一定时期内生产活动的最终成果。国内生产总值有三种表现形态，即价值形态、收入形态和产品形态。从价值形态看，它是所有常住单位在一定时期内生产的全部货物和服务价值超过同期投入的全部非固定资产货物和服务价值的差额，即所有常住单位的增加值之和；从收入形态看，它是所有常住单位在一定时期内创造并分配给常住单位和非常住单位的初次收入之和；从产品形态看，它是所有常住单位在一定时期内所出产的最终使用的货物和服务价值减去货物和服务进口价值。在实际核算中，国内生产总值有三种计算方法，即生产法、收入法和支出法。三种方法分别从不同方面反映国内生产总值及其构成，理论上计算结果相同。

② 参见许宪春、王洋、刘婉琪：《GDP核算改革与经济发展》，载《经济纵横》2020年第10期。

169 个具体子目标，其中提出了应对气候变化、保护且可持续地使用陆地的生态系统、防治沙漠化、遏制并扭转土地退化，以及阻止生物多样性丧失的多项目标。

1996 年我国将可持续发展上升为国家战略并全面推进实施，“进入 21 世纪，可持续发展理论在我国的本土化拓展的集中体现，便是科学发展观和生态文明理念”①。党的十八大提出了生态文明建设，并开始制定生态文明建设考核目标体系、美丽中国建设评估指标体系，多个指标体系建设充分反映了党和国家对于生态文明建设的重视。中央第七次西藏工作座谈会提出“保护好青藏高原生态就是对中华民族生存和发展的最大贡献”，不能再仅以 GDP 作为评价西藏各地区发展的指标，而应当以可持续发展指标作为评价西藏各地区发展的指标。

（二）科技在可持续发展指标中的作用

在国家发展改革委印发的《绿色发展指标体系》（已失效）中，一级指标包括资源利用、环境治理、环境质量、生态保护、增长质量、绿色生活、公众满意程度 7 个方面，其中生态保护一级指标之下设置了森林覆盖率、森林蓄积量、草原综合植被覆盖率、湿地保护率、新增水土流失治理面积、可治理沙化土地治理率等指标，就西藏而言，由于西藏没有海洋，故应当删除海洋保护区面积的二级指标，而增加冰川面积、永久冻土面积等二级指标。实际上，二级指标的设定本来就是科学研究的结果，是人类依据

---

① 张杰等：《国际典型可持续发展指标体系分析与借鉴》，载《中国环境管理》2020 年第 4 期。

科学知识掌握地球生态发展规律之后，为了人与自然和谐相处，在经济发展与自然生态利用之间寻求平衡的关键指标。同时，对二级指标数据的搜集、整理也有赖于科学技术的进步，尤其是地球物理学、遥感技术、自然灾害监测等领域研究的突飞猛进，才能够提供西藏生态环境的动态状态，使政府能够依据准确的数据做出科学决策和判断。

通过调研我们发现，西藏经济社会快速发展过程中，每一次产业变革的环境生态评价都必须依托自治区的科技发展。例如，以锂电池为代表的新能源动力广泛应用在手机、电脑、汽车上，锂电池的阳极材料、阴极材料、电解液和绝缘材料在使用、运输、维修、回收过程中对于生态环境是存在危险隐患的，对于新能源汽车动力蓄电池，早在2018年工信部、科技部、环保部（现为生态环境部）等7部委联合出台了《新能源汽车动力蓄电池回收利用管理暂行办法》，面对生产生活中大量存在的锂电池，尤其是废旧锂电池，西藏自治区是否出台相应具体的管理规定在很大程度上取决于西藏自治区对于锂电池化学工业的研究。新科技的发展势不可挡，但对于新科技应用所可能造成的生态危害评估不可能等到产生危害结果之后才引起人们的重视。如同不能等到气温升高、冰川融化加速之后，才开始注意降低二氧化碳排放量、减少黑色燃料使用一样，严格的环保措施是建立在科学研究的基础之上的，并不是“一禁了之”。从这个角度来看，第二次青藏科考并不是青藏高原生态研究的最终结果，它是开启人类研究青藏高原特殊生态系统与人类工业发展关系的开端。

二、公开、共享科技信息是科学研究思想自由权的具体体现

“科学研究思想自由是人的本质的体现，表现在它的创造性思维活动。思想自由是独立进行思维和判断的自由，不受干涉地持有、接收和交流思想及直接或间接地表达观点的自由。”① 一方面，就研究者而言，发布信息是《宪法》规定的科学研究自由权的体现。科学研究自由权不仅包括研究领域、研究方法的自由选择，还包括自由表达学术观点、提供科学数据加以论证或供他人使用的权利。另一方面，就其他研究者而言，只有无障碍地获得信息，他才能有自由进行科学研究的可能，只有信息公开，才能保证科研人员获得信息的自由，保证科学研究者的知情权，如科技情报信息、科技发展信息、国家需求信息、地区发展信息。只有获得相应的信息，科研人员才能充分发挥自己的智力优势，确定自己的研究方向和研究内容。

西藏自治区政府提出“建平台、攻专项、促转化、广普及”的科技工作要求，其中“平台”就是一个信息公开共享的科学研究场所。按照姚檀栋院士的设想，第二次青藏科考所要搭建的“泛第三极”研究平台不仅包括青藏高原，还包括帕米尔高原、伊朗高原，是一个吸引多个国家数以百计研究者的科研平台和成果转化平台，该平台的数据公开和共享引导着全球第三极研究者。与第三极科学研究形成鲜明对照的是藏药研究，虽然近年来在藏

① 薛现林：《科学研究自由权利研究》，载《河北法学》2004 年第 9 期。

药材的提取物、藏成药成分分析领域取得许多进展，但由于藏药的配方大量是以中药保护品种和商业秘密的方式进行保护，对药材配方、炮制方法进行了保密，大大限制了国内外药学专家从事藏药领域的研究，仅靠部分人员的孤立研究，缺乏不同学科的配合和支持，难以借助其他自然学科的新技术、新方法实现重大突破，更无组织多学科的团队合作，导致藏药在质量标准、安全性评价、有效性临床验证等研究方面发展较为缓慢，相关研究成果无法为同行专家所认知，严重影响藏药研究领域的重大突破，也限制了研究成果国内国外的影响力。

2018 年 1 月出台的《国务院关于全面加强基础科学研究的若干意见》将“促进科技资源开放共享”作为优化基础研究发展机制的重要内容。在科技创新过程中是否能够获取准确及时的信息是评价创新平台建设的关键。创新平台建设的主要功能就是产生信息、获取信息和扩散信息。5G 时代的到来使西藏高校、科研机构与内地高校、科研机构信息互动、交流成为可能，新的科学数据和发现、环境信息能够及时被分享并成为科学研究的对象，信息时代自我封闭只会限制自我发展。

三、西藏的科学研究应当集聚人才

第二次青藏科考汇集了中国科学院青藏高原研究所、美国俄亥俄州立大学伯德极地研究中心、德国森肯伯格自然研究中心①等

① See TandongYao, Lonnie G. Thompson, *Third Pole Environment* (*TPE*), Environmental Development 2 (2012), p. 61.

众多国内国际知名研究机构的研究人员，仅在前期论证建议阶段就有全国16个单位23位院士参加，① 西藏自治区科技厅也积极组织自治区气象局、西藏大学和西藏农牧学院等单位9名科研人员全程参与2019年4月至6月的珠峰地区和纳木错地区"大气环境和冰冻圈要素综合科学考察"②。"人才资源是第一资源，也是创新活动中最为活跃、最为积极的因素。"③ 第二次青藏科考过程中，西藏自治区党委、政府多次表达了对于培养高水平人才的迫切需要。2020年8月21日时任西藏自治区主席的齐扎拉在与姚檀栋院士会谈时提出，"科考队要多吸纳西藏本地的科技人才参与青藏科考，帮助地方培养更多更优秀的科技人才，培养一支带不走的高原生态科技队伍"④。

习近平总书记强调"要牢固确立人才引领发展的战略地位，全面聚集人才，着力夯实创新发展人才基础"⑤。人才集聚是学科集聚的前提条件，就"融合科学"而言，实现学科之间的交叉融合就必须要有多学科科技人才的协作，只有这样才能稳步推进重大科技攻关。首先，我们必须秉持"尊重人才、关爱人才"的政

---

① 参见杨雪：《"老院士"给第二次青藏高原综合科考提建议》，载《科技日报》2017年9月7日，第1版。

② 西藏自治区科技厅：《西藏科研人员深度参与第二次青藏高原综合科学考察》，载科技部官网，https://www.safea.gov.cn/dfkj/xz/zxdt/201906/t20190619_147140.html。

③ 《习近平眼里的"第一资源"为何如此重要》，载人民网，http://politics.people.com.cn/n1/2018/0718/c1001-30155931.html。

④ 《齐扎拉与姚檀栋座谈》，载西藏自治区人民政府网，http://www.xizang.gov.cn/zwgk/ldzc/ldhd/202008/t20200826_171437.html。

⑤ 田宏：《决胜未来 习近平为科技人才指明方向》，载人民网，http://politics.people.com.cn/n1/2018/0605/c1001-30036979.html。

策导向，积极吸引科技人才从事科技攻关；其次，我们应当将科技人才的发展与科技攻关结合起来，充分发挥科技人才的引领作用，相信人才让其才能得到发挥、本领得到“用武之地”；最后，我们应当建立科学的奖惩机制，不断奖励科技人员从事科学研究、技术开发，提供一流的仪器设备和工作环境，免除其后顾之忧，使其将注意力放在科技创新上，能够产出更多更高质量的创新成果。在增加科学研究财政投入、提高科技工作者福利待遇的同时，西藏还应当花大力气解决人才有效使用的问题，最大限度地发挥人才的作用。

满足西藏对高层次人才，尤其是领军人才的迫切需求关键是要改革和完善人才发展机制。第一，要建立更为灵活的人才管理机制，不能用地域限制、行政隶属、身份关系限制人才的合理流动，不仅包括高校、科研院所、企业科研人员之间相互流动，还包括区内科技人才与其他省区尤其是与援藏省区高层次人才之间相互流动，打破户籍、人事档案、社会保险和职称评定等“瓶颈”，探索多种人才流动形式。现代科学研究往往是以科研团队的形式组织实施，需要科研项目的领军人才科学规划、精准施策，才能够吸引众多学科优秀研究人才参与团队（如在藏药研究团队中就需要工程学专业人才，为藏药研发提供新的材料、新工艺），各级政府则应在政策、资金、人力、设备、场地等方面与创新团队进行配合。第二，在深化教育改革方面，西藏需要不断推进素质教育，创新教育方法，普及科技创新知识，贯彻习近平总书记在中央第七次西藏工作座谈会上提出的“要培养更多理工农医等紧缺人才”① 的指示，设置地球物理学、生物学、气象学等学科专业，并在研究生阶段开设针对西藏生态保护、自然灾害检测与预警、高原气候变化的研究方向，培养西藏需要的实用人才。第三，要积极从国外、国内其他省区引进人才。通过人事调动、合同协议引进、柔性引进等方式，从内地其他省区高校、科研院所、企业、党政机关引进人才。西藏可以仿照北京、上海、山东等地高层次创新人才引进计划，对于家属可按照规定随迁户口，解决配偶就业、子女入学等问题，并在住房、医疗和社会保险方面予以特别优惠政策。第四，应当确立科学的人才评价标准，在论文、专利、申报课题项目之外，还要注重科学研究理论价值和应用价值，从科学研究是否有利于贯彻国家战略、西藏可持续发展、保护西藏生态保护等角度进行考评。

四、处理好基础研究与应用研究的辩证关系

按照巴斯德象限划分法，科学研究根据求知和应用可以划分为纯基础研究、纯应用研究、应用引发的基础研究和技能训练、经验整理。从产业链看，创新活动的全过程包括五个环节：基础研究、应用研究、中间试验、商品化和产业化。② 根据弗拉斯卡蒂手册的划分，研发活动包括基础研究、应用研究和试验发展三类，简称三分法。研发活动的三分法后来被经济合作与发展组织、联

---

① 赵振宇：《推进西藏职业教育高质量发展》，载中国西藏网，http：//www. tibet. cn/cn/index/edu/202301/t20230106_7340223. html。

② 参见袁东明、马骏、王怀宇：《着力解决我国创新链中的重大瓶颈问题》，载《中国发展观察》2014 年第 6 期。

合国教科文组织、欧盟和各区域组织采用，成为世界范围遵循的标准。[①]“基础研究为理论研究、国民经济发展需要和关键核心技术攻关提供源头支撑，直接决定一个国家科技创新的深度和广度。”[②]“基础研究导致新知识。它提供科学资本。它创造储备，知识的实际应用必须从中提取。”[③]近年来，西藏的工业应用研究取得了较大进步，研制出许多新的农畜产品、新工艺，解决了大量人口就业问题，但基础研究始终是决定西藏科技进步的关键性因素。“基础研究是应用研究的知识源泉，但应用研究对于基础研究的反向作用却是消极的。”[④]应当看到，基础科学一旦受制于不成熟的实际应用目标，基础科学研究往往会断送自己的生命力和创造力，两者在协调发展过程中存在的矛盾往往是人们所忽视的。

2018年出台的《国务院关于全面加强基础科学研究的若干意见》提出要尊重科学研究的“灵感瞬间性、方式随意性、路径不确定性”，要鼓励科技工作者“自由畅想、大胆假设、认真求证”，将科技工作者的自由探索与国家（区域）发展的目标导向结合起来，而不能对研究对象、研究方法进行过多干预。基础研究要遵循科学研究自身规律，它可能源于科学家探索世界奥秘的好奇心，

---

① 参见宋孝先、王茜、曲雅婷、刘金涛：《美国科学研究经费“来源—执行”部门多元化及中国启示》，载《中国软科学》2019年第8期。

② 陈宇学、郭智：《推动我国应用基础研究高质量发展》，载《理论视野》2020年第7期。

③ ［美］V. 布什等：《科学——没有止境的前沿》，范岱年、解道华等译，商务印书馆2004年版，第64页。

④ 董金华：《科学技术与政治之间的社会契约关系》，知识产权出版社2010年版，第37页。

也可能来自现实中重大科技问题，基础研究致力于探索科学规律、验证科学知识，与应用研究相比，基础研究往往研究周期较长，需要投入更多的人力、物力，但基础研究在整个科学研究中具有非常重要地位，“只有持之以恒加强基础研究，不断强基固本，才能为科技创新提供源源不竭的动力”①。党的十八大以来，我国科学研究取得了历史性成就，许多具有原创性的成果涌现，如在量子信息、铁基超导、中微子、干细胞、脑科学领域取得的原创成果标志着我国在一些前沿领域开始进入并跑、领跑阶段。

基础研究的水平与经济发展水平有着密切的联系，在经济发展初期，后发地区往往引进或模仿其他地区的创新，注重科技创新的实际应用价值，因而非常注重应用研究，尽快收回科技研究成本，推动经济快速发展。但随着科技加速变革这种“引进—吸收—模仿”的模式越来越不适应当今日益激烈的科技竞争，掌握科学研究的主动性就必须重视原创性研究，只有这样才能够掌握科学研究的主动权，于是各国政府越来越重视作为科技创新源泉的基础研究，不断增加对基础研究的政策扶植和经济投入。习近平总书记在 2020 年 9 月 11 日召开的科学家座谈会上指出，我国面临的很多“卡脖子”技术问题，根子是基础理论研究跟不上，源头和底层的东西没有搞清楚。② 从全国的层面来看，从 1998 年至 2017

---

① 白春礼：《为基础研究的繁荣发展作出新贡献》，载《科学通报》2020 年第 27 期。

② 参见中共中央党史和文献研究院、中央学习贯彻习近平新时代中国特色社会主义思想主题教育领导小组办公室编：《习近平新时代中国特色社会主义思想专题摘编》，党建读物出版社、中央文献出版社 2023 年版，第 194 页。

年的20年间，我国基础研究投入从29个亿增加到975.5亿元，①增长了33.6倍。就西藏而言，由于科学研究起点较低、基础较差、经济发展水平较低，财政投入基础研究的财力有限，②为了推动西藏地方经济社会发展，西藏更加注重科学研究的实用性，这一点从西藏自治区自然科学基金的项目申报指南就能够清晰看出其政策导向。③在西藏科学研究团队无法肩负解决西藏现实的重大科学问题的情况下，借助国家科学研究团队支援成为最有效的解决方案，而中国科学院青藏高原研究所主导的第二次青藏科考就是国家推动西藏科技进步的重要举措。“揭示青藏高原环境变化机理，优化生态安全屏障体系”④，推动青藏高原可持续发展，从《习近平总书记致中国科学院青藏高原综合科学考察研究队的贺信》来看，第二次青藏科考肩负着发现科学规律的基础研究和推动可持续发展的应用研究双层任务，要实现西藏可持续发展、促进环境

① 参见张龙鹏、王博：《国际比较视野下的中国基础研究：基本特征、资助体系与公共政策》，载《科技管理研究》2020年第15期。

② 西藏2018年基础研究投入2850万元，只占地方财政科技支出的3.5%，远远低于全国5.1%的平均水平。

③ 为了激励科技人员积极从事基础研究，国家自然科学基金自设立之初，就建立了以学科为基础的组织架构，并按照各门学科组织项目申请和评审，资助的研究领域涵盖了数理、化学、生命科学、医学、地球科学、材料与工程科学、信息科学和管理科学等学科，基本覆盖了当前中国基础研究的各个学科。但从西藏2018年以后的自然科学基金指南来看，无论是重大科技专项、重点研发及转化，还是技术创新引导计划、基地与人才建设计划，都更加注重科学研究的应用性，尤其是科学研究、成果转化要满足西藏地方经济发展需要，要符合西藏产业政策所确定的方向。

④ 习近平：《习近平致中国科学院青藏高原综合科学考察研究队的贺信》，载中国科学院青藏高原研究所官网2017年8月19日，http://www.itpcas.ac.cn/zt/decqzgyzhkk/。

生态保护，就必须重视基础研究。

从西藏光伏发电发展来看，由于缺乏基础研究，应用研究也会成为“无源之水”。西藏拥有丰富的太阳能资源，海拔高、辐射强、日照时间长，“太阳年总辐射量达 140－200 千卡/平方厘米，为稳定的高值区”①。同时我国的太阳能产业规模已位居世界第一，我国的硅片、电池片等组件产量占全球总产量的 50% 以上，这对西藏太阳能资源极度丰富的地区太阳能产业的发展可起到非常大的支撑作用。② 但通过知网检索，我们发现西藏自治区科研人员光伏发电科学研究的成果并不多，有关光伏发电科学技术的研究很多时候都依赖内地高校、科研机构和国有企业协助完成，如《西藏应用薄膜弱光光伏发电系统的仿真分析》一文就是华北理工大学、中国电建集团河北省电力勘测设计研究院有限公司、关天工程研究院的科技工作者与西藏自治区能源研究示范中心科技工作者共同对薄膜太阳电池技术在西藏某实验楼玻璃幕墙的仿真进行研究的体现。③ 从国外研究来看，薄膜电池的缺陷也是非常明显的，由于它的光电转化材料晶片太薄了，甚至与太阳光的波长差不多，结果导致大量的太阳光，尤其是近红外波段的太阳光很难被吸收，薄膜电池的转化效率明显低于常规硅晶光伏电池。④ 除了

---

① 薛晨旺、宋新伟：《西藏太阳能发展前景及发展模式探索》，载《内江科技》2016 年第 6 期。

② 参见薛晨旺、宋新伟：《西藏太阳能发展前景及发展模式探索》，载《内江科技》2016 年第 6 期。

③ 参见赵斌等：《西藏应用薄膜弱光光伏发电系统的仿真分析》，载《太阳能》2020 年第 7 期。

④ 参见麻省理工科技评论：《科技之巅 3：〈麻省理工科技评论〉1002 页全球突破性技术深度剖析》，中国工信出版集团、人民邮电出版社 2019 年版，第 133 页。

薄膜电池，2012 年美国森普里乌斯公司使用砷化镓材料制成的太阳能光伏电池获得 34% 的发电效率，2013 年美国加州理工学院的哈里·阿特沃特教授团队发明了分光器，其将阳光分为多频段技术，获评当年《麻省理工科技评论》十大突破性技术，2017 年麻省理工学院副教授伊芙琳·王领导的团队设计了一种将太阳光转化为热，再通过特定温度下的热辐射将热转化为特定频率的“太阳能热光伏电池”，再次突破了传统发电效率。作为一种绿色无污染的新型能源，太阳能在西藏拥有重大的应用价值，但由于受到自身基础研究水平的限制，西藏自治区缺乏相关领域的研究专家，无法与国外科研团队进行协同创新，更无法在引进设备技术的同时开展改良创新，甚至无法依靠自身力量大量培训光伏发电的设备维修人员，在产业链中无法取得中高端地位。

五、积极鼓励创新，实现产学研深度融合

西藏高度重视自身科技创新发展，2017 年在西藏自治区党委组织的“实施创新驱动发展战略、加快建设世界科技强国”专题学习会上，时任西藏自治区党委书记吴英杰就指出“着力构建具有西藏特色的自主创新体系”①。从积极推动第二次青藏科考到参与川藏铁路建设科技攻关，从加强“那曲城镇科学植树”到太阳能、水能、风能、地热能等新能源领域科技攻关，西藏科技创新以问题为导向，以创新有效提升社会生产力发展水平和劳动者的

① 吴英杰：《西藏要坚持科技创新和科学普及两翼并重》，载中国西藏新闻网，http：//cdbsc. xizang. gov. cn/xwzx/xzxw/201907/t20190725_87739. html。

生产效率。

按照习近平总书记，在中国共产党第十九次全国代表大会上的报告规划，我国要建立的是以企业为主体、市场为导向、产学研深度融合的科技创新体系，在这种创新体系下，企业与高等院校、科研院所之间的协作具有重大意义。有学者认为，产学研深度融合，“在宏观层面能推动经济增长方式由要素驱动向创新驱动转变，在微观层面能实现企业、高校和科研院所等产学研主体的深度融合，形成创新合力”①。我们认为，“产学研深度融合”并不同于过去的“产学研合作”或“产学研联合”，它的提出意味着一种“融合科学”新范式的形成。首先，“融合科学”的组织者需要对研究主题、研究团队成员、指标评价体系等诸多问题加以确定，并从科学研究、科技创新、推广应用三个层次确立定量评价标准，包括论文类指标、专利类指标、商品类指标或应用类指标，以便研究计划完成时对项目实施情况的合格评估。其次，企业在产学研融合过程中发挥着重要作用，不断推动知识的商品化。为了在商业竞争中取得优势，企业会不断与大学、科研院所、公共实验室、其他企业研发机构建立联系，不断通过聘用、委托等形式安排大学教师、科研机构研究员参与到本企业多学科的技术研发工作中，而对于教师、科研人员来说，他们在与企业研发人员协同创新过程中处于平等地位，其所承受的来自市场的竞争压力远远大于原职务的工作压力，但其所进行的科技创新一旦被市场所认

① 陆园园：《切实推动产学研深度融合》，载《经济日报》2019年8月19日，第14版。

可，其所获得的经济奖励和成就感也远远超过原有岗位。产学研深度融合是一种建立在人才流动、信息共享基础上的良性协作机制。最后，产学研的深度融合对政府的科技管理提出了新的挑战。政府需要因地制宜地确立本地区的产学研激励机制，建立有效的产学研研发平台和创新成果的转化途径，通过制度创新实现“物尽其用、人尽其才”，严惩侵害知识产权的行为，为科技创新提供良好环境。

第四章

西藏非物质文化遗产开发与知识产权保护

非物质文化遗产不是博物馆珍藏的文物，它与物质文化遗产的不同在于它是活态文化，既有历史沉淀下的特定“文化基因”，又反映现代生活的动态发展和变革。① 非物质文化遗产既具有文化价值，又具有经济价值，对其进行合理的开发利用，扩大它的生产规模，推广它的应用范围本身就是保护非物质文化遗产的一种方式，尤其是对于那些本身就具有很强物质性的“传统技艺”来说，在权利主体“缺位”或者说“不明确”的情况下，构建合格的经营主体实现“传统技艺”的经济价值具有重大现实意义，本书将以西藏乃东区“泽帖”农民专业合作社为例对西藏非物质文化遗产开发过程中的经营主体进行分析。

① 参见丁丽瑛：《保护非物质文化遗产与开发传统文化产业的结合路径》，载《海峡法学》2011 年第 3 期。

第一节　非物质文化遗产保护概述[①]

对非物质文化遗产的保护，主要来自世界知识产权组织（WIPO）和联合国教科文组织（UNESCO）世界两大组织的相关国际公约、条约和各国的相关立法，前者是世界知识产权组织基于私有制财产这一理论建立起来的保护制度；后者是联合国教科文组织基于人类共同遗产这一思维建立起的保护制度。这一分类导致目前世界范围内对非物质文化遗产的保护，无外乎两种模式：一类是通过私权来进行保护，例如目前提出的以知识产权来进行保护或有些学者提出的特别权利模式，其中特别权利模式是指在现有著作权法等之外创造另一种与著作权法等类似的法律制度，来保护非物质文化遗产；另一类是通过公权力进行干预，通过国家及各级政府的管理帮助保存并发展非物质文化遗产。到底应该通过私权还是公权力对非物质文化遗产进行保护，即“怎么保护非物质文化遗产”，一直以来都是学者所关心的问题，由此也涌现出了大量以该问题为核心的文章论著，但遗憾的是，到目前为止，仍然没有一个明晰的定论。甚至上述两大组织本身亦未能在短时间内给出明确的主导方向。下面本书将就国内外非物质文化遗产保护的历程以及以知识产权制度进行保护所面临的问题等进行简要论述。

---

① 西藏民族大学法学院童晓敏博士主要负责本节的书写。

一、国际与国内对非物质文化遗产保护的历程

一般认为，1993 年韩国政府向联合国教科文组织执行局第 142 次大会上提交了一份关于联合国教科文组织框架内建立活的文化财产保护体系的建议案是世界范围内非物质文化遗产保护工作的直接起源。事实上，在更早的 1973 年玻利维亚政府已经就民俗保护问题向联合国教科文组织总干事提出了提案。① 玻利维亚政府提出该提案是基于当时对文化的保护只注重有形文化财产，却很少关注非物质的表达性文化形式，如音乐、民间艺术等。当下世界范围内商业化的跨文化交流中，民间文艺作品、民俗作品等遭受到了严重的破坏，并且对此无法进行相应有效的救济，更无从谈起文化保有者、传承者从中获益，甚至这些文化的最初保有者面临无法自由使用该文化，逐渐丧失其民间艺术资源的尴尬局面。例如，在音乐方面，有些民间歌词被个人创作者盗用为自己的创作并享受版权的保护，从而使民间音乐丧失了其匿名的、集体的特征，变得不再是“民间音乐”而成了“个人创作”。② 对于这些问题，当时的国际公约并没有制定相应的条款予以解决，因此玻利维亚政府要求增加对该类文化保护的条款，以使国际上承认诸如具有传统特征的、集体创造的、匿名的文化表达形式是该国的财产。

---

① 参见安德明：《非物质文化遗产保护：民俗学的两难选择》，载《河南社会科学》2008 年第 1 期。

② 参见安德明：《非物质文化遗产保护：民俗学的两难选择》，载《河南社会科学》2008 年第 1 期。

在之后漫长的讨论和论证中，逐渐形成了系列的关于保护该类文化的各种草稿，联合国教科文组织在 1989 年第 25 届大会通过了《保护民间创作建议案》，联合国教科文组织在 2003 年第 32 届大会通过的《保护非物质文化遗产公约》——目前世界各国非物质文化遗产保护的一项重要依据。当时玻利维亚政府的建议对这一系列草案及重要公约等有着非常深远的影响。

我们只提到了联合国教科文组织对非物质文化遗产的保护，事实上，对非物质文化遗产的保护，世界知识产权组织是不会缺席的。

20 世纪 60 年代，非洲掀起了热情高涨的独立运动，急迫地需要通过承认其文化身份来达到确立政治身份的目的，同时受到西方资本主义国家价值观的侵染，纷纷效仿西方国家，试图通过知识产权相关法律来保护本国的文化知识。“民族精神的独立要求与资本主义价值观的普遍渗透”成了非洲国家一种无奈的选择，[①] 即放弃自己原有的传统价值观，以在形式上保护自己的某些文化知识。即便如此，现实仍然是残酷的，发达国家几乎垄断了所有高科技的知识产权，其可以免费使用这些传统知识，这不仅使不少非物质文化遗产白白流失，甚至一旦经过研究形成被知识产权相关法律所保护的客体后，非洲各国反而要向发达国家交钱。因此，1963 年，世界知识产权组织和联合国教科文组织就有代表提出“《伯尔尼公约》中应包含‘保护非洲国家在民间文学艺术领域的

① 参见安德明：《非物质文化遗产保护：民俗学的两难选择》，载《河南社会科学》2008 年第 1 期。

利益的特别条款'"，之后在1967年的斯德哥尔摩外交会议上世界知识产权组织开始认真考虑该提议并将之纳入会议议程。①

在之后的多年间（1967年至2003年），两大组织多次召开会议，讨论保护非物质文化遗产、民间文学艺术等。经过不断的努力与探索，形成了《保护民间文学表达形式、防止不正当利用及其他侵害行为的国内法示范法条》《保护传统文化表现形式/民间文学艺术的政策目标和核心原则草案》《保护传统文化表现形式：差距分析草案》《关于观察员参与知识产权与遗传资源、传统知识和民间文学艺术政府间委员会工作的研究报告草案》《保护世界文化和自然遗产公约》《保护民间创作建议案》《教科文组织世界文化多样性宣言》《保护非物质文化遗产公约》等一系列文件。但如前所述，两大组织在保护非物质文化遗产或民间文学艺术的基础理论是不同的，一个是私有财产，另一个是人类共同的遗产，因此保护的取向也必然完全不同，甚至完全相反。其中1989年通过的《保护民间创作建议案》被认为是两大组织在保护非物质文化遗产这一问题上分立门户的标志。2003年的《保护非物质文化遗产公约》是"非物质文化遗产"这一概念正式确定的提出。

不论以何种基础理论对非物质文化遗产进行保护，两大组织对非物质文化遗产保护的初衷都是一致的，即"承认土著人民、当地社区和民族/受益人的文化遗产具有固有价值，包括社会、文化、精神、经济、科学、思想、商业和教育价值"②。这也前呼后

① 参见施爱东：《"非物质文化遗产保护"与"民间文艺作品著作权保护"的内在矛盾》，载《中国人民大学学报》2018年第1期。

② 施爱东：《"非物质文化遗产保护"与"民间文艺作品著作权保护"的内在矛盾》，载《中国人民大学学报》2018年第1期。

应地体现了当年非洲国家向世界组织提出的要求的实质实现，即确认其文化身份。但与此同时，我们应该意识到，两大组织的分立门户在某种程度上也意味着因为对非物质文化遗产采取公权力和私权制度保护的理念不同，两者始终无法融合。这一点被联合国教科文组织非物质遗产处前负责人爱川纪子在一份有关政策文件中所提及："早在 1972 年《保护世界文化和自然遗产公约》公布之后的第二年，教科文组织就开始着手制订非物质文化遗产的保护计划。当时在非物质遗产的保护观念上有两种不同的观点，一是作为知识产权来保护；二是作为文化遗产来保护。教科文组织试图与世界知识产权组织合作，综合两方面的观点建立一个统一的保护制度，然而，这两派观点经过了 13 年的辩论，最终的结果是无法融合。1985 年，教科文组织决定放弃知识产权角度的保护话题，此类问题交由世界知识产权组织处理，与此相反，教科文组织把工作焦点放在如何对那些有可能迅速消失的非物质文化遗产进行全面保护的问题上。"从这段话中不难看出，经过努力，对非物质文化遗产的保护，即使是两大聚集了相当智慧、人力、物力、财力，经过多轮论证讨论的组织也无法有效地将公权与私权领域兼容起来保护非物质文化遗产，最终宣告失败，分立门户。

在国内立法方面，我国对于非物质遗产文化的保护相较于国际层面起步较晚，但也在一定程度上取得了成果。1990 年公布的《著作权法》第 6 条关于民间文艺作品的著作权保护规定"民间文学艺术作品的著作权保护办法由国务院另行规定"。我国历史悠久，民间文艺资源丰富，国家版权局结合实际情况与其他部门共同合作，于1996年起草《民间文学艺术作品著作权保护条例》，之后其多次召开会议征求各界意见以推进民间文学艺术作品的著作权保护。民间文学艺术作品已经被国家认可通过《著作权法》来保护，即要求民间文艺作品须符合《著作权法》中作品的构成要件。然而遗憾的是，对于什么是民间文学作品仍未有定论。依据世界知识产权组织秘书处文件，"'传统文化表现形式'和'民间学文学艺术表现形式'被当作同义词使用"①，又根据国际研究，传统知识的下位概念一般认为包括传统文化、传统技术、标记等，其中传统文化的下位概念一般指民间传统文化、民间文学艺术表达，民间文学艺术以及非物质文化遗产，由此可知非物质文化遗产可与民间文学艺术表达或民间文学艺术作品相互换。然而在未对非物质文化遗产的内涵有明确的定论前，想要通过《著作权法》对其进行保护是相当困难的。这一点在国际层面已被证明。

非物质文化遗产代表着各民族世代相传的、与群众生活密切相关的各种传统文化表现形式和文化内涵，具有极高的文化、经济和政治价值，所以即使在上述情况下，我国主管部门依然对非物质文化遗产的保护进行研究和部署。1997年，国务院颁布了《传统工艺美术保护条例》，2004年8月28日，第十届全国人民代表大会常务委员会第十一次会议表决通过了《全国人民代表大会常务委员会关于批准〈保护非物质文化遗产公约〉的决定》，同年12月2日中国向联合国教科文组织递交了公约批准书，中国是世

① 施爱东：《"非物质文化遗产保护"与"民间文艺作品著作权保护"的内在矛盾》，载《中国人民大学学报》2018年第1期。

界上第6个递交的国家。2003年11月形成了《民族民间传统文化保护法》草案,[①] 2011年2月25日第十一届全国人民代表大会常务委员会第十九次会议通过了《非物质文化遗产法》，该法为我国保护非物质文化遗产奠定了制度性基础，对非物质文化遗产的认识、了解及其保护工作从此发生了历史性的转折。从该法的各条规定来看，我国对非物质文化遗产的保护主要是通过加强非物质文化遗产名录体系建设、实施项目和传承人保护、推动文化生态保护区建设等方式对非物质文化遗产进行保护。[②] 这一点也符合国际组织的最初要求，主要由政府提供资金等帮助来修复完善保存非物质文化遗产的工作。

从制定条文和实际工作中可以看出我国对非物质文化遗产的保护实质上也是采取两类方向：一是公权力的介入管理；二是私权制度加以保护。目前大量的学者将焦点放在了知识产权保护非物质文化遗产的可行性上。

二、知识产权与非物质文化遗产保护

首先，从立法目的看，知识产权这种私权制度和《非物质文化遗产保护法》在立法目的上是存在一定差异的。例如，《著作权法》是为了保护文学、艺术和科学作品作者的著作权，以及与著作权相关的权益，鼓励有益于社会主义精神文明、物质文明建设

---

① 参见孙移芳：《浅论非物质文化遗产的知识产权保护》，载《甘肃省经济管理干部学院学报》2007年第2期。

② 参见赵娜、张莉：《非物质文化遗产的知识产权保护之我见——以西藏为例》，载《群文天地》2011年第10期。

的作品的创作和传播，促进社会主义文化和科学事业的发展与繁荣；而《非物质文化遗产保护法》是为了继承和弘扬中华优秀传统文化，促进社会主义精神文明建设，加强非物质文化遗产保护、保存工作。从立法目的可看出二者所平衡调整的关系不同。例如，《著作权法》更注重调整使用者、传播者与著作权人三者之间的利益关系；《非物质文化遗产保护法》则侧重平衡使用者和传统文化保有者、传承人之间的利益。对传统文化保有者的保护意味着对非物质文化遗产的传承，对使用者的保护意味着非物质文化遗产的发展，要保持其活态性。只有传承下去，非物质文化遗产才能够存在，才不会灭失。通过使用者的使用进而发展非物质文化遗产，其才能够被不断注入新鲜的元素，保持其活态性，同时达到保护非物质文化遗产的主要目的，即保持文化多样性，从而进一步激发人类的创造力，因此二者缺一不可，相辅相成。

其次，知识产权权利主体与非物质文化遗产的权利人存在明显差别。非物质文化遗产的权利主体是不明确的。由非物质文化遗产自身的特征所决定，非物质文化遗产的传承人在某种意义上来说只是非物质文化遗产传承的载体，如若传承人消失，那么非物质文化遗产也会随之消失，因此，有没有传承人事实上已经成为判断一个传统文化事项能否成为非物质文化遗产的基本标志。[①]但非物质文化遗产传承人并不等同于《著作权法》意义上的权利主体，因为在特定区域环境中，通过群体相互模仿方式进行创造性传承，如果某人的一点创造被视为拥有知识产权而独占使用，

① 参见苑利、顾军：《非物质文化遗产学》，高等教育出版社2009年版，第9页。

这对非物质文化遗产有巨大贡献的群体而言显然是不公平的。[①] 相反，如果某个传承人的创作被放进了知识产权的“保险箱”，不再深入学习，其创造力也会枯萎。[②] 当然非物质文化遗产种类多样，依赖的生态环境存在较大差异性，但垄断性权利的存在势必会对非物质文化遗产的传播造成一定障碍。

再次，知识产权制度与非物质文化遗产制度所保护的客体也并不完全一致。联合国教科文组织在《保护非物质文化遗产公约》第 2 条规定，在该公约中，非物质文化遗产指被各群体、团体，有时为个人视为其文化遗产的各种实践、表演、表达形式、知识和技能及其有关的工具、实物、工艺品和文化场所。我国《非物质文化遗产法》第 2 条第 1 款规定：“本法所称非物质文化遗产，是指各族人民世代相传并视为其文化遗产组成部分的各种传统文化表现形式，以及与传统文化表现形式相关的实物和场所。包括：（一）传统口头文学以及作为其载体的语言；（二）传统美术、书法、音乐、舞蹈、戏剧、曲艺和杂技；（三）传统技艺、医药和历法；（四）传统礼仪、节庆等民俗；（五）传统体育和游艺；（六）其他非物质文化遗产。”知识产权主要是保护未进入到公有领域中的权利主体所创造的精神产品，即知识产品。根据上述定义可以看出两者在非物质属性上虽有重合的部分，但在该部分中，非物质文化遗产有一部分事实上是被排除在知识产权法保护范围外的。

---

① 参见文永辉、卫力思：《少数民族非物质文化遗产传承人知识产权保护问题研究——以贵州为例》，载《贵州民族研究》2012 年第 1 期。

② 参见文永辉、卫力思：《少数民族非物质文化遗产传承人知识产权保护问题研究——以贵州为例》，载《贵州民族研究》2012 年第 1 期。

复次，在权利的保护期限方面，知识产权制度只是赋予权利人以一定有限期间的垄断权利，以刺激人们创造出更多的精神财富。非物质文化遗产的保护旨在无限期地将这种人类所共同拥有的遗产不间断地传承并发展下去。这种理念显然与知识产权的制度规则冲突。

最后，在经济高速发展的带动下，非物质文化遗产传承人本人或其后继者逐渐有了利用知识产权来保护非物质文化遗产并获取更大价值的观念。但是，其一，持有该观念的传承人数量较少，因为非遗传承人往往生活在人情关系更为紧密的地区，更注重人情，而非利益。其认为非物质文化遗产应当被传统社区的人们所共同拥有，即使加入了自己创造元素的非物质文化遗产也可以被他人使用，不会去维护自己的权益。即使想要利用知识产权保护非物质文化遗产，也没有能力来利用，不知道该怎么利用。其二，目前传承人知识产权保护的对象，即客体并非非物质文化遗产本身，而主要是知识产权所衍生的利益。[①] 因此，知识产权对于非物质文化遗产本身的保护程度到底有多少贡献是需要探究的一个问题。其三，由于经济利益的驱使，各方为了更大利益的获取，非物质文化遗产相关的产品样式和种类在不断地适应市场需求，发生着迅速的变化，这些带有强烈商业化色彩的特质，是否会导致最终对非物质文化遗产的“保护”变成了对非物质文化遗产的“毁灭”？虽然非物质文化遗产并非一成不变的，但如果为了不断适应市场需求来改变非物质文化遗产本身所传承的重要民族文化

① 参见苑利、顾军：《非物质文化遗产学》，高等教育出版社2009年版，第18页。

财富直至“创造”新的文化，那么保护非物质文化遗产是为了什么？到底是非物质文化遗产决定市场需要，还是市场需要决定非物质文化遗产？

第二节　西藏非物质文化遗产开发中的经济组织

西藏是非物质文化遗产资源大区，非物质文化遗产种类丰富，内容多样。西藏已有联合国教科文组织人类非物质文化遗产 2 项，国家级非物质文化遗产代表作 76 项，自治区级非物质文化遗产代表作 222 项，国家级非物质文化遗产项目代表性传承人 47 名，自治区级代表性传承人 221 名。随着西藏社会经济的快速发展，尤其是在旅游产业的带动下，西藏民族手工业也得到了长足的发展，具有浓厚西藏特色的民族手工纺织产品逐渐成为西藏手工业的主导产品之一。本书所研究的西藏乃东区泽当镇的“泽帖”就属于传统手工纺织品的优秀代表。

一、“泽帖”传统纺织业的发展现状

“泽帖”是西藏氆氇中的精品，它是指西藏乃东区泽当镇特有的纯手工精羊毛哔叽纺织产品，它是氆氇工艺中技术难度最大、面料最精细、做工最为复杂的一种。“泽帖”工艺在 2009 年 8 月被确定为西藏自治区级非物质文化遗产，目前正在申报国家级非物质文化遗产。

“泽帖”的生产工具主要包括氆氇机和捻线锤等工具（见图 3)。

氆氇机与内陆农村乡间老式织布机近似，由梭子、达、载、宗和踏板组成。织“泽帖”的传统手工流程较为复杂，要经过清洗、去污、晒干、梳毛、捻线等工序，在纺织时先将经线上下交叉，每股经线竖穿过“达”的每个竹条之间的空隙。将梭子往返穿过交叉的经线，梭子每穿过经线1次，需用“达”击纬线3次。织机下边有踏板4根，纺织者按顺序同脚踏动踏板，手、脚配合操作，使纬线上下变动，用手将梭子来回穿梭，与纬线交织，用板拍紧，重复上述动作，即可织出“泽帖”。

图3　“泽贴”的生产工具

截至2011年年底，西藏乃东区“泽帖”农民专业合作社生产的“泽帖”产品主要涉及服装、床上用品、装饰品3大类产品，围巾等15小类产品，产品款式种类共30余种，年销售额超过20万元。产品不仅在西藏销售，还在湖北省、陕西省进行了销售。乃东区“泽帖”产业在短短的3年时间里已经初具规模。

二、“泽帖”生产的经营主体——农民专业合作社

与国内的其他省区不同，“泽帖”的经营主体是“农民专业合作社”，其全称为“乃东区民族哔叽手工编织专业合作社”。该合作社成立于2008年5月，是由“非物质文化遗产传承人”巴桑召集，由米玛等7名当地农民发起的组织。该合作社以“传承藏族非物质文化遗产”为宗旨，其目的是“通过继承和发展民族优秀文化遗产，增加全体成员收入，带动当地无业青年再就业，帮助周边农牧民走共同富裕道路”。该合作社还是当地的著名的“职业培训就业点”，免费为乃东区7个乡镇农牧区贫困青年和社会待业青年、孤儿、残疾青年进行了7期培训，培训学员237人，推荐就业108人。该合作社已成为促进民族地方经济发展和传播传统文化的基地。

（一）农民专业合作社产生的法律依据

从世界范围来看，合作社已经有200多年的历史了，尽管各国不同时期的合作社制度所含规则不同，但一些基本制度安排已经被证明是普遍有效的。2007年生效的《农民专业合作社法》第2条①规定：“农民专业合作社是在农村家庭承包经营基础上，同类农产品的生产经营者或者同类农业生产经营服务的提供者、利用者，自愿联合、民主管理的互助性经济组织。农业专业合作社以其成

① 2017年修订的《农民专业合作社法》第2条规定：“本法所称农民专业合作社，是指在农村家庭承包经营基础上，农产品的生产经营者或者农业生产经营服务的提供者、利用者，自愿联合、民主管理的互助性经济组织。”与旧法相比，新法取消了对于“同类农产品”的限制。

员为主要服务对象，提供农业生产资料的购买，农产品的销售、加工、运输、储藏以及与农业生产经营有关的技术、信息等服务。”从条文中可以看出，农民专业合作社是农业合作组织，主要为其成员的农业生产提供技术、信息服务。而本书中“泽帖”明显属于手工艺品，肯定不属于“农产品”，并且从“乃东区民族哔叽手工编织专业合作社”免费培训对象来看，涉及乃东区的 7 个乡镇农牧区贫困青年和社会待业青年，并没有只限于合作社的成员，因此按照我国的《农民专业合作社法》来看，“乃东区民族哔叽手工编织专业合作社”并不是严格意义上的“农民专业合作社”。

但是，如果按照 1984 年的《国际合作社联盟章程》来看，“乃东区民族哔叽手工编织专业合作社”的建立基本上遵循了“合作社原则”。国际合作社联盟根据合作社运动的长期实践，将合作社定义为，只要以促成其成员的经济与社会进步为目标，以互助合作为基础所经营的企业，并遵循罗奇戴尔所确定的，被国际合作社联盟第 23 届代表大会所修订的合作社原则的，均可被认为合作社组织。按照现行国际合作社联盟章程的规定，可以将合作社原则概括为以下六点：第一，不以营利为目的，社员入社自愿；第二，实行“一人一票”的民主管理；第三，如对股份资金支付红利，红利率应加以限制；第四，按照交易额或其他可度量的标准分配盈余；第五，重视和促进合作社交易；第六，积极开展合作与交流以便更好地为社员和集体利益服务。[①]“乃东区民族哔叽

① 参见阮文彪：《中国农业家庭经营制度——理论检视与创新设计》，中国经济出版社 2005 年版，第 186－187 页。

手工编织专业合作社”实际上已经符合上述原则，在合作社的宗旨和目的中也充分体现了上述原则，虽然该合作社主要从事传统纺织业但应当承认其合作社地位，并参照适用我国的《农民专业合作社法》的相关规定。

（二）农民专业合作社产生的现实基础

对于西藏的农牧民来说，“农民专业合作社”并不是一个新鲜事物。自20世纪80年代，伴随西藏农村经济体制改革，为适应农牧业产业化的发展需要，专业合作社大量涌现并迅速发展。据统计，西藏现有较规范的农牧业合作社共有200多家。[①] 与小农户相比，农民专业合作社能够有效筹集资金，分散经营风险，推动农业产业化的发展，提高市场的竞争力。更重要的是专业合作社能够保护作为弱势群体的农民利益。

专业合作制本身与私有财产制度和市场经济规则并不存在冲突，能够充分体现自由、平等的价值理念，有利于发挥农牧民的主动性。在大力发展特色产业的背景之下，很多地方都在推广“公司+农户”“公司+基地+担保公司+农户”的生产模式。这些模式有利于产销结合，有利于降低农户由于信息不对称所面临的经营风险。但是应当看到农户利益与公司利益之间也存在对立的一面：一旦市场出现波动，作为距离市场最近的公司在较早获得信息的情况下，往往都会转嫁风险，而且公司力量越强，越可

---

① 参见尹昌斌：《扶持西藏农牧业合作社重在基地化集约化市场化》，载《中国农民合作社》2012年第2期。

能形成垄断优势，农户的利益就越容易受损。[①] 因此有必要组建农民自己的经济组织，以加强农民的市场地位。农民专业合作社作为市场中的独立主体，能够较好地改变农户的弱势地位，能够满足农民参与市场经济的要求，并有利于农户参与到专业化、市场化的生产经营中。

第三节　非物质文化遗产开发利用中的主体问题分析

一、非物质文化遗产权利主体缺失

有学者以“关民理论”为基础，对非物质文化遗产商业开发过程中的利益分享机制提出了大胆设想，并提出了一系列实现利益分享的方式，[②] 但有一个相当重要的问题被忽略了，即分享利益的前提是有利益产生，而在经营主体缺位的情况下，首先需要考虑的问题是通过怎样的经济组织经营非物质文化遗产并创造利益。如果该问题尚未解决，那么所谓的“利益分享机制”将仅仅是理论上的探讨，缺乏对实践的指导作用。

对于非物质文化遗产是否存在权利主体，学术界有肯定说和

① 参见郑建昌：《西藏农机合作社组织建立的可行性研究》，载《西藏科技》2008年第5期。

② 参见齐爱民、赵敏：《非物质文化遗产商业开发中的利益分享机制之确立》，载《电子知识产权》2007年第8期。

否定说，其中肯定说虽然主张对非物质文化遗产进行私权保护，但认为非物质文化遗产的权利主体有权利主体模式、个体模式、多元主体模式之争。实际上，联合国《保护非物质文化遗产公约》并没有对非物质文化遗产的所有者加以规定，甚至连非物质文化遗产在法律上的权利主体都没有加以规定。在对“非物质文化遗产”下定义时，《保护非物质文化遗产公约》规定“communities, groups and, in some cases, individuals recognize as part of their cultural heritage”，并没有使用“own”“have”等单词，而使用的是“recognize”（视为），即非物质文化遗产是“被各社区、群体，有时是个人，视为其文化遗产组成部分的各种……”《保护非物质文化遗产公约》第 11 条规定国家应当采取必要措施保护非物质文化遗产，但同时也规定，在保护措施内“由各社区、群体和有关非政府组织参与，确认和确定其领土上的各种非物质文化遗产”。非物质文化遗产之所以能够具有“活态性”，能够根据环境的变化作出适应实践的演变，是因为它通常是一个民族、一个区域人民共同创作的成果，该民族或社区人民应当成为确定非物质文化遗产范围、内容的主体，因而在实践中该民族或该社区人民对于非物质文化遗产的保护是最有发言权的。我们应当看到在非物质文化遗产形成与传承的过程中，个人创造与集体再创造的结合是非物质文化遗产形成的主要原因。就非物质文化遗产的传承而言，传承者往往同时是创造者，这体现出群体维系和个人活态传承表现的两位一体性。因此，非物质文化遗产的产权应当归属于来源群体和传承人。[①] 但是，非物质文化遗产的经营主体不同于非物质文化遗产的权利主体。

由于非物质文化遗产的权利人人数众多，人人都去经营明显是不经济的，也是不现实的，所以在非物质文化遗产开发利用过程中，需要有一定的组织对外代表权利人参与市场经济活动，对内组织人力、物力进行非物质文化遗产产品的生产和销售。非物质文化遗产的开发利用纯属经济行为，并不会危及公共安全和社会秩序，因此无须事事向政府申报，只要获得权利人许可就可以。

二、农民合作社在西藏手工业非物质文化遗产开发中的功能分析

（一）非物质文化遗产的经营主体应当与农村、农民密切联系

从非物质文化遗产分布来看，很多非物质文化遗产都分布在远离中心城市的乡镇（乡村）中，农村不仅是非物质文化遗产产品的生产地，还是非物质文化遗产产品的首要消费市场。例如，在西藏，90%以上的藏戏戏班都在村里，不仅戏班的成员是农民，大多数观众也是农民。因此在构建经济组织时，无论是发起人还是非物质文化遗产的来源群体都会选择他们熟悉的组织结构经营非物质文化遗产，并按照他们熟悉的方式分享所获得的经济收益。

本书考察的"乃东区民族哔叽手工编织专业合作社"就是由农民艺术家、非物质文化遗产传承人巴桑召集，并由米玛等7名当

---

① 参见王吉林、陈晋璋：《非物质文化遗产的权利主体研究》，载《天津大学学报（社会科学版）》2011年第4期。

地农民发起的组织，其成员全部都是附近村民。

（二）非物质文化遗产的特点与农民专业合作社

1. “传统技艺”的传承人既是制作者又是创造者

按照联合国《非物质文化遗产公约》和我国《非物质文化遗产法》的规定，“泽帖”的生产工艺应当属于“传统技艺”。与其他非物质文化遗产种类相比，“传统技艺”有着严格的制作过程和工艺流程，技艺越是精湛，流程就越多，工艺标准就越为严格。在传统劳动条件下，“传统技艺”一个突出的特点就是制作者与创造者合二为一。由于很少采用机器制造，所以手工艺人往往在制作过程中有着一定自主性、随意性和创造性，可根据实际需要与审美需要制作产品、创造作品，这与机器工业生产出来的产品是完全不同的，这也是“传统技艺”核心竞争力所在。农民合作社是“社员之家”，能够为社员提供宽松的环境，社员能够在传承人的指导下充分发挥自己的创造性，按照传统工艺生产纺织产品。

2. “传统技艺”的物质化

与其他非物质文化遗产种类相比，“传统技艺”是物质性最强的非物质文化遗产。一方面，整个工艺流程必须“一环套一环”，对每一道工序都有计量化的物理要求，对材料或半成品的长度、种类、颜色、密度等都有严格的数量要求；另一方面，每一步的工艺要求是否达到最终都体现在产品上，高超的制作工艺与普通制作工艺的差距最终也都体现在产品上。

与“专利”中的“方法发明”相比，一套“传统技艺”既复杂又神秘。“传统技艺”并不向外公开，本质上属于商业秘密。由于对“传统技艺”的计量标准往往依靠传承人的视觉、嗅觉和感觉判断，并没有运用现代科技检测标准和物理、化学分析，因而无法运用现代科学方法对外公开。要掌握该项“传统技艺”只能依靠长期的实践经验和传承人的指导。

3. “传统技艺”主要依靠“师傅带徒弟”的传统方式进行传承

对于传统手工纺织技艺来说，它的传承方式往往是通过传统的“师傅带徒弟”的方式进行的。在合作社里，师傅和徒弟使用相同的语言，具有相同的文化背景。合作社经济组织能够包容传统的教学模式，能够保持师徒之间的密切关系，能够赋予师傅选择传授对象的决定权。

另外，由合作社经营能够促进传承人之间的技艺交流，能够有效避免“后继无人”的现象出现。过去一些家族，对于很多非物质文化遗产采取“商业秘密”的方式加以保护，并且只对家族内的年轻人传授该种技艺，如果该年轻人对该项技艺没有兴趣，该项技艺就面临“后继无人”的风险。合作社的产生既为各位传承人、老艺人提供了交流技艺的平台，也为他们提供了选择徒弟的机会，从而避免了“后继无人”的现象出现。

4. 文化认同、身份认同与农民专业合作社

农民专业合作社位于非物质文化遗产的来源地，其合作社的社员不仅属于同一民族、同一社区，甚至还存在婚姻或血缘联系，他们对非物质文化遗产拥有相同的认同感和历史责任感。与公司、企业明显的行政隶属关系不同，在合作社中人与人之间是平等关

系，每一个人负责一道或两道生产工序，所有人密切配合，形成稳定的团队。传承人在传授纺织技艺过程中，形成良好的师徒关系，这也增强了团队内部的凝聚力。对于某项纺织技艺，传承人并没有将其视为自己的私人财产，与之相反，传承人往往将其视为本民族、本社区珍贵的文化遗产，希望能够在本民族、本社区内传播出去并不断得到传承，如前代人传承给自己一样。

正如德国学者科斯洛夫斯基所言，“技术思想与技术概念在很大程度上决定着生活秩序及现代社会生活自身的意义”①。传统手工纺织技术所代表的是一种自给自足的自然经济，而现代大机器生产代表的则是一种以交换为目的的商品经济。前者代表了西藏传统文化和藏族传统的生活方式，而后者则代表了日新月异的流行文化和快节奏的现代生活方式。“在技术与文化之间的条件关系中，技术的发展是自变量，而社会文化的发展是因变量。”② 在大机器生产技术普及的时代，传统手工纺织技术在竞争中明显处于劣势，甚至走到了“濒临消失”的境地，但一台普通的氆氇机的存在，一种手工纺织技术的存在，在向社会传递着一个信息，即在强大的流行文化之外，还有一种传统文化的存在，而这种曾经“流行”的传统文化是属于某个社区居民或某个民族的。在从事传统手工纺织过程中，社员们在文化传承中找到了属于自己的位置和身份。

① ［德］彼得·科斯洛夫斯基：《后现代文化——技术发展的社会文化后果》，毛怡红译，中央编译出版社 1999 年版，第 1 页。

② ［德］彼得·科斯洛夫斯基：《后现代文化——技术发展的社会文化后果》，毛怡红译，中央编译出版社 1999 年版，第 1 页。

三、公司与农民专业合作社的比较

（一）农民专业合作社更加有利于保障权利人充分参与的权利

合作社更加有利于保障权利人充分参与非物质文化遗产的开发利用。合作社的一个重要的原则就是“入社自愿”原则，只要你愿意参加非物质文化遗产开发就可以申请加入合作社；而如果要加入一个公司，除缴纳出资外，还需要经过公司大多数股东的同意，由此可见，参加农民专业合作社的门槛较低，能够更加充分保障非物质文化遗产来源社区的成员和传承人参与非物质文化遗产的开发利用。

（二）农民专业合作社并不以追求经济利益最大化为目标

合作社并不以营利为目的，因而能够有效避免对非物质文化遗产的过度开发利用或破坏性开发。虽然合作社为了社员自身经济利益而从事经营活动，但互助基础上形成的共同经营方式能够避免为了追求短期经济利益而对非物质文化遗产的过度开发。公司则不同，它是股东获得经济收益的利器，股东投资公司就在于能够获得超过出资的经济回报，因而股东的最关心的是短时间的经济回报，对公司在传承非物质文化遗产中的作用并不关心。

（三）农民专业合作社的分配形式不同于公司

公司属于资本企业，而合作社则具有劳动者企业性质。在西方，合作社实行的是“限制股金分红”原则，即资本占有权人在合作社中只获取利息，不能于此之外获取利润。劳动者只能利用资本进行工作，而不能为资本所有者工作，这是合作社的精神。[1]在我国，合作社被视为劳动者经济组织，其分配形式主要是按劳分配，因而劳动者具有更加主动的地位。

（四）农民专业合作社更加体现民主的精神

合作社“一人一票”的决策方式不同于公司的按出资比例行使表决权。按照我国《农民专业合作社法》第22条的规定，农民专业合作社成员大会选举和表决，实行一人一票制，成员各享有一票的基本表决权。出资额或者与合作社交易量（额）较大的成员按照章程规定，可以享有附加表决权。但合作社的附加表决权总票数不得超过合作社成员基本表决权总票数的20%。“一人一票”的制度能够发挥每一个成员的积极性，并在开发利用过程中，兼顾非物质文化遗产的文化价值和社会价值，从而避免为了短期利益而进行的过度商业化开发、破坏性开发。

第四节 西藏乃东区“泽帖”农民专业合作社的制度分析

一、“泽帖”农民专业合作社的制度优势

（一）合作社位于乡镇，充分利用了手工业与农业的互补性

泽当镇农民的分工表现为亦农亦工、亦工亦商，农忙时节主

① 参见江平主编：《新编公司法教程》，法律出版社1994年版，第35页。

要从事农业生产，农闲时节主要从事手工业。同等条件下，农民更愿意选择在家门口从事手工业生产，因此为手工业提供了大量劳动力。由于从事手工业并没有增加原有的生活成本，而且农民还从事着农业生产，因而劳动者对于分红和工资并没有太高的期望值，这对于劳动密集型经济组织来说，无疑有利于大幅度降低成本并提高产品的价格竞争优势。

（二）紧邻消费群体，降低了营销成本

消费需求的产生往往受到生活方式、家庭成员和团体的影响。在雪域高原，空气稀薄，日照时间长，气温较低，早晚温差较大，为了御寒保暖，广大藏族同胞往往会选择具有保暖、防风、防潮、沾水少和坚牢耐磨的纺织品，而氆氇则具备上述性能并在长期使用中表现出良好的适应性。[①]“泽帖”是氆氇中的精品，比普通氆氇更加细密、柔软，因而更加受到藏族同胞的喜爱。在上百年的发展过程中，“泽帖”的品质一直被人们所认可，并受到社会喜爱。名人的示范作用和团体的推广作用使“泽帖”在西藏山南地区，甚至在整个西藏都家喻户晓，由此形成了稳定的消费市场。

（三）合作社并没有设置庞大的“官僚系统”，从而大大降低了管理成本

“泽帖”农民专业合作社并没有设立庞大的董事会、监事会，只设了一个负责人，负责日常对外代表公司经营事务。合作社的

① 参见郭晓芳、王云仪、李俊：《藏氆氇织物服用性能的测试与评价》，载《东华大学学报（自然科学版）》2012 年第 2 期。

重大事项按照《合作社章程》的规定，都由全体社员共同讨论决定。实际上，合作社的大多数成员既是管理者又是劳动者，他们对于合作社的生产经营状况都比较了解，因而社员之间实行的是“自我监督”与“相互监督”，没有必要设立专门的监督机构。

对于在合作社学习和工作的学员和普通劳动者，他们中的大多数人都是由合作社社员推荐来的，或者本身就是社员的亲属，因此他们与合作社之间并不是劳动者（雇员）与用人单位（雇主）之间的关系，他们可能会因为亲戚关系、朋友关系、邻里关系而与社员保持长期的相识关系，他们与社员分享着“相同的效用函数”，他们会更加清晰地知道自己的工作职责，即便合作社并没有根据精细的量化考核分配工资，学员和普通劳动者也都能克服自身懒惰，实行“自我监督”，从而减少了合作社运营中的监督成本。

（四）对于“泽帖”的价格，农民专业合作社拥有一定的自主定价权

自主定价权是指公司企业对其产品价格制定拥有主动权，若改变产品定价不会对需求有负面影响。拥有定价权的公司在成本上升情况下可以顺利通过提价将新增成本传导给下游且不影响销量。“泽帖”的自主定价权主要基于两个方面：一方面是由于“泽帖”产品具有不可替代性；另一方面是由于传承人对传统“泽帖”生产工艺技术的垄断性。与普通氆氇相比，“泽帖”既轻薄又柔软，密度高、平整度高，因而“泽帖”产品在市场上具有不可替代性，即便普通“氆氇”价格发生波动，对产量较小的“泽帖”

产品来说其影响也是非常有限的。

由于传承人对传统“泽帖”生产工艺技术上的垄断性，合作社垄断了传统“泽帖”的生产，该种垄断的产生并非借助了行政手段或其他协议联盟，而是自然形成的结果。“泽帖”生产工艺的来源地人数众多，但只有传承人具体知道每一个生产流程，其他很多来源地的农民既不知道也不想知道“泽帖”的生产工艺，因而事实上也不存在非物质文化遗产来源地权利主体授权许可的问题。只要知道该生产工艺就有权利对其开发利用，并有权对该生产工艺采取保密措施，尤其是在“泽帖”的生产开发还处于初级阶段且缺乏知识产权保护的情况下，法律应当保护传承人对“泽帖”生产工艺的专有经营权，以激励传承人对非物质文化遗产的开发利用。

二、“泽帖”农民专业合作社的制度劣势

（一）股权的流动性差，影响资源的优化配置

参加合作社的农民所持有的合作社股份通常无法随意转让，更不能抵押和继承，也不能随意提取股金，只能享有年终分红的权利，合作社股权的流动性较差，将会影响各种资源的优化配置。从市场的角度来看，缺乏一个明确界定合作社产权的市场，而产权的价值决定于产权的排他性和流动性。在产权的排他性一定的情况下，产权的流动性越强，产权、资源越是能够以较低的成本转让给出价较高的拥有者，从而资源就会得到更有效的利用和配置。如果有一个农民愿意出让股权，意味着出让股权的收益大于

其拥有股权的机会成本，而股权的购入者愿意以自己的财产交互股权，意味着其净收益的增加。因此，股权的自愿转让不仅会给股权的出让者带来收益的增加，而且会带来社会福利的帕累托改进。

（二）知识产权保护水平较低

合作社于2008年就申请注册了“泽帖尔”商标（见图4），该商标由三部分组成，即氆氇机的图案、汉文和藏文的“泽贴尔”。商标具有识别商品的来源的功能，因此合作社申请注册商标的行为是值得大加称赞的，但正如前文所介绍的，“泽帖”的含义就是指山南地区泽当镇羊毛哔叽手工纺织品，作为商标的“泽贴尔”与作为商品通用名称的“泽帖”仅差一字，具有很大的相似性，因此该商标的固有显著性并不强，尤其是当多个合作社生产该种产品时，商标的显著性问题将面临新的挑战。

图4　泽帖尔商标

除申请注册商标之外，合作社至今尚未申请任何专利。对美丽的民族图案和新颖的外观没有申请外观设计专利，对“泽帖”

传统纺织业中的创新也没有积极申请实用新型。

（三）尚未对非农民成员的利益分享方式加以规定

按照我国《农民专业合作社法》第19条的规定，农民专业合作社的成员不仅包括农民，企业、事业单位或是社会团体成员都可成为农民合作社的成员。该条规定实际上改变了传统农民专业合作社较为封闭的状况，企业的加入有利于吸引投资，扩大生产规模；科研院所、大专院校的加入有利于提高农民专业合作社的创新能力和科研实力；社会团体的加入有利于增加社会联系，扩大产品的知名度。

对经济组织来说，利益分配机制是否合理、完善，对组织能否成功运作具有决定性的作用。① 要想吸引企业、事业单位和社会团体的加入，合作社必须建立起合理的利益分配机制，坚持按劳分配与按资分配相结合，按交易量返还利润与按股分红相结合，以充分调动合作社成员和投资人的积极性。

每一种非物质文化遗产都有自己的特性和发展规律，在开发过程中每一种非物质文化遗产所呈现出来的存在形式和传承形态都应当得到人们的重视，而这些特殊的形式和形态也应当成为人们选择非物质文化遗产经营主体的关键性因素。既要警惕危机，更要善于把握机遇。非物质文化遗产的存在和利用有效提高了遗产来源地居民和传承人的积极性和创造性，不断推陈出新，吸纳新方法，利用新技术，不断提高原有非物质文化遗产产品的市场

① 参见韩俊主编：《中国农民专业合作社调查》，上海远东出版社2007年版，第235页。

竞争力，而本书所调研的对象——西藏乃东区“泽帖”专业合作社的发展过程正好印证了这一结论。

第五节 西藏藏香非物质文化遗产与知识产权

一、西藏尼木藏香非物质文化遗产发展概况

著名的尼木藏香出产于拉萨市尼木县东部的吞巴镇，该镇面积182.7平方公里，紧邻318国道，交通便利。2019年4月，经西藏自治区人民政府批准实现撤乡设镇，吞巴镇具有丰富的历史文化底蕴，被誉为“藏文鼻祖之乡，水磨藏香之源”。著名的藏文发明者吞弥·桑布扎就出生在尼木县吞巴镇吞达村，相传吞弥·桑布扎回到故乡吞巴镇后，发现这里的土地稀少，便发明藏香制作工艺并将该技术传授给当地居民，以改善当地民众的生活。尼木藏香制作技艺有着1300多年的悠久历史，其配方独特，采用纯天然无污染的青藏高原特有的30余种藏药独特配方，精心制作而成，其独特的医疗功效早已被藏族人民所熟悉，有着浓厚的历史文化底蕴。2008年，尼木县吞巴藏香制作工艺被列为国家级非物质文化遗产名录；2014年，尼木县吞巴藏香申请成为国家地理保护标志产品（见图5）；2014年，国家文化部（现为文化和旅游部）授予尼木县吞巴乡“2014—2016年度中国民间文化艺术之乡——藏香制作”；2015年，西藏自治区人民政府、文化厅授予尼木县吞巴

乡“西藏自治区民间文化艺术之乡——藏香制作”。全镇藏香从业户 282 户、684 人，自 2016 年以来，在政府部门的帮助下成立了 4 家藏香合作社（公司），有着较好的藏香产业发展基础。截至 2021 年年底，吞巴镇全镇农牧民群众共计 571 户、2623 人，其中 282 户、684 人从事藏香生产制作，全镇藏香合作社（公司）有 30 余家，实现藏香产值 3020. 3 万元，实现销售收入 1713. 03 万元，户均年增加收入 18, 914. 6 元。全镇 4 家扶贫带贫的藏香合作社产值为 440. 92 万元，总收入为 336. 82 万元，净收入为 188. 15 万元，更是带动建档立卡户 17 户、2014 年和 2015 年脱贫户 18 户、一般户 45 户直接在合作社中就业增收，户均增收 13，000 元以上，藏香合作社的发展为带动困难群众就业增收起到了举足轻重的作用。

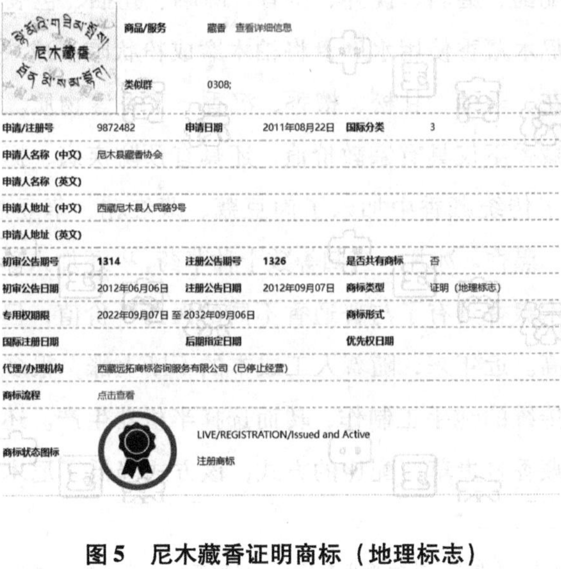

商品/服务	藏香　查看详细信息				
类似群	0308;				
申请/注册号	9872482	申请日期	2011年08月22日	国际分类	3
申请人名称（中文）	尼木县藏香协会				
申请人名称（英文）					
申请人地址（中文）	西藏尼木县人民路9号				
申请人地址（英文）					
初审公告期号	1314	注册公告期号	1326	是否共有商标	否
初审公告日期	2012年06月06日	注册公告日期	2012年09月07日	商标类型	证明（地理标志）
专用权期限	2022年09月07日 至 2032年09月06日			商标形式	
国际注册日期		后期指定日期		优先权日期	
代理/办理机构	西藏远拓商标咨询服务有限公司（已停止经营）				
商标流程	点击查看				
商标状态图标	LIVE/REGISTRATION/Issued and Active 注册商标				

图 5　尼木藏香证明商标（地理标志）

二、藏香非物质文化遗产经营主体

在尼木县吞巴镇藏香生产过程中，当地村民自动组合起来，选择了合作社生产经营模式，在当地党组织的推动下以“党支部+公司+农户+贫困户”的发展模式运行，将党建工作、弘扬传统文化遗产、帮助贫困户扶贫与合作社的生产经营结合起来，实现藏香生产经营的经济效果与社会效果相统一。在2016年之前，全镇从事藏香生产的农牧民群众户占到所有农牧民群众一半以上，同时藏香产业小、散、弱现象较为突出，于是当地政府逐步将藏香产业个体户进行整合划分，形成了4家藏香合作社。

从尼木藏香的制作工艺来看，大致可划分为木材浸泡、磨制柏木泥、配药、磨料、搅拌、挤香、晾晒、扎捆、包装等工艺流程。传统尼木藏香使用水磨盘将柏木磨成粉状晾干成块状，然后加入藏红花、雪莲、甘松、檀香、沉香、丁香等物质。在当地居民看来，藏香不仅具有宗教价值，还具有预防疾病、提神醒脑的功能。由于传统藏香中加入了肉豆蔻、藏红花、草豆蔻、麝香、红白檀香、黑香、冰片、当归等数十种草药，① 还加入珍贵的矿物质，使尼木藏香具有了与普通香不同的医药学价值，但也导致藏香价格偏高。近年来，随着人工成本的不断上涨，很多经营者不得不放弃传统的纯手工制作，转而选择半机器生产。还有经营者采取减少藏香名贵草药配比的方式，该方式降低了尼木藏药的品

---

① 参见邵卉芳：《传统技艺的现代变迁——以西藏尼木藏香制作技艺为中心》，载《原生态民族文化学刊》2016年第3期。

质，使市场中出现的藏香价格参差不齐。

藏香传统市场往往是满足当地民众的日常消费需求，因而比较注重藏香的实用性，对于藏香的独创性、艺术性没有太高要求，在调研中我们发现很多藏香都没有外包装，而是使用旧报纸、塑料袋简单包裹，没有任何标志和产品说明，只有对前来旅游的外来人员才会提供包装较好的藏香产品。一些藏香公司已经具有一定品牌意识，但从商标或地理标志的使用来看，受到技术和广告宣传限制，无法对自己品牌藏香的高品质作出科学说明，也没有将商标与独创性结合起来。

第五章

藏戏艺术的法律保护

第一节　藏戏艺术的基本现状

一、藏戏艺术的起源与发展

如果从14世纪唐东杰布指导七姐妹演出算起，藏戏艺术应当约有600年的历史了，在漫长的发展过程中藏戏始终没有成为法律的调整对象，更与产自西方的“知识产权”毫无关系，甚至在1990年《著作权法》颁布，国家确立了著作权法律制度，并将包括藏戏在内的所有地方戏剧纳入传统艺术表达形式之中后，藏戏依然按照自己的轨道发展，行走在知识产权法律制度之外。藏戏作为沉淀了藏族同胞深厚独特文化的艺术奇葩，一直受到藏族人民的喜爱。藏戏历史悠久，表达方式多样，唱腔、道具、服装处处体现鲜明的民族特色。它不仅是藏族文化的重要组成部分，更是中华民族灿烂历史文化的重要组成部分。

藏戏是汉语文中对藏族各种传统戏剧的习惯性统称，而在藏语文中对于传统戏剧我国五省区广大藏族聚居地域各有不同的称呼。本书所称的“藏戏”，实际上是对我国藏区戏剧系统中诸多剧种、流派的统称，既包括传统藏戏，又包括现代藏戏。传统藏戏起源于宗教艺术，以唱为主，是唱、诵、舞、表、白和技等基本程式相结合的生活化表演，并形成了以《文成公主》《朗萨雯蚌》《诺桑王子》《卓娃桑姆》《苏吉尼玛》《顿月顿珠》《智美更登》《白玛文巴》八大藏戏为代表的传统剧目。现代藏戏一般是指西藏和平解放以后，西藏各地专业和业余的藏戏团体在传统剧目基础上创作的改编剧和反映新西藏变化的新剧目，前者如新编大型历史藏戏《文成公主》，后者如为庆祝奥运会的新剧目《吉祥奥运》。

二、藏戏与其他戏曲相比的特点

（一）大多数藏戏没有严格意义上的剧本

藏戏剧目中的很多故事情节、人物源于佛教故事、历史事件和传说。例如，八大传统藏戏剧目之一的《苏吉尼玛》，该故事源于藏译经藏《丹珠尔·释迦本生如意藤》。又如，《顿月顿珠》源于《尸语的故事》中的《尼玛维色与达娃维色》，为18世纪五世班禅洛桑益西创作。[①] 至今人们所能见到的用文字记载的只有藏文故事本，根本看不到所谓的八大藏戏“剧本”。虽然一些人把八大藏戏的故事本当作“剧本”评头论足，但它根本不具备剧本的文体特征。在西藏没有成立自治区藏剧团之前，用文字记载的剧本是不存在的。[②] 在表演藏戏过程中，由戏班的戏师对藏戏故事本进

① 参见刘志群：《中国藏戏史》，西藏人民出版社2009年版，第201－203页。
② 参见李云、周泉根：《藏戏》，浙江人民出版社2005年版，第131页。

行加工、补充、提炼，形成“口头剧本”，然后由戏师分配角色、传授台词、教授唱腔和动作。

（二）藏戏具有独特的表演程式和角色设定①

长期以来藏戏表演的表演程式主要分为三个阶段，即开场白“阿若娃”、正戏“雄”以及结尾戏“扎西”。开场白又叫“温巴顿”，它的主要内涵是净场祭祀，祈求吉祥，与此同时介绍剧情的发展，出场人物一般有：佳露两人，文巴七人、拉姆七人。民间认为这三种人物是通过《曲结洛桑》中的角色变化而来。佳露是王子，文巴是渔夫或者猎人，拉姆就是仙女。表演的时候先是文巴戴着面具载歌载舞，然后是佳露带领一群仙女出场唱戏，与此同时介绍角色和剧情。“雄”是正戏，先由戏师用快板韵白解释故事情节、地点、人物造型、唱词等，最后人物上场。表演时间比较长的话能到三天三夜，最长的可以达到六七天，最短可以是两三个小时，由戏师控制决定时长。

（三）藏戏具有独特的唱腔和伴奏

在整个藏戏艺术形式中，唱腔（“朗达”）是十分重要的组成部分，并且唱腔（“朗达”）是区分藏戏流派的主要依据。朗达的强调、旋律、结构、调式、演唱方法等方面都各有特色，如达仁朗达（长调唱腔）、达通朗达（短调唱腔）、搅鲁朗达（悲调唱腔）、谐玛当木朗达（说唱混合型唱腔）。藏戏的朗达最鲜明的特

① 西藏民族大学法学院2018级法本三班次仁吉拉同学参与本部分信息采集和文字书写。

色就是“仲古”技巧的运用，它是藏族古老的民间声乐普遍使用的一种高难度的演唱技巧。

藏戏中的“囊搭”几乎都是没有伴奏的清唱，即使是在又唱又跳的表演中，也最多用鼓和钹这种打击乐器来伴奏。鼓和钹是西藏地方戏重要的元素之一，主要用来做各种舞蹈和唱戏的伴奏，与此同时它在描写地点和统一节奏方面起到了不可或缺的作用。鼓和钹是从西藏古老的“野牛舞”“狮子舞”，以及大型民间抗灾歌舞“吉搭吉莫”等歌舞中吸收并且不断发展之后而形成的，其表达方法与“囊搭”没有任何区别，同样是以人定曲、专曲专用，尤其是在传统戏剧里这个特征就更为明显，其中的每一个角色都有彰显其性格的鼓钹点子。戏班中一般来说只有剧情的介绍者、表演者、喜剧者、祝福者、伴唱伴舞等，经过长期的实践表演后，大型剧目参与的人物角色在不断增加，比如在蓝面具戏中就有13种不同的角色类型。

（四）藏戏表演具有面具戏曲的特点

藏戏表演中大量使用面具，面具的造型具有浓厚的民间色彩以及世俗风格，表现的角色主要有历史人物以及神话故事里的人物还有神灵和动物。不同的面具特点表现着不同的人物性格，如深色代表国王，再浅一点的颜色代表大臣，黄色代表喇嘛，蓝色代表反派角色，而半黑半白代表两面派等。表演藏戏时化妆相对来说比较简单，除了佩戴面具之外就是普通的粉和腮红，除此之外没有其他复杂的脸谱。

三、藏戏艺术在法律上受到的“三重保护”

2006年，藏戏被列入首批国家级非物质文化遗产名录，2009年藏戏被列入联合国教科文组织“人类非物质文化遗产名录”。随着藏戏成功入选联合国教科文组织的非物质文化遗产名录，越来越多的人关注藏戏艺术，但藏戏并不仅是非物质文化遗产，从法律上看藏戏还是传统知识（民间传统文化表达方式），而藏戏的剧目则属于著作权法律制度中的“作品”。因此，从现行法律制度来看，藏戏获得了三重保护。

（一）作为非物质文化遗产得到的法律保护

“非物质文化遗产”的定义来自联合国教科文组织2003年通过的《保护非物质文化遗产公约》第2条的规定：在该公约中，“非物质文化遗产”是指被各群体、团体、有时为个人视为其文化遗产的各种实践、表演、表现形式、知识和技能及其有关的工具、实物、工艺品和文化场所。各个群体和团体随着其所处环境、与自然界的相互关系和历史条件的变化不断使这种代代相传的非物质文化遗产得到创新，同时使他们自己具有一种认同感，从而促进了文化多样性和人类的创造力。2005年《国务院办公厅关于加强我国非物质文化遗产保护工作的意见》所附的《国家级非物质文化遗产代表作申报评定暂行办法》第2条对“非物质文化遗产”作了如下定义：“非物质文化遗产指各民族人民世代相承的、与群众生活密切相关的各种传统文化表现形式（如民俗活动、表演艺术、传统知识和技能，以及与之相关的器具、实物、手工制品等）

和文化空间。”其中第3条第2款规定：“非物质文化遗产的范围包括：（一）口头传统，包括作为文化载体的语言；（二）传统表演艺术；（三）民俗活动、礼仪、节庆；（四）有关自然界和宇宙的民间传统知识和实践；（五）传统手工艺技能；（六）与上述表现形式相关的文化空间。”2011年通过的《非物质文化遗产法》第2条在该定义基础上对非物质文化遗产概念进行了凝练和明确，将与传统文化表现形式相关的实物也纳入非物质文化的表现形式。

传统藏戏作为藏族世代相传的传统表演艺术，在列入非物质文化遗产名录以来的十几年间，西藏自治区累计投入资金1500万元，民间藏戏队由不足50支发展到140多支，藏戏艺人近3000人，非物质文化遗产传承人生活和演出条件得到明显改善。2016年起，国家级传承人补助经费由此前的每人每年1万元提高到2万元，自治区级传承人补助经费从每人每年5000元提高到1万元。① 随着社会各界对非物质文化遗产保护的重视，各级政府积极推进非物质文化遗产的调查研究，培养、提升传承人，建立藏戏艺术中心、藏戏数据库，藏戏非物质文化遗产保护取得重大成果。

（二）作为传统知识得到的保护

传统知识的概念来自世界知识产权组织秘书处的表述：“传统知识是指基于传统的文学艺术或科学作品，表演，发明，科学发

① 《西藏非遗保护专项资金13年投入约3亿元》，载中国西藏新闻网，http://www.xzxw.com/fy/fyxg/201903/t20190304_2534546.html。

现，设计，标志、名称和符号，未公开信息，以及其他一切源于工业、科学、文学或艺术领域智力活动，基于传统的革新和创造成果。”对于“基于传统”，世界知识产权组织的文本认为“基于传统”是指代代相传、被视为隶属于特定人群或地域并不断随环境变化而发展的知识体系、创造、革新和文化表达。按照世界知识产权组织的规定，传统知识可包括传统的农业知识、科学知识、技术知识、生态知识、医药知识（包括医药和医疗）、与生物多样性相关的知识、民间文学艺术表达（表现形式可为音乐、舞蹈、歌曲、手工艺品、外观设计、故事和艺术品）、语言的要素和可移动的文化财产。① 上述分类存在诸多重叠，一般认为传统知识分为三个类别，分别是：（1）民间文学艺术表达；（2）传统科技知识；（3）传统标记。根据上述分类，传统藏戏应当属于民间文学艺术表达。1982 年世界知识产权组织和联合国教科文组织共同制定的《保护民间文学表达形式、防止不正当利用及其他侵害行为的国内法示范法条》，将“民间文学艺术表达”定义为由传统艺术遗产的特有因素构成的、由某国的某居民团体（或反映该团体的传统艺术发展的个人）所发展和保持的产品，尤指下列内容：（1）口头表达形式，诸如民间故事、民间诗歌及民间谜语；（2）音乐表达形式，诸如民歌及器乐；（3）活动表达形式，诸如民间舞蹈、民间游戏、民间宗教仪式；（4）有形表达形式，诸如民间艺术品、

---

① See WIPO, Intellectual Property Needs and Expectations of Traditional Knowledge Holders. WIPO Report on Fact – Finding Missions on Intellectual Property and Traditional Knowledge (1998 – 1999), 2001.

乐器、建筑艺术形式等。前三种形式无论是否固定在有形物上均属于民间文学艺术表达形式。[①]

保护传统知识的目的主要有两方面：第一，保存、保护或“拯救”传统文化，避免灭绝之虞，保护文化多样性；第二，开发与利用传统知识，以增加本土居民在现代社会中的竞争力，促进传统知识自身的发展。[②] 世界知识产权组织出具的事实调查报告显示，尽管被调查和访问的地区、国家、部落甚至个人之间对于保护传统知识应达到什么目的存在差异，但基本认同两个主要目标：一是防止对传统知识未经许可的或非法的商业性开发利用；二是保存和维持传统知识或文化遗产。

（三）作为作品得到著作权的保护

一般认为著作权是指文学、艺术和科学作品的创作者对其所创作的作品所享有的权利。狭义的著作权，仅指作者就其所创作的作品所享有的权利。广义的著作权，还包括作品的传播者，如表演者、录音制品制作者和广播组织的权利。[③] 正如《伯尔尼公约》第 1 条所言，适用公约的国家组成联盟，以保护作者对其文字和艺术作品所享有的权利。作品的范围包括科学和文学艺术领域内的一切作品，不论其表现方式或形式如何。与前两种保护不同，著作权法律制度对作品的保护是通过赋予创作者或传播者精

---

① 参见王鹤云：《保护民族民间文化的立法模式思索》，载郑成思主编：《知识产权文丛》第 8 卷，中国方正出版社 2002 年版，第 172－198 页。

② 参见刘银良：《传统知识保护的法律问题研究》，载郑成思主编：《知识产权文丛》第 13 卷，中国方正出版社 2006 年版，第 226－294 页。

③ 参见李明德、许超：《著作权法》（第 2 版），法律出版社 2009 年版，第 1 页。

神权利和经济权利为主要内容，以鼓励作者创作、促进作品传播、丰富人民群众文化生活为目的。此外，著作权的保护是从微观角度调控文化作品的创作、传播和使用的，因而，对于著作权来说，首先必须能够确定作品，其次必须要能够确定创作者或传播者，最后才能确定权利主体享有怎样的权利，而他人未经权利人许可擅自行使该权利则构成侵权。著作权法律制度权利归属明确，能够为作品的商品化、产业化提供充分的制度保障。

在历史上，著作权的产生是为了保障作者就其作品获得经济利益。① 现在各国著作权法中都授予作者以复制、发行、表演、演奏、放映、广播其作品等专有权，其目的是保护作者自己利用或者许可第三人利用其作品而获得经济利益的权利。因此，著作权中除有一部分是精神权外，其余都是具有经济性质的权利。我国《著作权法》第10条规定了17项权利，而其中有13项都是经济权利。任何作品都是创作者智慧的结晶，不论作品是否畅销，不论作品是否发表，它都是人类智慧财富的一部分。作为无形财产，权利人对作品享有的著作权具有排他性，可以对抗任何第三人并排除他人的擅自使用。

按照文化部（现为文化和旅游部）2006年颁行的《国家级非物质文化遗产保护与管理暂行办法》的规定，负责非物质文化遗产保护的主体是各级政府文化行政部门，他们组织实施非物质文化遗产项目的保护，遴选出符合条件的非物质文化遗产并向上级政府申报，同时在日常管理过程中积极采取措施抢救、保护和传

---

① 参见汤宗舜：《著作权法原理》，知识产权出版社2005年版，第4页。

承该项文化遗产。因此，作为公共利益的维护者——政府，不可能也不能对非物质文化遗产寻求独占性的权利，更不能通过行使权利而获得经济收益。非物质文化遗产的传承人也不同于作品的作者，其并不享有广泛的权利，更多地表现为承担传承义务。

一直以来学界对于民间文学艺术表达特别保护方案有两种思路：第一种思路是基于民间文学艺术表达与著作权客体的契合性，通过著作权法律制度的人身权和财产权两个维度保护民间文学艺术表达来源群体的特别需求；[①] 第二种思路是基于民间文学艺术表达的特殊性，建议在著作权法体系之外另设特别权利保护，以“民间文学艺术特殊权利保护法”或“民间文学艺术保护条例”保护民间文学艺术。[②] 有学者在综合分析广大发展中国家民间文学艺术保护立法的基础上指出，“将民间文学艺术表达完全纳入著作权保护的作品范围，予以绝对排他的著作权专有权保护是一条布满荆棘、困难重重的路径，但是著作权法作为调整文学艺术表达使用和传播中形成的社会关系的行为规范，应当对不当利用民间文学艺术表达而产生的利益关系进行调整”[③]。也就是说，即便在著作权法框架内保护民间文学艺术表达也不应当采用普通的赋权式的方式，而应当采用法定义务方式规制他人收集、使用、复制、传播民间文学艺术表达，如果不遵守就应当承担相应法律责任。

---

① 参见张耕：《民间文学艺术的知识产权保护研究》，法律出版社2007年版，第154－174页。

② 参见管育鹰：《知识产权视野中的民间文艺保护》，法律出版社2006年版，第235－240页。

③ 丁丽瑛：《民间文学艺术表达的著作权保护》，载《厦门大学学报（哲学社会科学版）》2013年第3期。

我们认为虽然作为民间文学艺术表达形式的藏戏艺术具有悠久的历史和知名的剧目，但随着时代变化，众多艺术家不断进行艺术创新，赋予藏戏新的时代内容，应当通过著作权法律制度保证创作者、传播者的权益。

1. 从洛克的财产权劳动学说看

洛克认为，“（一个人）的身体所从事的劳动和他的双手所进行的工作，我们可以说，是正当地属于他的，所以只要他使任何东西脱离自然所提供的和那个东西所处的状态，他就已经掺进他的劳动，在这上面掺加他自己所有的某些东西，因而使它成为他的财产……从而排斥了其他人的共同权利。因为，既然劳动是劳动者的无可争议的所有物，那么对于这一有所增益的东西，除他以外就没有人能够享有权利，至少在还留有足够的同样好的东西给其他人所共有的情况下，事情就是如此”①。洛克还指出，“正是劳动使一切东西具有不同价值，……所以，在最初，只要有人愿意对于原来共有的东西施加劳动，劳动就给予财产权”②。也就是说，劳动属于个人，劳动者运用劳动创造了新的财产或增加了价值，因此，劳动者对劳动成果应当享有财产权。

一个藏戏的剧目凝聚了众多主体的辛勤劳动，如戏师、导演、演唱者、舞蹈者、鼓师、钹师、化妆师、戏班经营者、教师等主体在藏戏的创作和表演过程中都付出了巨大的时间和精力，其独

① ［英］洛克：《政府论》（下篇），叶启芳、瞿菊农译，商务印书馆1964年版，第19－29页。

② ［英］洛克：《政府论》（下篇），叶启芳、瞿菊农译，商务印书馆1964年版，第19－29页。

创性劳动应当得到法律制度的肯定。例如，1979 年，多杰太、高鹏等人对隆务寺藏戏队演出的《桑诺王子》的改编：以民间藏戏唱腔为基础，保留了寺院宗教音乐，即诵经调、喜庆调、道歌调和玛尼调等，并吸收当地藏族民歌、说唱和酬神的曲调，为黄南藏戏设计了新的唱腔。同时也注意保留了一些无伴奏的清唱。在伴奏乐器中，虽增加了一些弦乐，但也注意发挥鼓、钵和唢呐的作用。他们还从黄南藏族地区的民间舞蹈、五屯寺院的藏族壁画和雕塑中汲取“营养”，丰富了藏戏的表演，扎实的功底使新编《桑诺王子》演出大获成功。[①] 多杰太、高鹏等人对新编《桑诺王子》付出了巨大的独创性劳动，因而任何人都无权剥夺其应当享有的著作权。

2. 从康德、黑格尔的“人格理论”看

康德在 1785 年发表的一篇论文提出了著名的著作人格权学说。“康德对书的实物存在形式与书的内容作出了区分。书的实物存在形式上人们享有物权，书的内容是作者向公众说的话——因而作者享有人格权。如果人们在没有得到作者同意的情况下通过翻印把作品公之于众的话，就会侵犯作者的人格权，该出版社就应当向作为作品的‘总管’的被侵犯的作者本人支付赔偿。”[②] 黑格尔在其《法哲学原理》中指出，“人有权把他的意志体现在任何物中，因而使该物成为我的东西；人具有这种权利作为他的实体性的目的，因为物在自身中不具有这种目的，而是从我的意志中获

① 参见刘志群：《中国藏戏史》，西藏人民出版社 2009 年版，第 276 页。

② ［德］M. 雷炳德：《著作权法》，张恩民译，法律出版社 2005 年版，第 24 页。

得它的规定和灵魂”①。相比洛克的财产权劳动理论，“人格理论”在解释著作权正当性时，似乎更具有说服力。智力劳动的创造者之所以对自己的智力劳动成果享有权利，是因为该成果不但是劳动的产物，而且其中包含了人的自由意志、精神和人格，而人的自由意志和人格作为存在的本体是不能够放弃和转让的，因此必须给智力成果设置权利，包括物质性权利和精神性权利。②

在藏戏的发展过程中，对于同一藏戏传统剧目，不仅不同戏班的表演有很大的差别，即便是同一戏班在不同时期的表演也存在差别。很重要的一个原因是每个戏班的戏师对藏戏有着不同的认识和理解。与内地其他戏曲不同，在戏班中，藏戏的戏师具有重要的地位，他不仅是导演和教师，而且是班主、导演、教师、主要演员、鼓师、经营者等的总和。③ 藏语称为劳本或尊称为根拉，戏师是最受尊敬的师父。他熟悉戏剧故事，熟悉情节和剧中人物，往往由他口述故事，划分场次，分配角色，组成一出出戏剧排演直到演出，因此，一场藏戏表演突出反映了以戏师为代表的创作团队对藏戏剧目的精神追求，因而对反映其自由精神价值的藏戏剧目，创作团队应当享有不可转让的著作权。

3. 从法经济学看

法经济学已经证明，“只有通过在社会成员间相互划分特定资

---

① ［德］黑格尔：《法哲学原理》，范扬、张企泰译，商务印书馆1961年版，第52页。

② 参见张耕：《民间文学艺术的知识产权保护研究》，法律出版社2007年版，第59页。

③ 参见张林：《藏戏的法律保护》，载《西藏民族学院学报（哲学社会科学版）》2011年第5期。

源使用的排他权，才会产生适当的激励。如果任何一块土地都为人们所拥有，即如果总有这么一些人，他们可以排除任何其他人接近其特定的区域，那么个人就会通过耕种和其他措施来努力使土地价值最大化。当然土地仅仅是一个例证，这一原则适用于任何有价值的资源”①。藏戏作品的创作活动具有随机性和不可预测性，在唱腔、曲调有独创性成果之前意味着长期的时间、精力和金钱的投入，但由于作品具有经济学上“公共产品”的特征——本质上是一种“信息”，具有共享性，能够同时被多个主体使用，并且这种使用不会发生相互干扰。这就会导致除了作品的创造者以外的每个人都可以不付费或者少付费而使用该作品。这样，作品的创造者将无法收回其高额的投入成本，更谈不上通过创作获得收益，那么也就不会有人进行藏戏创作了——“如果他不能收获，他就不会去播种”②。因此，从激励藏戏创造者角度来看，需要规定著作权制度以提高藏戏创作者的收益，为“天才之火添加利益之油”。

有人可能会不认同著作权制度存在的意义，认为可以通过政府激励机制替代著作权制度，即由政府出资奖励对藏戏的发展作出独创性劳动的人，或者由政府对藏戏的创作活动提供专项财政补贴。但一方面，面对众多的独创性劳动者，政府应当向谁补贴？补贴多少或者奖励多少合适？补贴多了浪费纳税人的钱，补贴少

① ［美］理查德·A. 波斯纳：《法律的经济分析》（上），蒋兆康译，中国大百科全书出版社1997年版，第40－47页。

② ［美］理查德·A. 波斯纳：《法律的经济分析》（上），蒋兆康译，中国大百科全书出版社1997年版，第40－47页。

了达不到激励创造者的目的。作为无形的智慧成果，藏戏自身也很难通过评估准确计算出藏戏剧目的价值，因此，政府很难确定应向每个创作者支付的报酬。另一方面，市场本身就可以构成对创新活动的激励。唱腔优美、曲调动听、水平高超的作品必然是最有市场的。藏戏创新者的创新符合市场的需求，满足了广大藏戏爱好者的审美要求，就会有更多的观众和爱好者，也就会有更多收入。由此可见，政府激励机制存在诸多缺陷，建立对藏戏的著作权法律制度不可避免，因为只有建立藏戏的著作权制度才能对智力创造活动产生足够的激励，才会有更多、更好的作品产生。

昨天的藏戏作为一种珍贵的文化遗产和知识需要得到政府和社会各界的保护，这样才能达到抢救遗产、传承文明的作用；但今天的藏戏是一种不断创新的智慧成果，众多现代藏戏剧目的成功充分说明藏戏的生命力来自创新而不是政府的补贴。只有不断适应祖国大发展、民族大团结的历史背景，推陈出新，创作出更多人民群众喜闻乐见的藏戏作品，藏戏才会经久不衰、繁荣昌盛。要达到这个目标，就必须激发创作者的创作热情、扩大作品的传播形式，而这些正是著作权法律制度的价值所在。

第二节　藏戏艺术作品的著作权分析

一、戏曲作品的作品范围

中国的传统戏剧有一个独特的称谓叫“戏曲”。历史上首先使用戏曲这个名词的是元代的陶宗仪，他在《南村辍耕录·院本名目》中写道：“唐有传奇，宋有戏曲、唱诨、词说。金有院本、杂剧、诸宫调。”但这里所说的戏曲是专指元杂剧产生以前的宋杂剧。从近代王国维开始，才把“戏曲”当作包括宋元南戏、元明杂剧、明清传奇以及近代的京剧和所有地方戏剧在内的中国传统戏剧文化的通称。①

戏曲作为我国传统的舞台表演艺术形式，是文学、音乐、舞蹈、武术、杂技以及人物、扮演等多种艺术的综合。② 对于产自中国的戏曲，大多数国家的立法并未将其列入戏剧作品范围，例如英国《版权法》第 3 条规定“戏剧作品包括舞蹈或哑剧作品”；德国《著作权法》第 2 条规定的“受保护的著作”中，只有“包括舞蹈艺术在内的哑剧著作”；印度《著作权法》第 2 条认为戏剧作品“包括朗诵片段、舞蹈作品或哑剧表演”。我国《著作权法实施条例》第 4 条规定戏剧作品“是指话剧、歌剧、地方戏等供舞台演出的作品”，而其中的地方戏即指“中国传统戏曲”，且不论“地方戏”的术语使用是否与中国戏曲的地位相称，立法者未对传统戏曲作品的范围作出规定，这实际上使传统戏曲艺术无法寻求著作权法的保护，长期行走在知识产权法律制度之外。在研究传统戏曲作品范围之前，我们先分析一下作为传统戏曲作品的上位概念“戏剧作品”的范围。戏剧作品究竟是什么？是搬到戏台上的“一台戏”，还是指剧本？法学界至今没有统一的答案。有学者

① 参见中国艺术研究院戏曲研究所编：《中国戏曲理论研究文选》，上海文艺出版社 1985 年版，第 3 页。

② 参见《现代汉语大词典》编委会编纂：《现代汉语大词典》，汉语大词典出版社 2000 年版，第 2159 页。

认为戏剧作品指的不是“一台戏”，而是指有关的剧本。虽然这种解释可能使这部分作品与“文字作品”有所重合，但却是正确的解释。《伯尔尼公约》第 11 条第 2 款规定，戏剧作品或音乐剧作品的作者在其原作的保护期内，对作品的译本享有同样的权利。这段话也暗示了“戏剧作品”指的是剧本。因为，“一台戏”是不可能存在“译本”的，其中的灯光、布景、服饰设计、演员的活表演，均不可能有什么“译本”。“一台戏”是版权与邻接权的综合保护对象。① 还有学者认为戏剧作品是指将人的连续动作同人的说唱表演和旁白有机地编排在一起，并通过表演来反映某一事物变化过程的作品，如话剧、歌剧、地方戏剧、广播剧等。应当指出的是作为著作权客体的戏剧作品指的是属于文字作品的戏剧剧本，而不是戏剧演员的戏台表演，也不是剧本加表演的综合。② 但也有学者认为“戏剧是指以舞台的演出形式而存在的综合艺术……从历史上看，戏剧也不是源于文学，从它脱胎的时候就具有独立性……当戏剧还是原始状态之时，首先存在的是表演。表演一直是戏剧的中心，我们可以没有剧本，没有导演，没有装置，没有其他一切，只要表演存在，戏剧艺术就仍然存在”③。如果命题“戏剧作品指的不是‘一台戏’，而是指有关的剧本”成立的话，那么按照属种关系的逻辑结构，对于戏曲作品来讲，就可以得出这样的结论，即“戏曲作品指的不是‘一台戏’，而是指有关

---

① 参见郑成思：《知识产权与国际贸易》，人民出版社 1995 年版，第 189 页。
② 参见吴汉东主编：《知识产权法》，中国政法大学出版社 2002 年版，第 42 页。
③ 刘春田：《知识产权法》（第 4 版），中国人民大学出版社 2009 年版，第 56 页。

的戏本”。但本书认为，该结论是值得商榷的。

对于戏剧作品或音乐戏剧作品，国外学者、法官、立法者更倾向于将其视为一场观众能够现场欣赏的表演。有学者认为，实际上1976年的美国《版权法》没有对“戏剧作品”的含义加以解释。但为了指导戏剧登记决定，美国版权局宣布了他们对“戏剧作品”的解释：“一部戏剧作品是一种通过对话、表演的方式表现一个故事，并且这个故事是用于表演的。戏剧作品代表着全部或必不可少的部分实际进行的表演，而不仅是被讲述和被描述的部分。”霍姆斯法官甚至对戏剧作品作了更简洁的定义，即“（戏剧）的本质特征是我们能够看到栩栩如生的事件和故事”①。要想成为戏剧作品，“该作品必须首先能够以程式化的方式进行表演”②。美国《版权法》在谈及戏曲作品时，明确规定戏曲作品包含配曲。俄罗斯《民法典》、埃及《著作权法》也都将戏剧、音乐戏剧作品，以及哑剧列入作品范围，并将音乐作为划分戏剧作品的标准。上述国家实际上都确认了音乐在戏剧作品中的重要地位。

就戏曲而言，音乐也是戏曲作品中非常重要的表达方式。自元杂剧以来的戏本实际上主要由三部分组成：唱词、舞台指导和曲牌，其中的曲牌是传统填词制谱用的曲调名的统称，俗称“牌子”，每支曲牌唱腔的曲调，都有自己的曲式、调式和调性，以及

---

① Roger E. Schechter John R. Thomes, *Intellectual Property the Law of Copyrights, Patents and Trademarks*, West Group, 2003, p. 52.

② Lionel Bently and Brad Sherman, *Intellectual Property Law*, Oxford University Press, 2001, p. 59.

本曲的情趣。[①] 后来很多曲调失传，曲谱丢失，导致现代的人们也无法知道该曲调的音乐曲式、调式，于是像“端正好”“满江红”“点绛唇”“中吕”这样的曲牌都丧失原有音乐的功能，成为唱词的点缀，而唱词也无人会唱，鲜活戏曲作品逐渐丧失自己的个性特征，沦落成文字作品。更让人伤心的是，作为专门保护作品的著作权制度竟无相关保护规定。在这种情况下，产生有《窦娥冤》戏本但却无人会唱元杂剧《窦娥冤》的结果实际上并不难理解。

二、藏戏作品与私人财产

（一）西藏民主改革之前的藏戏作品

现代知识产权制度所赖以建立的理论基础是私有财产观念，或者说是西方私法意义上的财产权观念。这一观念在世界贸易组织制定的《与贸易有关的知识产权协定》的序言中得到了进一步的强化。“知识产权在近代社会的产生是社会结构的结果，并随着社会结构的功能耦合状况而发挥作用，从而产生其作为财产权的激励效果。因此，尊重知识产权的私权本性，让其在一个适合私权发展的社会结构中发挥作用，是社会进步的正确方向。”[②] 在旧西藏，长期的封建农奴制度严重影响了西藏的近代化的进程。藏戏的创作者和表演者大多是农奴，重大演出都是支差性质。[③] 主体

---

① 参见《曲牌名》，载百度，http：//zhidao. baidu. com/question/202238335. html。
② 金海军：《知识产权私权论》，中国人民大学出版社 2004 年版，第 18 页。
③ 参见刘志群：《中国藏戏史》，西藏人民出版社 2009 年版，第 189 页。

身份的丧失，使作为农奴的创作者和表演者缺乏对自己创作的作品主张权利的资格，其所创造的智慧性财富只会成为农奴主的财产或公共产品，不可能成为农奴的财产。

私权最本质的一个特征就是权利人能够按照自己的意志支配该财产，“人有权把他的意志体现在任何物中，因而使该物成为我的东西；人具有这种权利作为他的实体性的目的……而是从我的意志中获得它的规定和灵魂”①。私权能够保证人的自治和人格的发展，它是人类自由的延伸和保证，而就作品而言，私权最直接地表现为表达自由和发表自由，而在旧西藏“一年一度的雪顿节期间，噶厦地方政府对各地前来支差戏的藏戏班子演出的剧目内容、表演的艺术形式甚至角色分配，都严格控制。诸如只准演出传统剧目，不准演出别的或新的剧目；演出传统剧目的内容，不准有一字之更改或遗漏；也不准擅自改动传统藏戏的韵白、表演、唱腔、鼓点等”②。严格的审查制度和残酷的刑罚使藏戏的表演成为一次严格的考试，私有财产权的本质特征荡然无存。

（二）西藏民主改革之后的藏戏作品

西藏民主改革完成之后，百万农奴翻身成为主人，但应当看到经过多年的发展，有关惯例并未将藏戏作品视为“私人财产权”的对象。在藏戏的发展过程中，众多艺术家都对藏戏表演的唱腔、舞蹈、服装和戏本进行了革新，但没有人对自己的劳动成果主张

---

① ［德］黑格尔：《法哲学原理》，范扬、张企泰译，商务印书馆 1961 年版，第 52 页。

② 边多：《还藏戏的本来面目——试论藏戏的起源、发展及其艺术特点》，载《西藏研究》1986 年第 4 期。

排他性的权利，也很少有人在作品中标示创作者姓名，在表演中宣告表演者姓名，结果时至今日普通听众都不知道某一戏本是谁创作的，经过谁的修改，也没有人知道藏戏某一流派的独特唱腔是谁创作的。这种现象的产生当然也和藏戏艺术具有口头表演艺术的特点有关，大多数作品要素未经外在固定和保存。但也应当看到客观上存在创作者、表演者、普通观众普遍认同的惯例。“惯例是指一种典型的、根据常规的统一行动。行动者‘习惯于’这样做，并且毫不思索地模仿着做。”① 人们已经将这些作品视为公共产品的一部分，社会公众可以进行广泛的分享。只要你喜欢藏戏，就可以摘抄藏戏本、模仿藏戏表演，甚至购置藏戏乐器、服装、道具，组建自己的藏戏班。这也导致《文成公主》等八大传统藏戏作品成为西藏、青海、甘肃、四川等地众多藏戏流派共同表演的剧目，而包括技艺传承人、戏本记忆者在内的传统藏戏表演者只能具有类似“占有人”的身份，不可能具有《著作权法》规定的作者的身份。

正如黑格尔所言，“凡是现实的东西都是合乎理性的”，有关藏戏艺术的惯例之所以依然具有生命力，是因为它充分考虑到了藏戏作品的特点。第一，戏剧作品的传统复制方式是在舞台上的再现表演，与机器复制的录音录像制品相比，舞台表演具有更高的艺术欣赏价值，而藏戏表演则以没有围墙的广场戏为传统复制方式，广场戏的不可替代性严重挤压了机器复制品的市场，使盗

① ［德］马克斯·韦伯：《论经济与社会中的法律》，张乃根译，中国大百科全书出版社 1998 年版，第 20 页。

版成为无利可图的行为。第二，藏戏通常采用藏语演唱，而语言的封闭性使其他地方、民族的群众无法欣赏该种戏剧作品，使大规模的机械复制的边际成本不断增加。第三，由于传统藏戏往往取材于宗教故事，基于对宗教的尊崇，惯例禁止人们丑化或不正当使用藏戏作品的要素，因而藏戏作品自身对侵害行为拥有着独特的“免疫力”。

三、藏戏作品创作与传播过程的特殊文化背景

藏戏作品自产生以来就与藏传佛教有着密切的联系，很多藏戏的故事情节和人物角色都源于佛教故事；寺院中的佛乐、经调（如玛尼调、喜庆调等）被提炼成为风格鲜明的藏戏唱腔；佛教壁画、唐卡优美的人物造型及宗教艺术中的舞蹈也被融化吸收为藏戏的舞蹈身段动作。① 另外，活佛、僧侣也是藏戏作品的重要创作者——作为藏戏祖师爷的唐东杰布本人就是噶举派僧侣，而作为僧侣修行和起居的寺院在藏戏的发展中也起到非常重要的作用，它不仅是藏戏最早的创作基地和表演场所，还是重要的传播地。宗教信仰对创作的激励作用，教众与信徒的共同分享性，宗教中“轻此生，重来世”的、非功利的“出世观”等从各个方面深刻影响着藏戏作品的属性，因而那些有着浓厚宗教色彩的藏戏作品都不宜纳入私人财产范围内，而应当按照习惯由社会公众共同分享。从藏戏的表演程式看，在宗教盛行的土壤中，洛克的“因劳动而拥有财产权理论”并没有生长空间。

---

① 参见曹娅丽：《青海藏戏艺术》，民族出版社2009年版，第151页。

“程式”一词的本义是法式、规章或格式。立一定的准式以为法，谓之程式。（戏曲中）表演程式则特指运用歌舞手段反映生活的表演技术格式。① 表演程式的特点是，只要它一旦形成便在较长时间内保持着稳定性。在藏戏程式中，下列内容值得研究：其一，传统藏戏表演分为三个程式，分别为“温巴顿”“雄”“扎西”，其中第三个程式“扎西”，即由戏班的所有演员以集体歌舞的形式向群众募捐，而既然为“募捐”其意思就是观众为公益目的而实施的赠与行为，但问题是创作者、表演者付出了智慧性劳动，观众在欣赏完藏戏表演之后就应当向创作者、表演者支付报酬，明明是等价有偿的娱乐消费行为，在藏戏表演中却成为具有公益目的捐赠行为。其二，在藏戏正式表演前，戏班都需要将藏戏祖师爷唐东杰布的塑像或画像供奉在显要位置，并且在藏戏开场的“温巴顿”，有猎人驱邪净场的仪式，在藏戏结尾的“扎西”有戏班为观众祈福迎祥的仪式，因此戏班所获得的经济回报本质上是创作者、表演者付出劳动所获得的对价，但却在充满宗教特色文化背景中进行。可能在潜意识里，观众也承认艺术家的辛勤劳动丰富了观众的文化生活，但他们更喜欢按照传统的方式，即通过“施舍”的方式支付经济报酬，而不是明码标价的方式评价劳动成果。

① 参见周育德：《中国戏曲艺术大系·史论卷》，中国戏剧出版社 2010 年版，第 310 页。

第六章

藏药商业秘密与知识产权

第一节　商业秘密保护制度概述

一、商业秘密保护概述

如果对保守秘密作出了承诺，就应当履行该承诺。自工业革命以来，工业技术、化学方程式、技术秘密、客户信息、销售数据、经营管理程序等具有经济价值、秘密性的信息成为企业快速发展、维持市场竞争优势地位的重要资源。但在《与贸易有关的知识产权协定》达成之前，很多国家的行政管理主体、司法裁判机关对技术信息或经营信息的保护一直处于较为被动的状态，对经营者因违反保守商业承诺而承担法律责任的理由缺乏统一的认识。很多信息的传承、收集、使用都处于秘密状态，有些则只是部分处于秘密状态。即便具有秘密性，知识信息的秘密程度也有所差别，有些信息全部具有秘密性，而一些知识信息只具有部分秘密性，从法律技术的层面似乎很难对信息秘密性作出较为准确的规定。一方面，如果立法对于侵犯商业秘密作出较为弹性的规定，则将导致经营者虽对商业秘密投入了巨大人力、物力，但在受到他人侵犯时无法获得法院的救济；另一方面，如果对侵犯商业秘密行为人规定了严苛的责任，商业秘密权利人可能滥用权利，申请禁止令导致其他经营者损害……诸多问题将导致商业秘密立法变得扑朔迷离。

与专利相比，商业秘密很难长期发挥作用，除非技术性信息在商业使用时不被公开。一件机器设备无论是公开展示还是产品上市流通，其所包含的技术信息就会被专家反向研究，并且该种反向研究并不构成对商业秘密的侵犯。但如果机器设备的发明者获得了专利，专利法将使该种发明获得对抗其他专家的垄断性权利，通过反向研究获得技术信息并实施该技术的行为将被视为侵犯专利权的行为。商业秘密权利人可以选择申请专利权保护或者商业秘密保护两种方式，并且商业秘密的在先使用并不影响该项秘密信息被申请专利，其依然具有新颖性，但问题是如果在先权利人不申请专利，其他人申请了该项专利技术或通过其他方式公开了该项技术，技术信息将无法获得商业秘密的保护。

二、国外商业秘密保护分析

（一）英国商业秘密立法

英国早期对于侵犯商业秘密的禁止源于衡平法，一部分原因是经常寻求的补救措施是禁令，另一部分原因是涉及的内容与违反信任行为都存在于相同的道德领域。[①] 在 19 世纪 50 年代的 Prince Albert *v.* Strange 和 Morison *v.* Moat 两起案件中，法院都向间

① See William et al. , *Intellectual Property*: *Patents*, *Copyright*, *Trade Marks and Allied Rights* (Seventh Edition), Sweet & Maxwell, p. 333 (2010).

接获得商业信息的主体发布了禁止令，但却留下了这样的问题：在何种情况下可以对商业秘密的直接或间接接受者承担法律责任。在英国法院组织法颁行之后的时期，英国法院曾尝试限制衡平法错误适用的判例，在这些判例中依据合同首次公开明确表达或暗示了维持秘密义务，间接接收者没有权利知晓合同约定，只有在间接接收者故意或鲁莽地被诱导实施了违反合同的行为才承担相应的法律责任，由此合同制度和侵权制度被纳入保护商业秘密制度之中。

英国早期的商业秘密案件主要集中于药品配方的权属争议上，例如，Newberry *v.* James 案中被告涉嫌窃取原告治疗痛风的秘方，但原告害怕泄露技术秘密，拒绝向法院公开争议秘方的细节。埃尔顿法官指出，倘若被告知悉此药方秘密，那么原告就不得阻止其使用秘方，因此此配方已经不再是秘密了，法庭没有理由发出禁令。因此法院虽判决由被告赔偿原告损失，但未禁止被告继续生产。[①] 在后来的 Yovett *v.* Winyard 案[②]中，法院以被告窃取原告商业秘密构成对双方信任关系的破坏为由要求被告承担赔偿责任。在商业秘密案件审理过程中，英国法官经历了由“违反保密关系”到“违反信托关系或保密关系”的转变，Prince Albert *v.* Strange 案作为标志性案件，成为英国运用信托关系理论来处理商业秘密

① 参见崔汪卫：《商业秘密立法反思与制度建构》，社会科学文献出版社 2021 年版，第 30 页。

② See Yovett *v.* Winyard，1 Jac. & W. 394，37 Eng. Rep. 425（Ch. 1820）.

案件的起点。[①] 虽然商业秘密须具备价值性，但英国法院认为，不能对商业秘密的复杂程度作出要求，只要是企业生产经营过程中产生的简单的、具有使用价值的信息都可以作为商业受到保护。从成文立法方面来看，受信赖理论的影响，1981 年英国国会法律委员会曾起草英国《关于违反信赖关系的法律草案》（Draft Bill of Breach of Confidence），试图将侵犯他人商业秘密的行为纳入成文立法规制。直到 2018 年英国才出台了首个商业秘密专门法，即英国《商业秘密（执法等）条例》（2018 年）。

（二）美国的商业秘密立法

美国涉及商业秘密的最早判例可追溯至 1837 年的 Vickey *v.* Welch 案，该案件中原、被告达成转让巧克力制作方法技术秘密的协议，后被告反悔，只同意转让一般技术，拒绝将技术秘密转让给原告，法院依据技术秘密转让合同要求被告将技术秘密一同转让给原告。在 1868 年 Peabody *v.* Norfolk 案中，马萨诸塞州法官将商业秘密权视为一种财产权，主张通过财产权理论实现对商业秘密的保护。1939 年美国法律学会编纂的美国《侵权行为法重述》用专章规定了商业秘密保护问题，在第 757 条还对商业秘密基本特征（秘密性、新颖性、具体性、能够为持有者带来竞争优势的特点）进行了总结，规定非法披露或使用他人商业秘密的，应当承担法律责任。1979 年美国统一州法委员会（NCCUSL）颁布了美国《统一商业秘密法》，以示范法的形式对商业秘密加以规定，值

---

① 参见崔汪卫：《商业秘密立法反思与制度建构》，社会科学文献出版社 2021 年版，第 30－31 页。

得注意的是该示范法剔除了1939年美国《侵权行为法重述》中关于商业秘密必须持续使用于生产的限定，从而扩大了商业秘密的范围。为了加强对窃取商业秘密的惩戒，1996年美国国会通过了美国《反经济间谍法》，该法是美国联邦第一部涉及商业秘密的专门立法，该法规定了经济间谍罪和窃取商业秘密罪两个罪名。2016年美国《保护商业秘密法案》通过，该法根据美国商业秘密保护实践需求，对侵犯商业秘密的行为进行了列举，并对“不正当手段”和“侵占”等司法审判中容易发生争议的概念进行了严格界定。如该法提出，商业秘密持有者的各种过失，盗用者所必须具备的心理动机，潜在第三责任方以不正当方式对直接盗用者的诱因等，① 对于“不正当手段”的界定为法官在个案中提供指引。美国《保护商业秘密法案》还对“商业秘密的披露”情形进行列举，如为了调查涉嫌违法行为或在诉讼文件中的披露。

美国作为一个判例法系国家，法院尤其是联邦法院作出的裁决对于类似案例具有相当大的影响力。例如，美国联邦第五巡回上诉法院所判决的 E. I. Dupontde Nemours & Co. *v.* Christopher 案② 就明确了美国商业秘密保护中的许多裁判原则。在该案中，杜邦公司在得克萨斯州 Beauont 开设了一家工厂生产甲醇，由于该工厂正在建设中，为加盖顶棚，当地的摄影师克里斯托夫兄弟驾驶飞机从空中对杜邦公司的新建厂房进行拍摄。之后，克里斯托夫兄

---

① 参见王润华：《第四知识产权：美国商业秘密保护》，知识产权出版社2021年版，第87页。

② See E. I. Dupontde Nemours & Co. *v.* Christopher，431 F. 2d 1012（5th Cir. 1970），400 U. S. 1024（1971）.

弟将16张照片冲洗后交给了第三人，杜邦公司要求克里斯托夫兄弟披露接受照片的第三人姓名或公司名称，但克里斯托夫兄弟拒绝披露。在该案中，作为原告的杜邦公司认为，生产甲醇的机器设备具有高度机密性，该生产方法的使用会使杜邦公司在市场竞争中处于优势地位，但被告克里斯托夫兄弟的拍摄行为盗取了原告的商业秘密，侵犯了杜邦公司的权利。该案涉及商业秘密的构成、法律保护模式、禁止令的申请条件等诸多问题。按照1996年美国《反经济间谍法》的规定，有关的信息成为商业秘密是因为："第一，其所有人采取了合理措施，使该类信息成为秘密；第二，有关的信息不为公众普遍所知，并且公众不容易通过正当手段获得，因而具有了现实的或者潜在的独立经济价值。"① 杜邦公司投入巨额资金研发的制造甲醇的新方法能够使其具有较强市场竞争力，在开发过程中，杜邦公司还采取了必要保密措施，因而杜邦公司未申请专利的甲醇生产方法符合商业秘密的秘密性、价值性、采取保密措施三个构成要件。

（三）德国商业秘密立法

德国商业秘密立法始于1896年德国《反不正当竞争法》，该法在第9条和第10条规定雇员不得泄露所任职企业的商业秘密，否则须承担刑事责任。现行德国《反不正当竞争法》从第17条到第20条规定了非法披露因雇佣关系知悉的商业秘密罪，非法获取、保存、使用、披露商业秘密罪，非法引诱他人侵犯商业秘密罪。

---

① Economic Espionage Act of 1996, H. R. 3723, 18 U. S. Code, Section 1839 (3).

德国司法界普遍认为，只要一项秘密信息与企业生产具有关联性，具有经济价值，雇主将其控制于秘密状态，就能够成为企业的商业秘密，不必将其限制于交易秘密和生产技术秘密。

（四）日本商业秘密立法

日本于1934年制定了第一部日本《防止不正当竞争法》，但没有对商业秘密的保护作出规定。“一般认为，当时普遍存在的家族经营的管理模式和终生雇佣制，有效地抑制了商业秘密泄露的发生。”[①] 但随着日本经济的迅速崛起，商业秘密在商业竞争中发挥重要的作用，随着人才流动，原有企业商业秘密不断受到侵犯，日本《防止不正当竞争法》在经过1990年、1993年两次修订后最终确立了商业秘密保护制度。

从立法来看，日本采用民事救济为主，刑事制裁为辅的“双轨制”方式保护商业秘密权利人。一方面，日本《防止不正当竞争法》规定，商业秘密是指作为秘密进行管理，尚未众所周知的生产方法、销售方法及其他经营活动中实用的技术或经营上的情报。商业秘密已经涵盖了生产、经营、销售等全过程。该法第3条至第7条还规定了禁止请求权、除去请求权、损害赔偿请求权和恢复信用请求权。另一方面，日本《刑法典》第35章专门对侵犯商业秘密犯罪进行了规定，犯罪对象既可以是个人秘密，也可以是企业的商业秘密，犯罪主体一般为与权利人存在信赖关系或保密协议的主体，另外该类犯罪采用告诉才处理的原则，权利人必须

① 李明德、闫文军：《日本知识产权法》，法律出版社2020年版，第895页。

主动报案，才能追究侵权人的刑事责任。

从日本判例上看，商业秘密的范围十分广泛，包括产品配方、客户名单、电话号码、入学试题、建筑图纸、计算机程序等，只要技术信息、经营信息具有非公知性、有用性、管理性，其就能够获得保护。其中“管理性”类似于“采取了合理的保密措施”。在大阪地方法院于2003年判决的“陶瓷电容器”案中，两被告辞职后成立了被告公司City Japan与原告公司开展禁止业务。原告公司所主张的商业秘密为6000张陶瓷电容器积层机及印刷机的设计图，被告认为通过反向工程、专利以及本领域专业人员的研发就能够获取该商业秘密，后法院查明设计图中仅一个机种就涉及成百上千的零部件的形状、尺寸、选材以及加工信息，其中包含制造精密高性能陶瓷电容器积层机及印刷机的技术信息，其技术信息复杂程度并不是在短时间通过反向工程能够推算出来的。从“管理性”要件看，为了预防公司技术信息泄露，公司内部主机服务器以及相连电脑没有与外部互联网接通，对于电子数据保存使用的DAT磁带只有设计部门总负责人和销售部门总负责人才有权保存，原告在外部管理上做到了“控制他人接触信息”的效果。另外，被告没有证据证明涉案商业秘密已经进入公知领域。最终，大阪地方法院认定原告所主张的信息满足商业秘密非公知性、有用性和管理性三个构成要件，属于商业秘密。

三、国际条约对商业秘密的相关规定

随着国际贸易尤其是技术转让、技术许可、技术合作等技术贸易的日益频繁，为了保护各国企业商业秘密，更是为了维持本国企业在一些行业持久的优势地位，以欧美国家牵头的国际组织不断将商业秘密保护纳入《与贸易有关的知识产权协定》等国际条约之中。

《与贸易有关的知识产权协定》是第一个将商业秘密列入知识产权保护范围的国际性文件，该协定在第1条即规定，未披露过的信息属于知识产权的一个独立类别，并在第39条规定，自然人和法人应有可能防止其合法控制的信息在未经其同意的情况下以违反诚实商业行为的方式向他人披露，或被他人取得或使用，只要此类信息：（1）属秘密，即作为一个整体或就其各部分的精确排列和组合而言，该信息尚不为通常处理所涉信息范围内的人所普遍知道，或不易被他们获得；（2）因属秘密而具有商业价值；（3）由该信息的合法控制人，在此种情况下采取合理的步骤以保持其秘密性质。

该条第3款专门对药品商业信息保护进行约定："各成员如要求，作为批准销售使用新型化学个体制造的药品或农业化学物质产品的条件，需提交通过巨大努力取得的、未披露的试验数据或其他数据，则应保护该数据，以防止不正当的商业使用。此外，各成员应保护这些数据不被披露，除非属为保护公众所必需，或除非采取措施以保证该数据不被用在不正当的商业使用中。"①

《与贸易有关的知识产权协定》在第39条援引了《保护工业

① 《与贸易有关的知识产权协定》，载中国保护知识产权网2023年8月14日，http：//ipr. mofcom. gov. cn/zhuanti/law/conventions/wto/trips. html。

产权巴黎公约》（以下简称《巴黎公约》）（1967 年斯德哥尔摩文本）第 10 条之二的规定，而后者是对各国制止不正当竞争给予有效保护的规定，从《与贸易有关的知识产权协定》的援引内容来看，对于商业秘密保护的正当性源于对违反诚信原则竞争行为的禁止，从而与激励创新的专利制度产生明显差异，这也是我国最早对于商业秘密加以规定的法律是 1993 年的《反不正当竞争法》，而不是《专利法》的原因。不论是技术信息还是经营信息，只要不是轻易能够从公开渠道直接获得的，都需要经营者投入巨大时间、物力、人力，法律应当对该种技术信息、经营信息加以保护。

除了世界贸易组织，世界知识产权组织 1996 年制定的《反不正当竞争示范法》在第 6 条“关于秘密信息的不正当竞争”中并未使用《与贸易有关的知识产权协定》中“未披露信息”概念，而是使用了“秘密信息”这一概念，以强调该种信息的合法持有人应当采取一定措施不为他人所知，该示范法第 6 条对侵犯“秘密信息”的不正当竞争行为进行列举。2021 年 9 月 16 日，中国正式申请加入《全面与进步跨太平洋伙伴关系协定》（CPTPP），“商业秘密”是知识产权部分的重要内容，该协定对于未经授权且故意获取计算机系统中商业秘密行为的刑事处罚进行了约定。

四、商业秘密的国内立法

从国内立法来看，涉及商业秘密的法律法规既包括国家层面的《民法典》《反不正当竞争法》《劳动合同法》《最高人民法院关于审理侵犯商业秘密民事案件适用法律若干问题的规定》，还包括省、自治区、直辖市关于商业秘密（技术秘密）制定的地方性规定。

(一)《民事诉讼法》对于商业秘密的规定

商业秘密作为一个法律概念，最早出现在1991年4月颁行的《民事诉讼法》第66条和第120条，对于涉及商业秘密证据不公开出示、涉及商业秘密的案件不公开审理进行了规定，但对于什么是“商业秘密”没有进行明确。在审判实践的基础上，1992年出台了《最高人民法院关于适用〈中华人民共和国民事诉讼法〉若干问题的意见》(已失效)，该司法解释对商业秘密进行了解释，即“主要是指技术秘密、商业情报及信息等，如生产工艺、配方、贸易联系、购销渠道等当事人不愿公开的工商业秘密”。该定义将技术秘密、商业情报及信息纳入商业秘密范围内，具有进步意义，但并没有明确商业秘密的主要特征。

(二)《反不正当竞争法》对于商业秘密的规定

《反不正当竞争法》早在1993年就对“商业秘密”下了定义，即商业秘密是指不为公众所知悉、能为权利人带来经济利益、具有实用性并经权利人采取保密措施的技术信息和经营信息。《反不正当竞争法》2017年修订时，对商业秘密的概念进行了重新解释，将“能为权利人带来经济利益、具有实用性”修改为“具有商业价值”，突出了商业秘密的商业价值特征。秘密性、价值性和保密措施成为判断是否存在商业秘密的主要标准。在该法第9条，立法者还对侵犯商业秘密的行为进行了列举：其一，以盗窃、利诱、胁迫或者其他不正当手段获取权利人的商业秘密的行为；其二，以不正当手段获取权利人商业秘密的侵权人对外披露、使用或者允许第三人使用该商业秘密的行为；其三，违反约定或权利人保守商业秘密的要求，对外公开披露、使用或者允许他人使用其所接收的商业秘密；其四，第三人明知为违法行为获取的商业秘密，恶意获取、使用或者披露商业秘密。上述四种侵犯商业秘密的行为，不仅包括以不正当手段获取商业秘密的行为，还包括违反约定披露商业秘密的行为；侵犯商业秘密的主体不仅包括合同特定主体，还包括不特定的第三人。2019 年全国人大常委会对《反不正当竞争法》进行了修订：首先，在第 9 条增加了“电子侵入”等新型不正当获取商业秘密手段；其次，将教唆、引诱、帮助他人违反保密义务或要求，获取、披露、使用或者允许他人使用权利人商业秘密的行为定性为侵犯商业秘密的行为，将侵权人的主体范围扩大到教唆者、引诱者和帮助者，不再局限于侵害行为实施者；最后，侵犯商业秘密组织者的行为也被视为侵犯商业秘密。

我国《反不正当竞争法》对商业秘密的规定具有重大意义，将侵害商业秘密的行为视为违反诚实信用的不正当竞争行为，从维护市场经济秩序、保障经营者合法权益的双重角度规制市场竞争行为。按照《反不正当竞争法》的规定，受害人诉请赔偿的责任主体并不局限于实施不正当行为窃取商业秘密的行为人或违反保密约定披露商业秘密的行为人，还包括教唆、帮助他人实施上述不正当行为人和恶意获取、使用商业秘密的“次接收者”，责任主体范围的扩大能够有效制止不诚信的竞争行为，塑造良好的竞争秩序。我国的商业秘密保护立法在相当长的时间内都是建立在我国《反不正当竞争法》的整体框架之内，通过国家对不正当竞争行为的积极干预，即规定了行政责任和民事责任，综合运用公法和私法的救济途径制止不正当竞争行为，保护经营者和消费者合法权益，有效维护市场公平竞争。

（三）《民法典》对于商业秘密的规定

2017年实施的《民法总则》（已失效）在第123条将商业秘密明确列为知识产权的客体，像作品、发明、商标一样，权利人对于商业秘密享有专有权利。《民法典》延续了《民法总则》的规定，商业秘密成为知识产权的法定客体种类。但学界对权利人对于商业秘密所享有的权利是否等同于对于作品、发明、商标享有相同的专有权利提出了质疑，甚至对“专有权”是否为知识产权的本质特征进行了讨论。①

大多数学者认为专有性就是强调权利效力的排他性。王迁老师认为，“专有性又称排他性，是指非经知识产权人许可或法律特别规定，他人不得实施受知识产权专有权利控制的行为”②。在与所有权的“专有性”进行比较过程中，王迁老师指出知识产权的专有性更多地源于法律的强制性规定并依靠法律进行保护，所有权则较多依靠人对物的实际占有而实施。吴汉东老师则认为，“知识产权是一种专有性的民事权利。相对于债权而言，它同所有权一样，具有排他性和绝对性的特点”③。知识产权与所有权都具有

---

① 参见李琛：《论〈民法总则〉知识产权条款中的“专有”》，载《知识产权》2017年第5期。

② 王迁：《知识产权法教程》（第6版），中国人民大学出版社2019年版，第7页。

③ 吴汉东：《知识产权法》，法律出版社2021年版，第21页。

排他性和绝对性，只不过前者针对“知识财产”，后者针对“有体财产”。刘春田老师也认为，“所谓专有，在法律意义上是指专有其利益”[①]。如果按照上述学者的解释，权利人对于商业秘密的权利确实无法排除他人通过科学研究、反向工程等合理方式取得技术信息或经营信息，更无法“独享其利”。相对于专利等智慧成果的“客体不可替代性”而言，权利人对于商业秘密的权利排他性要低很多，只能对采用不正当手段获取或恶意第三人获取行为加以禁止。李琛老师甚至认为，“商业秘密不是专有权的客体，法律只能禁止恶意地获取或泄露商业秘密”[②]。本书认为，对于商业秘密权专有性的设定标准不能等同于著作权、专利权，在《民法典》第123条所列明的知识产权客体中，包括有“商标”而并不是“注册商标”，而其中的“地理标志”作为一种公共资源，所有当地经营者都可以使用“地理标志”标识其商品来源，由此可见，《民法典》对于专有性的理解并不同于传统知识产权理论中类似于所有权的排他性，《民法典》将商业秘密纳入知识产权保护客体的积极意义在于肯认商业秘密具有私人财产的价值和地位。

（四）《劳动合同法》对于商业秘密的规定

为了保护用人单位商业秘密，《劳动合同法》规定用人单位可以与劳动者在劳动合同中约定保守商业秘密的具体内容，为了履行该约定，可以约定在职期间或离职后竞业限制条款，劳动者违

① 刘春田：《知识财产权解析》，载《中国社会科学》2003年第4期。

② 李琛：《论〈民法总则〉知识产权条款中的“专有”》，载《知识产权》2017年第5期。

反该约定的，用人单位可以要求劳动者承担违约责任。

人才的流动尤其是技术研发人员和高层次管理人员的流动，都有可能将原有企业的商业秘密带到另一个企业中，从而造成原企业商业秘密的不正当使用，原有企业的市场竞争优势不复存在，于是企业为了保护商业秘密就会与企业职工签订“竞业禁止”的合同条款，要求离职雇员不得到存在竞争关系的企业中工作或者不再从事与原企业相同职务。但问题是，“竞业禁止”的约定与员工自由就业原则相违背。1960 年在美国 Wexler *v.* Greenburg 案中，宾夕法尼亚州上诉法院指出：“任何形式的竞业限制都会在经济上降低雇员的流动性，限制他们择业和维持生计的自由。”在 1976 年 Reed，Robert Association，Inc. *v.* Strauman 案中，纽约州上诉法院指出，“事实上，服务、才能和创意的自由流动，以及由此而产生的竞争，是我们经营的前提条件。雇员有权利为了自己利益的最大化，使用他此前雇用过程中所获得的技能和知识。不应当有任何限制性的条件去束缚他”①。为了合理平衡劳动者与经营者的利益关系，需要对“商业秘密”的范围进行明确界定，将属于企业的商业秘密与属于员工自身的知识和技能区分开来。如果员工从事的职业岗位并未接触企业的商业秘密或者技术信息、经济信息，根本无法构成《反不正当竞争法》意义上的“商业秘密”，也就不存在采取窃取、欺诈、胁迫等不正当手段获取商业秘密的行

① Reed，Robert Association，Inc. *v.* Strauman，40 N. Y. 2d，386N. Y. S. 2d 677 (Court of Appeals of New York，1976). 转引自李明德：《美国知识产权法》（第 2 版），法律出版社 2014 年版，第 199－200 页。

为，也不存在违反保守商业秘密的违约责任，在这种情况下，企业不能以保护商业秘密为由禁止离职雇员利用自身知识和能力实现自我职业规划。

（五）最高人民法院司法解释对于侵犯商业秘密行为的规定

《最高人民法院关于审理侵犯商业秘密民事案件适用法律若干问题的规定》对商业秘密保护作出了非常重要的规定：（1）对技术信息、经营信息的类型进行了列举，远远拓宽了商业秘密的范围，不仅包括配方、材料、工艺，还包括植物新品种繁殖材料、算法、计算机程序、客户交易习惯和意向；（2）对实践中经常发生的“公众所知悉”的信息、保密措施进行具体的列举，并为人民法院认定被诉侵权信息与商业秘密是否存实质性区别提供了明确的标准；（3）对侵犯商业秘密案件诉讼制度进行了规定，如保全措施、保密措施；（4）对侵犯商业秘密犯罪刑事诉讼程序与侵犯商业秘密民事诉讼程序的制度衔接进行了规定，如刑事证据的审查、依据刑事判决认定实际损失、民事诉讼中止等。

（六）《刑法》对于侵犯商业秘密犯罪的规定

《刑法》第 219 条规定了侵犯商业秘密犯罪的犯罪构成，根据造成的后果不同可以判处 3 年以下有期徒刑、3 年以上 7 年以下有期徒刑，并都可以适用罚金刑。为了充分保护商业秘密权利人的利益，惩戒盗窃、利诱、胁迫等不正当手段获取权利人商业秘密的行为，2020 年全国人大常委会通过的《刑法修正案（十一）》将刑法原条文进行了修改：（1）将侵犯商业秘密罪由过去结果犯变更为情节犯，不再以权利人损害后果作为入刑依据，而以情节严重程度作为判断依据；（2）为了增强惩戒力度对第一档刑罚取消了拘役，对第二档情节特别严重情形的最高刑期由过去的7年提升到10年；（3）增加了犯罪行为的种类，贿赂、欺诈、电子侵入等获取商业秘密手段都被视为侵犯商业秘密的行为。

除了上述法律之外，还有《科学技术进步法》《公司法》等众多法律法规都对商业秘密保护、使用进行了规定，这些法律法规最终形成了庞大的商业秘密保护制度体系。

五、商业秘密的典型案例

（一）“香兰素”技术秘密案

2021年最高人民法院知识产权法庭宣判了嘉兴中华化工公司等与王龙集团公司等侵害技术秘密纠纷上诉案，被诉侵权人王龙集团公司等盗用香料“香兰素”技术秘密，被判赔偿技术秘密权利人1.59亿元，是人民法院历史上判决赔偿额最高的侵害商业秘密案件。2010年，嘉兴中华化工公司前员工、被告傅某根从被告王龙集团公司获得报酬后，将“香兰素”技术秘密披露给王龙集团公司监事、宁波王龙科技股份有限公司（以下简称王龙科技公司）董事长、该案被告之一王某军，并进入被告王龙科技公司的香兰素车间工作。2011年6月起，王龙科技公司开始生产香兰素，短时间内即成为全球第三大香兰素制造商。2017年，被告喜孚狮王龙香料（宁波）有限公司（以下简称喜孚狮王龙公司）成立，持续使用王龙科技公司作为股权出资的香兰素生产设备生产香兰素。王龙集团公司、王龙科技公司非法获取“香兰素”技术秘密后，从2011年6月开始生产香兰素，其实际年生产香兰素至少在2000吨，占据全球10%的市场份额。同时，上述被告侵害涉案技术秘密生产的香兰素产品销售地域遍及美洲、欧洲、亚洲等全球主要市场，并对标嘉兴中华化工公司争夺客户和市场。由于王龙集团公司、王龙科技公司等系非法获取涉案技术秘密，没有实质性的研发成本投入，能以较低价格销售香兰素产品，对嘉兴中华化工公司的原有国际和国内市场形成了较大冲击，导致嘉兴中华化工公司的全球香兰素市场份额从60%滑落到50%。对于该案存在以下问题值得研究。

首先，商业秘密的秘密点内容应当是具体和明确的。在该案中，权利人主张的技术秘密包括6个秘密点：（1）缩合塔的相关图纸；（2）氧化装置的相关图纸；（3）粗品香兰素分离工艺及设备，一审庭审中权利人明确放弃该秘密点中关于工艺部分的权利主张；（4）蒸馏装置的相关图纸；（5）愈创木酚回收工艺及相应设备，一审庭审中权利人明确放弃该秘密点中关于工艺部分的权利主张；（6）香兰素合成车间工艺流程图，包括工艺管道及仪表流程图。权利人还通过载体来呈现技术秘密的具体内容，该案技术秘密的载体包括，涉及58个非标设备的设备图287张（包括主图及部件图）、工艺管道及仪表流程图（第3版）25张（以下统称涉案技术秘密）。①

其次，商业秘密的秘密点范围必须加以严格界定。秘密点的确定事关权利人保护权利的范围，也关乎法院审理案件的方向，

① 参见最高人民法院民事判决书，（2020）最高法知民终1667号。

需要根据不同类型案件进行科学界定。一方面，如果秘密点的范围过于宽泛，则可能包含公知信息，在其秘密性认定中受到挑战；另一方面，如果秘密点的范围过于狭窄，则可能与被诉侵权的技术信息存在差异，在同一性认定中受到怀疑。因此，秘密点的范围确定对于权利人而言非常重要，将直接影响案件走向。

最后，对于侵犯商业秘密赔偿数额的确定，可以依据权利人营业利润计算赔偿数额、权利人销售利润计算、权利人价格侵蚀计算赔偿额，但也要考虑被诉侵权人非法获取涉案技术秘密的手段恶劣性、非法获取技术秘密的数量、侵害持续时间、涉案技术秘密的商业价值、对全球市场形成的恶劣影响、是否存在举证妨碍或不诚信诉讼等情节。

（二）ZCC100－2D380 模块电源的电路板技术秘密案

在北京零极公司与周某等侵害技术秘密纠纷案中，北京零极公司主张在提供的 ZCC100－2D380 技术指标书等图纸资料中有 13 个秘密点，包括电路布局、元件的选择、参数、位置及连接方式、特定元件的材料构成及工艺要求等信息。在该案中，需要注意以下两点。

第一，对技术图纸的保密措施与对市场流通产品的保密措施不具有关联性。北京零极公司根据其图纸制造的产品在争议发生前均已进入市场流通，因此作为涉案技术秘密的载体为相应进入市场流通的电源模块产品，而一旦产品进入市场流通，在物理上就脱离了权利人的控制，对图纸、配方文档内部资料载体的保密措施并不是对产品的保密措施。

第二，对于“不为公众所知悉”的理解。《反不正当竞争法》第9条所规定的“不为公众所知悉”的判断主体是所属领域的相关人员，判决的标准既不能是“普遍知悉”，也不能是“容易获得”。[①] 市场流通产品属于技术秘密的物质载体，权利人要采取的保密措施应当能够对抗不特定第三人通过反向工程所获取的技术秘密，如果采用普通拆除方法、使用通常工具就能通过反向工程获知权利人技术秘密，则权利人并没有采取保密措施。

第二节　藏药的商业秘密概况

一、藏药拥有悠久的历史和深厚的理论基础

根据史料记载，公元前1世纪至公元5世纪藏族就有了“有毒必有药”的理论，掌握了放血、火灸、涂抹疗法，以及用酥油溶液来止血，用青稞糟来治疗外伤等疗法。公元7世纪左右，弥·桑布扎发明了藏文，吐蕃加强与周边各民族交流、融合，尤其是迎娶了唐王朝的文成公主、金城公主，加强了吐蕃与唐王朝医药学文化交流，推动吐蕃医药学得到迅速发展，整理和编著了《医学大全》《无畏的武器》《月王药诊》等经典书籍，其中《月王药诊》作为现存最早的医药学著作，阐述了藏医药“三因学说”、病理、诊断治疗、药物性味理论，被视为藏药理论的奠基之作。公

① 参见最高人民法院民事判决书，(2021) 最高法知民终1302号。

元8世纪，著名藏医药学家宇妥·云丹贡布编撰的《四部医典》问世，公元14—15世纪又出现了《八支要义·如意宝》《水银提炼法要义》《千万舍利》《药味论》等。公元18世纪，著名藏医药学家帝玛尔·丹增彭措撰写藏药本草学巨著《晶珠本草》，在相当长的时间内被作为五省区藏药标准而广泛使用。1916年，拉萨成立集培养藏医药人才、门诊、天文历算于一体的综合性藏医院校，即“门孜康”，由藏医药、历算大师钦绕诺布担任院长，广招西藏、青海、四川等地区学员，创立了藏医理论的树形形象教学法，撰写了《药物配方甘露宝瓶》等10余本著作。

西藏和平解放之后，党和国家高度重视藏药发展，将“门孜康”和“药王山医学利众院”合并，建立拉萨市藏医院，后于1980年更名为西藏自治区藏医院，并拨专款给予扶持。① 1993年经国家教委批准西藏大学藏医学院独立设置为药王山藏医学院，2001年更名为西藏藏医学院，2018年12月更名为西藏藏医药大学，成为一所集学研医产于一体的民族传统医药高等院校，共培养藏医药专业人才7000多人。② 2018年5月，《四部医典》通过世界记忆工程亚太地区委员会评审进入《世界记忆亚太地区名录》，标志着藏医药已经走上国际舞台，得到世界广泛认可。2018年11月28日，在联合国教科文组织非物质文化遗产政府间委员会第十三届常会通过审议，批准“藏医药浴法——中国藏族有关生命健

① 参见力毛措：《西藏藏医药事业发展现状》，载《中国藏学》2012年第4期。

② 参见《西藏藏医药大学简介》，载西藏藏医药大学网2023年8月14日，http：//www. ttmc. edu. cn/info/1011/1001. htm。

康和疾病防治的知识和实践”列入联合国教科文组织人类非物质文化遗产代表作名录。截至2021年，西藏全区公立藏医医疗机构达到44所，其中，自治区级1所，市（地）级6所，县级36所，高校附属藏医医院1所，社区卫生服务中心藏医药服务覆盖率达到100%，乡镇卫生院和村卫生室藏医药服务覆盖率分别达到94.4%和42.4%。①

二、西藏藏药生产企业和藏医院制剂室发展情况

调研发现，西藏自治区现有藏药生产企业23家，所有藏药生产企业都通过了药品生产质量管理规范（Good Manufacturing Practice，GMP）检查，其中有11家企业通过了丸剂生产线GMP认证/检查，10家企业通过了中药饮片GMP认证/检查，8家企业通过了散剂生产线GMP认证/检查。② 西藏诺迪康药业股份公司2021年年报显示，西藏诺迪康药业股份有限公司生产的药品包括诺迪康胶囊、十味蒂达胶囊等现代藏药，2021年西藏诺迪康药业股份公司建立了药材种植基地开展藏药材人工种植技术研究，除了进一步优化红景天育苗技术，还增加了波棱瓜子。西藏奇正藏药股份有限公司2021年年报显示，该公司目前生产的主要药品包括以消痛贴膏、青鹏软膏、白脉软膏、铁棒锤止痛膏为主的外用系列产品，以及红花如意丸、十味龙胆花胶囊、十味龙胆花

① 参见《截至目前西藏公立藏医医疗机构44所》，载西藏自治区人民政府网，http://www.xizang.gov.cn/xwzx_406/shfz/202101/t20210122_189147.html。

② 参见臧克承、谢金平、邵荣：《西藏自治区藏药产业发展现状与对策建议》，载《西藏大学学报（社会科学版）》2021年第2期。

颗粒、六味能消胶囊、小儿柴芩清解颗粒等口服藏药、中药产品。但总体上看，藏成药重复生产现象较为严重（见图 6 至图 13），157 种藏成药中独家生产的仅有 32 个，在非独家产品中共有 78 个品种存在重复生产现象，仅二十五味松石丸就有 7 家企业生产。①

图 6　甘露藏药公司生产的仁青常觉

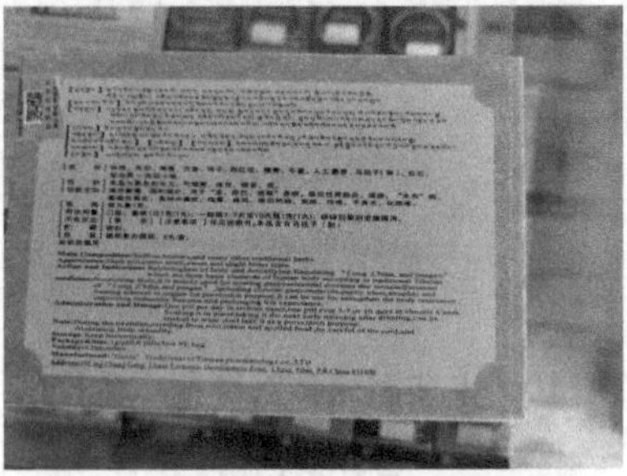

图 7　仁青常觉的主要成分

图 8　甘露藏药公司生产的七十味珍珠丸

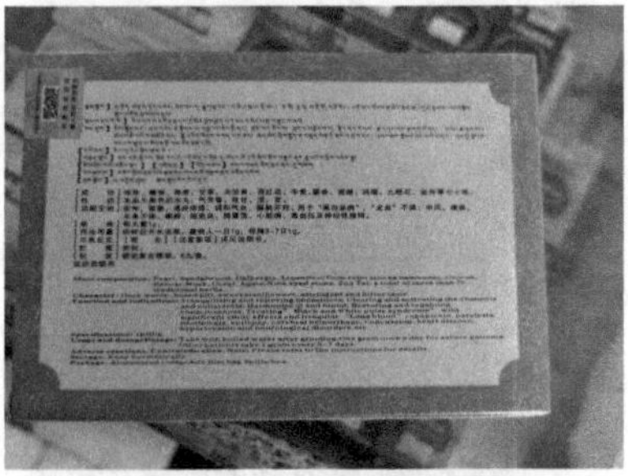

图 9　七十味珍珠丸的主要成分

① 参见臧克承、谢金平、邵荣：《西藏自治区藏药产业发展现状与对策建议》，载《西藏大学学报（社会科学版）》2021 年第 2 期。

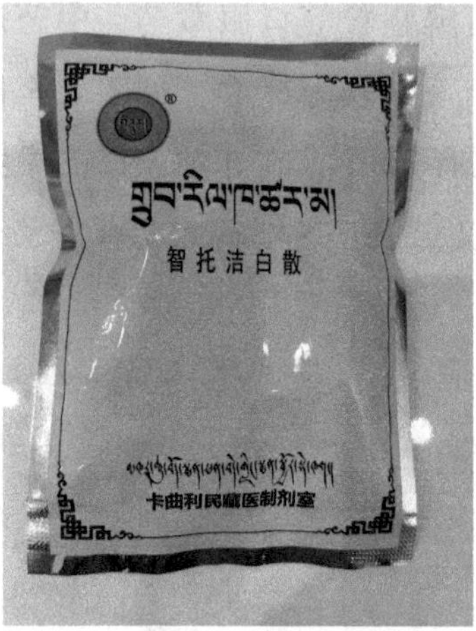

图 10　卡曲利民藏医制剂室生产的智托洁白散

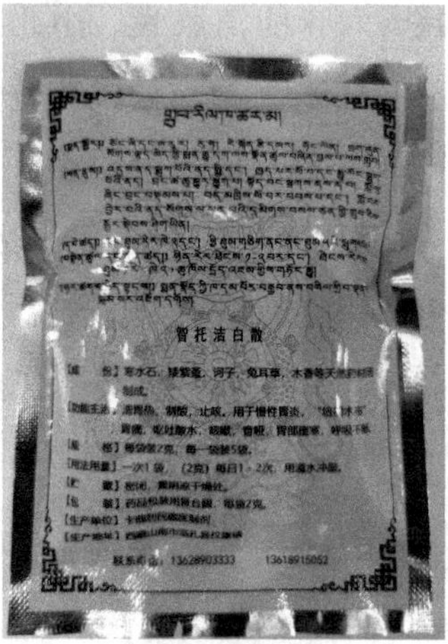

图 11　智托洁白散的成分

图 12　卡曲利民藏医制剂室生产的溃疡健胃散

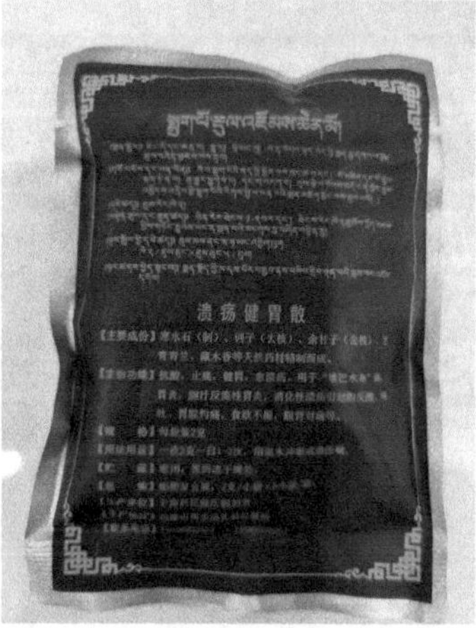

图 13　溃疡健胃散的成分

由于历史原因，藏医药在藏医院的传承和创新过程中发挥了重要作用，像西藏自治区藏医院、西藏山南地区藏医院、青海黄南州藏医院、北京藏医医院都有自己的制剂室，用于生产藏药试剂，仅西藏山南地区藏医院1985年就生产藏药制剂2500多斤，涉及60多种常用药和7种珍贵藏成药。[①] 为了传承传统藏医药，一些藏医院利用自己人才优势，开展院内老专家对年轻技术骨干进行专业培养的活动，手把手讲解藏医理论知识和实践经验技术。但从藏医院制剂的批准的情况来看，存在临床使用的制剂没有批准文号的问题。如西藏某藏医院使用的验方、卡擦类（专科制剂）就有22种没有批准文号，[②] 虽然在藏药制剂基础方之上医生可以根据病人的病情，增加药物，但没有批准文号意味着无法规范药材质量、制药工艺，无法保障用药安全（见图14至图19）。

图14 藏药植物药材

图15 藏药动物药材

① 参见力毛措：《西藏藏医药事业发展现状》，载《中国藏学》2012年第4期。
② 参见次尼、索朗：《藏药医院制剂的开发与展望》，载《西藏科技》2016年第1期。

图 16　传统藏药制作工具

图 17　藏药矿物质

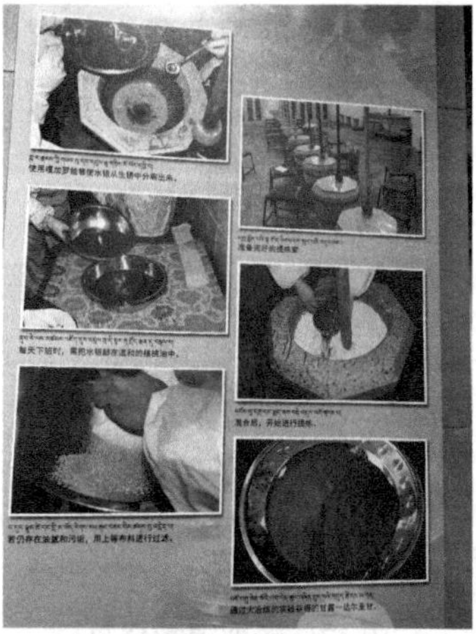

图 18　藏药传统制作工艺

图 19　米玛教授的讲座

三、藏药技术秘密的特点

首先，藏药技术秘密的载体具有多样化的特征。藏医药发展历史久远，名方、验方、采药、制药等方面存在大量的技术秘密，有的以文字的方式记载，有的没有文字记载只能依靠人们口口相传。技术秘密始终处于秘密状态，不为公众所知，但该项技术信息既然客观存在就必然能够通过某些物质载体将秘密点记载下来。无论是技术方案、程序、工艺、产品、图纸，技术信息往往是通过某种有形载体维持其客观存在，并且一旦发生诉讼争议，这些有形载体将成为确定技术秘密权利范围重要的证据。只存在于技术持有者大脑中的技术信息不一定就不能成为技术秘密，但问题是如果都没有通过有形形式展现出来，该技术信息的价值性如何能够体现出来？在医药领域，对于传统技术秘密（如药品方剂配比）采用了个性化字体、家庭传承、师徒传承、特殊语言等方式，大大提升了他人获取技术秘密的难度，但随着社会经济和教育的迅速发展，尤其是医药科技水平的提高，藏药技术信息对于特定主体人身的依附性大大降低。

其次，藏药技术秘密的方式方法具有强烈的地域特色。一方面，青藏高原作为世界第三极，具有独特自然资源，各种药材在不同海拔、不同阳光朝向具有不同的外部特征，如何避免药材种类混淆成为制药工艺的首要问题；另一方面，高海拔地区人体形状特征与低海拔地区的人体形状特征具有一定的差异性，如血液中血红细胞的数量就有很大差异性，因而对于疾病的诊疗方法也具有地方特色，成为地方技术知识的一部分，无法从书本上获得，只能通过在该地区长期诊疗活动的经验积累才能形成。藏药技术秘密从本质上看是一种技术信息，而技术通常来说就是“人类在认识自然和利用自然的过程中积累起来并在生产劳动中体现出来的经验和知识”[①]，技术并没有严格的门槛，人工智能、生物DNA提取是技术，药材翻炒的诀窍、药酒制备工艺也是技术，判断某一信息是否为科技信息的关键在于该信息是否包含普遍性与必然性的描述。巫术也包含着现实性的东西，例如对人生老病死的判断，但巫术并不包含对自然科学中普遍性与必然性的叙述，因而即便出现“应验”的例子，也不能视为一种技术信息。随着科学技术的普及和现代化诊疗仪器的大量使用，拉萨、日喀则、昌都

① 中国社会科学院语言研究所词典编辑室编：《现代汉语词典》（第7版），商务印书馆2019年版，第617页。

等大多数藏医院医生在诊疗阶段都借助现代化的诊疗仪器和血液常规检查，但在偏远的牧区和一些乡镇医院，传统的诊疗方法、药物采摘方法、炮制方法依然具有很强的实践价值，知名的老医生所掌握的技术诀窍、诊疗方法成为年轻医生学习的重点。

再次，藏药技术秘密的保护与运用具有较强的人身依赖性。某种技术秘密的产生与传承，往往与特定主体具有密切的联系。有学者认为，某种技能如同智慧、天赋一般，绑定于特定主体，与运用技能的劳动不同，在一定程度上无法完全脱离作为发明人或传承者的主观因素，并不需要知识产权制度加以维护，而遵循自身的发展规律。西藏自民主改革以来，医药人才的培养走上了规范化、现代化的道路，通过区内外多所高校的培养，许多医药工作者具有了本科、研究生学历，但熟悉藏医药的人才依然无法满足西藏各族人民治疗疾病的需要，师徒传承、父子传承的秘方、偏方因其疗效显著，依然拥有很大的市场。在藏医药中，藏药配方、药材炮制工艺与特定人身的依附不强，而疾病的诊断方法往往是行医者藏药知识和临床经验长期积累的结果，具有很强的人身依赖性。

最后，藏药的秘密性不仅与藏药产业的发展有关，还与传统的藏医药传统理论的特点有关。一方面，大多数野生藏药材生长于人迹罕至的雪域高原，遵从道地药材理论的藏医药专家非常重视药材选取的自然地理环境，加上西藏、青海、四川、云南、甘肃等地同种药材基原、成分存在差别，随着西藏地理环境的变化，如雪线的不断上升，一些药材生长的海拔高度也发生了变化，而尚未掌握辨识药材技术秘密的采药人往往很难取得藏药药材。另一方面，藏药传统理论特别重视传统制药方法，虽然近年来藏药企业、藏医院大大提升制药的机械化水平，但人工程序包括人工检验、人工配料、人工仪式都是藏药制作工艺无法缺失的部分，藏药专家所掌握的技术知识往往只在有限范围内传播。

四、商业秘密财产权的属性分析

剑桥大学葛尼西教授说，“所有类型的知识产权所具有的一个共同特征是这种权利的否定本质：即它们阻止他人为某种行为——换句话说是一种阻止海盗者、伪造者、假冒者，在某些情况下甚至阻止独立获得同一构思的第三人未经权利人许可而进行营利”①。藏药技术秘密从其产生的一刻起就被采取各种保密措施，使其在运用、传承过程中不为社会公众所知，排除他人对技术信息的非法获取，并独享技术秘密所带来的经济收益。

“契约义务说”或“信任关系说”作为英国近现代以来商业秘密得到司法保护理论基础，对于解释商业秘密保护的相对性具有较强说服力，但却无法解释不存在合同关系或信任关系的竞争者通过反向工程等合理方式获取技术秘密为什么具有合法性。存在于美国等国家的“财产权说”虽然很好解释了商业秘密保护的排他性、绝对性，但对于权利人要求对技术信息采取保密措施——首先借助私人力量维护信息作出合理解释，放任竞争者他人的保

① W. R. Ccornish, *Intellectual Property*: *Patents*, *Copyright*, *Trade Marks and Allied Rights*, Sweet & Maxwell, 1996, p. 5－6.

密措施，法律却置之不理。与专利技术相比，商业秘密保护“相对性”到底是因为其技术信息无法公开，还是出于鼓励技术信息公开而对其作出弱保护立法设计，这是值得反思的。有学者在考察美国、德国、法国等国家立法之后，发现在各种立法文件中并没有出现所谓“商业秘密权”的概念，甚至没有在商业秘密定义中使用任何与“权利”有关的措辞，[①] 不得不让人重新考虑商业秘密保护的特殊性，但仅仅局限于保护对象到底是一种权利还是一种法益仍是片面的。

通常来说，商业秘密并不一定因为合同的签订而被竞争者所获知，而是在合同履行过程中，由于技术人员违反保密义务或忠实义务而被竞争者获知。技术许可合同、技术开发合同、劳动合同制度都是使商业秘密获得保护的依据。由于技术信息不为公众所知，处于秘密状态，因而可以对侵害商业秘密行为人追究违约责任。但出现合同之外的第三人侵害商业秘密的行为，基于合同的相对性，技术秘密持有人无法主张第三人承担违约责任。虽然“信任关系说”扩大了主体范围，将基于信任而发生联系的非合同当事人纳入责任主体范围，但由于“信任关系”的法律关系的模糊性造成了责任主体范围的宽泛性，相对于其他知识产权的绝对性、排他性，“信任关系说”仍显单薄。但由于商业秘密的具体技术秘密被采取了保密措施，不能为公众所知，因而其权利边界一时也难以确定。专利技术同样包含大量技术信息，通过公示有效

① 参见孙山：《无根的“商业秘密权”——从制定法看“商业秘密权”的虚妄》，载《河北法学》2011 年第 3 期。

划定权利范围。“公示的作用在于形成权利外观，使他人根据此外观产生合理信赖而进行相应行为。”①

在合作开发过程中，多个主体知悉技术秘密，会不会导致技术秘密无法存在呢？对于该问题有学者认为，“商业秘密无法实现特定，不能基于管理而在内容上加以区别。不能区别，则对于各个保有商业秘密的人来说该商业秘密就不可能成为同一物，只是无法特定的同一类物，不可能成为财产权的对象”②。本书认为该观点值得商榷，商业秘密的共有状态经常发生，持有主体人数的增加并不能导致商业秘密消失，关键在于数个主体是否采取了商业秘密保护措施，如果采取了保密措施，该技术秘密也将长期存在。即便竞争者通过合法途径获取商业秘密或者通过反向工程获取该技术秘密也不必然导致商业秘密丧失，关键在于获取商业秘密的主体会选择哪种保护方式，若竞争者也选择商业秘密保护方式，两个主体商业秘密的权利行使实际上互不干扰。

技术秘密财产权从表面上看是持有人对信息使用、收益、处分的权利，但实质上是基于该技术秘密所引起的人与人之间的关系。正如A. 爱伦·斯密德所言：“权利是种手段，社会因此控制和协调人类的相互依赖性，解决人们的利益分配问题。”③ 对于技术信息的控制本身并不可能获得私人财产权，采取保密措施避免

---

① 孙山：《反思中前进：商业秘密保护理论基础的剖解与展望》，载《知识产权》2011年第8期。

② 孙山：《反思中前进：商业秘密保护理论基础的剖解与展望》，载《知识产权》2011年第8期。

③ ［美］A. 爱伦·斯密德：《财产、权力与公共选择》，黄祖辉等译，上海三联书店、上海人民出版社1999年版，第34页。

为外人所知是一个事实行为，并不是某种排他性的财产权，只有获得法律的承认，才会存在某种合法的排他性权利。虽然一些竞争者以商业秘密阻碍技术革新、阻碍技术和信息的传播与使用，对商业秘密财产权正当性提出怀疑。但实际上，既然知识产权本质上是一种“私权”，创造者对其智力创造性成果当然享有决定是否对外公开、选择哪种保护方式的自由，他人无权干涉。商业秘密财产权并不禁止通过独立创造、反向工程等方式获取他人商业秘密，从而有利于同行业竞争者通过反向工程方式获取技术信息，因而商业秘密财产权的存在同样具有激励创新和竞争的积极意义。

本书认为商业秘密财产权的建立实际上充分反映了共有知识与独创性知识之间的复杂性，尤其是当该技术信息与商业信息具有商业价值，能够给控制者带来不菲的经济回报且通过私人之力就能够实现有效控制的时候。相比公共领域巨大的知识而言，独创性知识所占比例微乎其微，通过“以公开换取垄断性权利”的专利制度，可以激励创作者不断将新的技术创新注入公共领域。但问题是获得专利授权需要符合专利审查机关的授权标准，并且排他性的权利也具有期限限制，需要不断推陈出新才可能维持经营者在该领域优势竞争地位，以专利为代表的知识产权制度与规模化、产业化的市场经济存在密切的联系。但对于一些消费群体不大、原材料稀少的领域，如西藏的藏药领域，由于生态环境保护，药材不断减少，地广人稀、支付能力有限，不可能支撑类似于化学药物、生物制药的产业化发展，但该领域的技术信息对于少数特殊人群的生命健康具有重大意义，对于传承藏药非物质文化遗产具有重大意义，在这种情况下技术秘密很大程度上成为地区记忆、民族记忆的符号，允许其以非公开方式继续存在，不仅符合技术信息控制者的利益，也符合该地区、该民族人民的共同利益。

对于商业秘密而言，它的进步意义就在于在经济全球化、知识产权化的过程中保护知识的多样化样态，虽然无法阻挡但却大大延缓了一体化进程，使技术秘密持有者能够有时间提升自我竞争力。商业秘密所维持的技术信息的共有状态更加接近知识共有的最理想状态，即知识的大门向任何人开放，技术信息并不属于任何人，如同大海一样，所有人都可以只有使用收益，但你的使用不能损害他人的正常使用。

五、西藏藏药商业秘密概况分析

通过调研我们发现，西藏的藏药厂、藏医院、知名藏医药名家手中掌握了许多藏药商业秘密，包括藏药材辨识方法、藏药炮制方法与技艺、藏药配伍技艺等。从采取的保密措施来看，调研的3家藏药企业对于进入制药车间的人员都进行严格限制，禁止对生产设备、生产工艺进行拍照或录像，参与藏药材初加工、深加工的技术人员首次入职都与制药企业签订了《保密协议》并约定了最低服务年限。在2家藏医院制剂室调研的过程中，我们发现在对制剂室工作人员的管理规定中，对于保密义务作出了明确规定，但对于保密的具体对象、信息泄露责任承担、采取具体的保密措施都没有作出具体规定，超过一半技术人员并没有与医院签订保密协议，并且一些保密协议缺乏实质性约束条款，如对技术人员在最低服务年限内辞职违约金的计算标准就没有约定。

通过调研，我们还发现西藏藏药商业秘密保护呈现出保护意识淡薄、存在形式多样、运用形式多样的特点。通过在中国裁判文书网检索发现，截至2022年年底，全国侵害商业秘密案件数量出现大幅上涨的趋势，基层人民法院受理量达到1001件，中级人民法院达到1185件，高级人民法院达到236件，最高人民法院达到147件，上海市受理侵犯商业秘密案件达到349件，江苏省达到318件，青海省也受理了4件，而在西藏1件侵犯商业秘密的民事案件和刑事案件都没有。这一方面说明商业秘密保护措施得当，保密义务人履行了保密义务；另一方面说明，权利人维权意识不强烈，发现侵犯商业秘密行为并未主张对方承担侵权责任。

首先，在对藏药企业调研过程中，我们发现虽然一些企业建立了商业秘密保护制度，对于重点技术人员聘任往往只签订保密协议，但由于技术秘密本身就处于秘密状态，发现技术秘密受到侵害、维权收集证据的成本较高，一些权利人害怕维权行为导致自己的商业秘密对外泄露，因而不愿积极行使自己的权利，如青海省某藏医院和西藏自治区某藏医院都掌握着从水银中洗练“佐太”的技术秘密，两个地区藏医院共同使用传统技术秘密，2017年青海省某藏医院申请了“一种藏药佐太及其炮制方法技术”的专利，将传统的藏医药中的关键一味药物“佐太”的炮制方法对外予以公开，使西藏许多藏医院的技术秘密权受到侵害，但却没有一家藏医院提起诉讼或寻求阻止青海藏医院申请专利，而是继续使用自己的技术生产“佐太”，但问题是在获得专利权后青海某藏医院是否会反过来起诉藏药厂或藏医院，认为藏药厂或藏医院侵犯其专利权呢？像“七十味珍珠丸”等大量传统藏药都使用“佐太”的情况下，这种法律风险不得不考虑。

其次，藏药商业秘密保护与运用对于权利来源合法性考虑并不周全。一些藏药企业、政府医药部门向民间藏药专家购买藏药成方、验方，但对于该藏药成方、验方的技术来源不进行权利考证，一旦被诉侵权，将面临较大诉讼风险。

再次，藏药商业秘密保护和运用并没有受到相关医药行政管理部门、知识产权管理部门的重视。藏医药从产生以来，以“救死扶伤、治病救人”为宗旨，在对藏医药公益目的的大量宣传和弘扬本地区、本民族传统医药文化遗产的双重推动之下，作为侵犯他人商业秘密的行为人又具有了藏医药传播者、传承人的身份特点，商业秘密权作为私人财产权的法律属性并没有得到社会各界的认同。

最后，藏药企业、藏医院对于药品的配方、使用禁忌、药材来源没有作出规范说明，将本应当告知消费者信息予以保密。在赵某礼诉西藏金珠雅砻藏药有限责任公司案中，赵某礼在购买西藏金珠雅砻藏药有限责任生产的国药十五味乳鹏胶囊治疗时，由于药品说明书没有提示有轻微肾病人员禁止该药，导致患者用药后产生尿毒症症状。对于藏医院院内制剂，由于采用报备制而不采取严格的药品审批制度，藏医药对于医院制剂的成分、适用病证和使用禁忌也缺乏充分说明，对于患者知情权保护不充分。

六、商业秘密之“盾”是否能够守住专利之“矛”

（一）藏药商业秘密的价值性与保密措施

藏药商业秘密的现代保护方式是需要投入大量成本的，而传统的商业秘密保护方式往往需要借助一定的血缘、婚姻基础法律关系或者是通过师徒之间长期共同生活形成的“共同利益”关系。在现代，社会人员的流动、企业的相互竞争关系对于传统较为稳固的社会关系产生较大冲击，但真正的威胁来自藏医药现代化过程中传统理论与现代科技的冲突与矛盾，即对于藏药技术秘密是不是具有价值性，藏药技术是不是应当采取保密措施的冲突与矛盾。首先，藏药具有悠久的历史和良好的临床效果，但在药效、安全性评价、生产工艺、质量标准、制剂技术、临床研究等方面的发展较为滞后，开发出来高效、速效、体积小、便于携带、服用方便的高价值药品较少，传统药品较少，对于新型疾病或者传染性疾病的创新药较少，在产业化过程中对于现代工程技术研究和应用不够，在GLP、GCP、GMP、GSP①专业标准规范实施方面与国际先进水平存在较大差距。在与西药相互对比过程中，藏药明显处于劣势，这就导致一些医药科技人员尤其是从事西医、西药工作的科技人员对藏药传统理论、制作工艺的科学性产生怀疑，继而对藏药技术秘密的价值产生怀疑。其次，一些从事藏药生产、研发的科技人员认为，藏药作为藏族共同的智慧成果，任何藏族

① GLP（Good Laboratory Practice of Drug）、GCP（Good Clinical Practice）、GMP（Good Manufacture Practice）、GSP（Good Supplying Practice）.

人民都有分享的权利，设置保密措施限制其使用，并不合理。一方面，藏医药作为藏族文化中的“大五明”之一，出现了《四部医典》《晶珠本草》等大量经典医药学著作，被翻译成多国文字，成为世界人民的共同财富，对藏药采取保密措施有违藏药传统知识的共享性；另一方面，事实上多家藏药企业、藏医院共同生产藏药有利于藏药非物质文化遗产的保持和振兴，采取保密措施不利于传统技艺的传承。

藏药产业的现代化并不等于藏药产业的西药化，但藏药产业的发展不能再采取故步自封的方式发展，应当借鉴化学药、生物制药的先进工艺、设备和技术，藏药专业技术人员应当熟悉化学药理基本知识和实验方法，能够通过藏医药、西医药结合的方式治疗疾病。合理借鉴其他国家、其他民族优秀医药知识不仅有利于增强我国藏医药科技水平，也有利于将藏医药先进科技对外传播，打造世界知名的民族医药品牌。药品的首要功能是治疗疾病，并不是文化载体，如果丧失有效治疗疾病的基本功能，藏药的文化价值也将不复存在。就藏药而言，其治疗疾病的基础建立在现代科学之上，并不是来自某种信仰的力量或者某种超自然的力量，即便是制药过程中的仪式也都是为了体现制药工作的严谨性，技术性依然是药品的本质属性，脱离了技术性讨论藏药商业秘密保护的秘密性、保密措施是缺乏基础的。藏药在长期发展过程中已历经形成了自己的基本理论体系和成熟的基本工艺，藏药的疗效和安全性已历经千百年的临床疗效，其科学性毋庸置疑。对于医药科学的研究拥有多种路径，并不是仅有化学药一种，不能因化学药市场占比高、药效快而忽视自然药物副作用小、药效持久的优势，更不能对藏药产业各种形式的商业秘密价值性予以否认。

（二）医药专利对于科技创新的保护达到前所未有的高度

百余年来，专利制度作为一个舶来品在中国生根发芽、不断成长，专利制度对于医药专利的保护达到前所未有的高度。自1623年英国《垄断法》——第一部具有近代意义的专利法产生以来，专利制度已经有400年的历史，而从1898年清政府颁布《振兴工艺给奖章程》起算，专利制度在我国也只有120余年历史。短短120余年我国已经成为世界专利大国，仅仅华为一家企业在美国专利申请量超过2770件。[①] 与其他工业领域不同，专利对于医药领域发明创造保护水平高，第三人规避专利的难度大。大多数化学药品成分是固定的，不能随意更改，这既是由于该领域的技术特征，也是因为药品监管的需要，因而要想通过改变部分化学物质结构或成分实现规避就需要承担如同发明一种新药的成本，并还要按照新药的标准向药品管理部门报备实验数据与临床数据，而如果是一个机械结构功能专利（将一个铝合金支撑杆换成两根铸铁支撑杆），则并不需要如此麻烦。对于化学药品、生物药品而言，存在基本药材、中间半成品、组合物、制剂、成品晶体等一系列中间物及其衍生物，如果将其申请了化学结构专利及衍生品专利并进行适当专利布局，即构成了竞争企业难以逾越的鸿沟。

---

① 参见《IBM连续29年位列美国年度专利授权榜首，华为首次冲进前五》，载知产前沿2022年9月4日，http://www.ipforefront.com/article_show.asp?id=1586。

在创新药品发现新的治疗功能之后，专利权人会不断增加新用途专利变相延长保护期。在自然药物制备过程的提取工艺、去除有害物质工艺中，申请人还会申请检验检测方法专利、制备方法专利，通过行业质量标准将其质量标准确立为行业标准，将其专利技术纳入标准必要专利之中，从而通过专利影响全行业的制造生产质量水平。2020年，我国《专利法》在进行第四次修订时确立了药品专利补偿期制度，创新药批准上市后最长专利权期限可达14年。2018年，国家药监局向社会公布了《药品试验数据保护实施办法（暂行）（征求意见稿）》，标志着我国与许多国家一样开始对创新药实验数据进行保护，在促进药品创新的同时，提高了药品生产制造的门槛。

（三）化学药抢占市场使藏药商业秘密价值贬损

在医药领域，阿斯利康、辉瑞、诺华等跨国公司也是通过专利制度获取高额利润回报，不断增强自身科技竞争优势。按照《2019年中国药品蓝皮书》的统计，2019年中药工业（中成药+中药饮片）总产值为6520亿元，但利润率仅为8.4%，同期的化学药产业总产值已达到12,380亿元，利润率达到12.75%。[①] 同样是2019年，仅阿斯利康一家在华销售额就达到340亿元，据IQVIA数据统计，2019年在超过100张病床医院销售前20个品种中，外国跨国公司就占了3/5（12个），除销售额最大的扬子江加罗宁（63.09亿元）外，后面5个品种全部来自外企：普米克令舒

① 参见中国药品蓝皮书编委会编写：《2019年中国药品蓝皮书》，中国医药科技出版社2020年版，第345页。

(阿斯利康) 56.2 亿元、立普妥 (辉瑞) 54.5 亿元、舒普深 (辉瑞) 50.5 亿元、波立维 (赛诺菲) 45.8 亿元和赫赛汀 (基因泰克) 45.7 亿元。[①] 上述 5 个品种都为创新药，为了保护其知识产权，跨国公司都申请了多项专利，从化学物质发明专利到方法专利、新功能专利，其进行了明确的布局。依据《西藏自治区藏医药事业发展“十三五”规划》，2015 年西藏全区藏药生产产值才达到 13 亿元，与跨国公司化学药品、生物制药的产值差距较大。根据 2022 年 1 月 1 日起执行的《国家基本医疗保险、工伤保险和生育保险药品目录 (2021 年)》，西药达到 1273 种，中成药 1312 种 (包括 43 种藏药)，从进入医疗保险的药品种类来看，西药占比较高，藏成药只包括仁青常觉、如意珍宝丸、三十五味沉香丸、珊瑚七十味丸、十味蒂达胶囊、十味黑冰片丸、十味龙胆花胶囊、十五味沉香丸、十五味黑药丸、十五味龙胆花丸、石榴健胃丸、五味麝香丸和消痛贴膏，除诺迪康片、消痛贴膏、青鹏膏剂之外，大多数药品并非创新药。

通过实地调研走访，我们发现，许多民间医生都愿意采用商业秘密的方式保护其藏药配方和诊疗技艺，不愿意采用申请专利的方式将其技术公开，并且专利申请成本较大，对于采用个体经营方式的主体而言，不可能具有大规模生产药品的能力。但问题是这种传统的依靠个人力量的传承创新很难适应产业竞争和社会需求。瑞士的白玛制药厂 (PADMA AG) 生产的藏药产品如

① 参见张自然：《跨国药企在华业绩，四张图深度剖析!》，载医药网，http://news.pharmnet.com.cn/news/2020/04/03/538363.html。

Padma28（二十八味莲花丸）通过在欧美主要国家市场销售，年销售额相当于所有中国藏秘方剂企业销售的总和。[①] 一方面，通过申请专利、运用专利、管理专利，能够有效推动科技创新，提升药品的科技竞争力，提升企业知名度和行业影响力；另一方面，只有通过大量实验数据、临床数据，才能够获得一些国家药品监督部门上市许可，因此，藏药产业的高质量发展必须借助科技的发展、技术手段的更新，依靠现代知识产权制度才能够实现重大技术突破并开拓新市场，满足人们对于药品的迫切需求。

---

① 参见《欧美这家药企主打的是中国藏药——由 28 味中草药组成》，载网易新闻 2022 年 12 月 13 日，https：//www. 163. com/dy/article/H5FOMNGB0532ROLT. html。

第七章

商标显著性研究

第一节 “标示来源功能”与商标显著性

一直以来“标示来源功能”都被视为商标应当具有的功能。有学者认为“标示来源功能”是商标原始的功能，[①] 有学者将该功能视为商标最基本的功能：“商标最基本的作用是标示出处。在出处得以保障的基础上，商标权人受到改善质量的压力，客观上商标又具备表示商品内在质量的作用。在质量稳定的情况下，商标权人还可以赋予商标它所希望的形象，发挥商标的广告作用，使商标在区别之外还可以表彰商品的使用者。”[②] 但本书对于简单的商标是否能够发挥准确的“标示来源功能”产生怀疑，尤其是1984年的美国《兰哈姆法》的修正案对“商品商标”和“服务商标”的立法解释进行了修改，将过去“单一的，尽管来源不确定”的表述修改为“一个可以标示商品来源的商标，即使该来源不为

---

① See John M. Calimafde, *Trademarks and Unfair Competition*, Central Book Co. 1970, p. 1.

② 黄晖：《商标法》，法律出版社2004年版，第2－56页。

人所知晓”之后，如何正确理解商标的“标示来源功能”成为本书探索的问题之一。

一、商标“标示来源功能”的历史考察

（一）在早期萌芽时期，商标就已经发挥标示产品制造者或生产者的功能

从现有资料来看，早在古罗马时代就有很多工匠技师，通过在自己的产品上使用商标的办法标示商品的来源。比如，以陶土所制油灯在罗马曾十分流行，出土的相关文物表明在公元前 35 年至公元 265 年的 300 年间，通过商标可以确定接近 1000 个不同的陶工。其中，一些商标已经具有相当的表现力，如一名为 Lupus（拉丁语中意为“狼”）的陶工即以一狼头的设计作为其商标。还有一位罗马医生，为了标示来源，在其配制药膏的包装盒上使用自己的姓名商标。① 有学者认为，可以视古罗马贸易中所见的此类商标为现代商标的萌芽，因为该标志已经具备标明商品来源的功能。② 实际上，在我国商标历史上，山东济南的“白兔”商标之所以被视为“设计完整的商标”，是因为通过“白兔”商标图案能够在当地找到商品（针）的真实生产者——刘家功夫针铺。

---

① Abraham S. Greenberg, *The Ancient Lineage of Trade – Marks*, 33 J. Pat. Off. Soc'y 879（1951）. 转引自黄海峰：《知识产权的话语与现实——版权、专利与商标史论》，华中科技大学出版社 2011 年版，第 218 页。

② Sidney A. Diamond, *The Historical Development of Trademarks*, 65 Trademark Reporter 270（1975）. 转引自黄海峰：《知识产权的话语与现实——版权、专利与商标史论》，华中科技大学出版社 2011 年版，第 218 页。

（二）欧洲中世纪商标依然发挥着标示商品物质来源的功能

中世纪的英格兰行会体系是最早开始广泛使用商标的组织。具有显著性的生产商标被要求用在地方行会生产的商品上。[①] 在1266年亨利三世时期，英国即颁布法令明确要求每一个面包制造商在其供应的各类面包上使用其标志，如面包存在缺斤少两等质量问题，则可追溯至其制造者。这一要求受到各地面包行会的欢迎，各地行会在这一政府立法的基础上纷纷颁布规章制度，要求其成员在面包上使用商标，从而使人更易知晓面包的制造者。[②] 行会体系通常要求个人使用"产品标志"，这不仅是为了控制竞争，而且在发生工艺问题时该标志具有确认责任的功能。"商标与其说是财产不如说是责任。"[③]

虽然对于单个生产者来说，使用商标并不一定是其自愿的选择，但是借助行会制度，商标确实能够准确标示产品的准确来源。一方面，在行会内部，对于商标的使用、备案规定了一系列严格的规章制度，禁止将他人的商标使用在自己的商品上，从而有效避免混淆的发生；另一方面，为了维持在该地区该行业的垄断地位，"行会对于外来者使用其制造标志的行为常会不遗余力地跟踪和打击，而此类制造标记本身则成为行会区分商品来源的有效方

① See The American Law Institute, Restatement (Third) of Unfair Competition Current through August 2012, § 9: 4.

② See Frank Schechter, *The Historical Foundations of The Law relating to Trade-Marks*, *Columbia University Press*, p. 49-51 (1925).

③ Barton Beebe, *The Semiotic Analysis of Trademark Law*, 51 UCLA Law Review, 678 (2004).

法和发现外来竞争者的有效途径”①。但是随着工业革命的到来，行会垄断被打破，国内市场得到统一，经济快速发展，具有相同功能的商品大量出现，商标准确标示商品物质来源的功能受到前所未有的挑战。

二、现代社会商标的“标示来源功能”

（一）从传统的“严格来源规则”向“来源不明确规则”转变

“对于消费者来说商标被认为是代表使用该商标相关商品、服务的唯一物理来源。”② 根据早期的保护“来源”理论，从哲学角度来看，商标许可是不可能的，因为许可意味着商标被与真正的生产“来源”（严格意义上的词语“来源”）无关的人使用。1901年的 Macmahan Pharmacal Co. *v.* Denver Chemical Mfg. Co. 案被视为商标来源问题的“地标性”案件。在该案中，法院认为“如果没有转让出卖者或许可者的全部企业，一个商标不能够被转让或被许可使用。没有这种转让，商标的转让和许可行为是与商标所依据的价值理论不一致的……与正当关联的商品缺乏联系的，商标缺乏产生价值的实质特征，并且商标会变成错误的和欺骗的指示”③。

但是，在20世纪前20年，“来源不明理论”得到了发展以迎

---

① 黄海峰：《知识产权的话语与现实——版权、专利与商标史论》，华中科技大学出版社2011年版，第224页。

② Quality Control and the Antitrust Laws in Trademark Licensing, 72 Yale L. J. 1171 (1963).

③ MacMahan Pharmacal Co. v. Denver Chemical Mfg. Co., 113 F. 468 (8th Cir. 1901).

合实践的需要。根据这一理论，为了具备保护资格，一个商标需要指定一个单一的来源，尽管该来源可能是不明确的。1946 年制定的《兰哈姆法》采纳了这一观点，在解释商标标示来源功能时，选择了“单一的，尽管来源不确定”的表述，而并没有要求商标必须准确标示商品或服务的来源。后来有学者对该立法给予很高的评价，认为“从严格的来源理论到来源不明理论的转变被证明具有划时代的重要意义。首先并且最重要的是它转变了商誉优先于商标的传统等级规则”①。

在传统商标法中，商誉的地位是优先于商标的。有学者就认为“企业的商誉只是碰巧由某个标志来代表”②，还有人认为“良好的商业信誉是本质的，商标只是它的投影（shadow），这一良好的商业信誉应当成为受到保护的财产并禁止侵害”③。总而言之，有价值的是商誉，商标本身并不重要。

但是如果从索绪尔的观点来看，上述观点存在明显错误。词语和思想、能指（商标）和所指（商誉）的关系是相互构成、对等存在的，并不存在谁优先于谁的问题。谢克特对于商标法作出了相同的分析，他认为“今天的商标不仅仅是良好商誉的象征，而经常是良好商誉产生最有效率的代表，会印在公众头脑中，而一个来源不明和客观的满意保证，使你产生进一步满意的愿望。

① Barton Beebe, *The Semiotic Analysis of Trademark Law*, 51 UCLA Law Review, 678 (2004).

② Wendy J. Gordon, *A Property Right in Self – Expression*: *Equality and Individualism in the Natural Law of Intelectual Property*, 102 Yale L. J. 1588 (1993).

③ Edward S. Rogers, *Comments on the Modern Law of Unfair Trade*, 3Ill. L. Rev. 551 (1909).

商标事实上在销售商品”①。按照谢克特的观点，商标并不能指明具体来源，而只能指明具体的产品。“商标的真正功能是证实产品使消费者满意，由此激励消费公众的进一步交易。”② 在这个意义上，抽象的来源被对商品拜物教，或者说，对商标自身的崇拜所代替。“通过大众媒体，符号迅速取代了产品自身的拜物教地位，通过包括想象和市场意义结构，对商品拜物教的关注从产品转向使用在产品上的符号价值。”③ 商标的来源是不清楚的，商标自身并不是由其生产来源决定的，而是由商标之间的相互关系决定的，而其中的关系媒介并不是生产者或消费者，而是商标，因而商标具有了独立的价值。

（二）从美国和欧洲法院的司法实践来看商标能否标示单一的、明确的来源不是获得保护的前提

1. 在美国，商标的来源标示功能正逐渐地被法院“软化”，这意味着消费者希望使用相同商标的所有商品都源于一个单一的，尽管是不明确的或无法区别的来源。“当法院提及公众识别来源时，他们并不由此认为购买商品的公众能够识别出生产者的具体名字或生产的具体地址。通过这样的表达，它们的意思是贴着某一商标的商品购买者相信他所购买的商品产自来源地，而不论它

---

① Frank I. Schechter, *The Rational Basis of Trademark Protection*, Harvard Law Review, Vol. 40, No. 6, p. 817 – 818.

② Frank I. Schechter, *The Rational Basis of Trademark Protection*, Harvard Law Review, Vol. 40, No. 6, p. 817 – 818.

③ Rosemary Coombe, *The Cultural Life of Intellectual Properties: Authorship, Appropriation*, And The Law, Duke University Press, 56 (1998).

的名称是什么或者产自哪里，购买者也相信所购买的商品是那些所贴商标能够说明来源的商品。”①

在 Mastercrafters Clock & Radio Co. *v.* Vacheron & Constantin - Le Coultre Watches，Inc. 案中，法官 Ferome Frank 就简明地指出："消费者是否知道谁是来源并不重要。”② 因此，对于购买者来说，通过商标去识别“来源”时，没有必要一定要知道该商品的生产者具体是谁，生产的厂址在世界的哪个角落。除了第一次购买以外，在大多数情况下消费者实际上并不关心，也没有兴趣知道具体的生产者是谁，它的厂址在哪里。“也正是从这个意义上说，商标的来源是不明确的。但是购买者有权假定，使用相同商标的所有商品以某种方式与单一的、不明确的来源是存在联系的，或者是由该单一不明确来源发起的。”③ 当法庭意识到商标没有必要标示一个明确的来源，更确切地说是一个“不明确”的来源时，也就意味着消费者通过商标区别的过程并不是一个精确的过程。④ 正如美国法学会所编写的重述所观察到的，“商标成为另外的不知名生产者、来源不确定的生产者和潜在消费者之间交流的手段。如果商标所有人在市场中为他自己的商标成功打造了讨人喜欢的形象，商标自身将变成刺激消费的一个重要因素”⑤。

---

① Manhattan Shirt Co. *v.* Sarnoff - Irving Hat Stores，164 A. 246（1933）.

② Mastercrafters Clock & Radio Co. *v.* Vacheron & Constantin - Le Coultre Watches，Inc.，160（2d Cir. 1955）.

③ Fleischmann Distilling Corp. *v.* Maier Brewing Co.，508（9th Cir. 1963）.

④ See Brown，*Advertising and the Public Interest*，57 Yale L. J. 1186（1948）.

⑤ The American Law Institute. Restatement（Third）of Unfair Competition § 9：10（1995）.

2. 在欧洲法院，作为商标受到法律保护的正当性理由之一的“标示来源功能”正在受到越来越多的质疑。作为标示商品真实来源使用的商标，并没有被欧洲法院作为商标体系正当性的一个充分或必要理由所接受。正如法院在 Unilever plc *v.* OHIM 案中所阐述的那样：“对于一个商标来说，没有必要准确传递产品制造者和服务提供者的身份信息。商标能够使社会成员将一种商品或服务与使用其他来源商标的商品或服务区别开来，并得出结论：所指定的所有生产的或销售的产品、提供的服务都在商标权人控制之下，并且商标权人对它们的质量承担责任。”① 在 Arsenal *v.* Reed 案中，欧洲法院认为商标的功能在于，“通过授权使它与消费者的联系渠道及那些未授权渠道使用相同或相似商标区别开来……法律所试图保护的关系是两个或更多竞争者之间正当竞争关系。使用同一品牌的所有商品都具有相同品质”②。

三、我国商标法学界和立法界对商标的“标示来源功能”的研究现状

（一）我国学者的主要观点

对于商标的“标示来源功能”，我国法学界的很多专家学者进行了积极的探索，其主要观点包括下述四个方面。

1. 虽然在表述方式上存在细微的差异，但大多数学者对于

---

① Jeremy Phillips, *Trade Mark Law: A Practical Anatomy*, Oxford University Press, 2003, p. 25.

② 刘春田主编：《知识产权法》（第 4 版），中国人民大学出版社 2009 年版，第 251 页。

“标示来源功能”的具体内容达成了共识，即标示来源功能是“不同经营者的商品或服务项目使用不同的商标，特定的商标总是和特定的经营对象联系在一起。有商标做媒介，经营者可以让消费者认清商品或者服务的来源”①。

2. 法学界普遍认为“标示来源功能”是商标原始的、基本的功能。有学者认为“商标最基本的作用是标示出处”②。其所使用的“出处”一词实际上与“来源”的含义基本相同。该学者还认为商标在正常发挥“标示来源功能”的基础上，还能够发挥保障商品质量功能、广告功能和表彰商品的使用者功能。

3. 对于“标示来源功能”与识别功能之间的关系，有学者认为，识别功能“是商品的生产者、经营者或服务的提供者为了标明自己、区别他人在自己的商品或服务上使用的标志”③。实际上按照该观点，识别功能不仅包括“识别来源功能”，还包括区别功能。也有学者提出“标示来源的功能实际上内在地包含了识别功能”④。还有学者认为两者之间的区别在于角度不同，“如果说区别的作用是从生产经营者的角度来说的，指示商品或服务来源的作用则是从消费者的角度来说的”。

4. 对于“标示来源功能”是否要求商标所指示的来源是单一的、明确的，有学者认为，“在这方面，消费者甚至不必要知道某一商品或服务提供者的具体名称，而只要知道该商品或服务来源

① 吴汉东主编：《知识产权法学》（第4版），北京大学出版社2009年版，第229页。
② 黄晖：《商标法》，法律出版社2005年版，第2－56页。
③ 刘春田主编：《知识产权法》（第4版），中国人民大学出版社2009年版，第251页。
④ 杜颖：《商标法》，北京大学出版社2010年版，第6页。

于某一特定的提供者就可以了"①。实际上，随着商标授权制度、特许经营、国际并购的发生，使用同一商标的商品或服务可能来自不同的生产者，其与消费者的联系也日益疏远，原来的"相同的商标所表彰的商品，应有相同来源"在事实上已经不再具有普遍意义。

（二）在我国商标功能"二元"保护体系中，"标示来源功能"首先受到了保护

对于商标的功能，理论界提出了商标的"标示来源功能""品质保证功能""广告宣传功能"，但这些功能并没有都受到法律的保护，一些功能只能算是商标事实上的功能，并不是商标在法律上的功能。从我国现行的《商标法》和《商标法实施条例》来看，立法者采纳了"二元"保护体系，即只保护商标的"标示来源功能"和"品质保证功能"。

我国现行《商标法》并没有直接提及商标的"标示来源功能"。《商标法》第9条第1款规定，"申请注册的商标，应当有显著特征，便于识别，并不得与他人在先取得的合法权利相冲突"。但从对该条文的目的解释来看，"如果商标不具备显著特征，就起不到识别商品来源的作用"②。也就是说，该条文中的"便于识别"的对象应当是"商品或服务的来源"。商标是使用在商品上的标志，"它的作用就是将自己的商品（服务）与其他生产经营者相同

① 刘春田主编：《知识产权法》（第4版），中国人民大学出版社2009年版，第251页。
② 董葆霖：《商标法律详解》，中国工商出版社2004年版，第37页。

或者类似的商品（服务）区别开来”[①]。这种区别不可能是商品物理上的形状、颜色、大小的区别，因为如果纯粹从物理上看世界上没有两件商品是完全相同的，因而只可能从抽象意义上加以区别，而不同的来源代表着不同的商品质量和商业信誉，于是不同的来源成为商标标示的对象。

为了明确来源，《商标法实施条例》第14条、第24条和第25条规定注册商标的申请人应当提交能够证明其身份的有效证件的复印件，并且商标注册申请人的名义应当与所提交的证件相一致。商标获得注册后，需要变更商标注册人名义、地址或者其他注册事项的，应当向商标局提交变更申请书。商标局核准后，发给商标注册人相应证明，并予以公告。商标注册人有多个注册商标的，应当将其全部注册商标一并变更。

上述规定的目的很明确，就是要保持商标与注册人的名称、地址的真实对应关系，名称和地址一旦发生变化，就通过公告的形式及时通知相应公众，避免混淆的发生。但是我国法律法规并没有禁止商标的转让和许可，也没有规定商标必须与转让人的全部经营资产一同转让，按照《商标法》《商标法实施条例》《最高人民法院关于审理商标民事纠纷案件适用法律若干问题的解释》的规定，只是要求转让注册商标时经过商标局批准，并对外予以公告，经许可使用注册商标时需要在商品上标明被许可人的名称和产地，并且要求将商标许可使用合同报商标局备案。

由此可见，我国法律法规并没有采用“严格来源规则”，但是

① 董葆霖：《商标法律详解》，中国工商出版社2004年版，第37页。

我国法律也没有从相关公众的角度出发，去审视商标所标示的来源是否可能有“不明确”的情形，甚至有“来源不为人所知晓”的情形，如果存在上述情形，该种商标是否还具有显著性，是否还应当获得法律的保护？在企业名称和生产地址已经能够明确标明生产者和生产地址的情况下，商标“标示来源功能”是否还有存在的价值？

四、商标的显著性与商标的“标示来源功能”

显著性与“标示来源功能”是商标的两个重要概念，从一开始两者之间就存在密切的逻辑联系。在分析世界多个国家的立法和《与贸易有关的知识产权协定》的商标定义后，《商标显著性新探》一文认为它们对于商标的定义都是功能式的，“其所关注的焦点并非商标是什么，而是它能起什么作用”①。商标是能够标示来源并与其他商品、服务相区别的符号。显著性是能够标示来源并与其他商品、服务相区别的性质。《商标显著性新探》一文指出“这样一来，我们就不可避免地陷入逻辑上的前后循环：‘商标’与‘显著性’这两个概念互为定义与被定义项。换句话说，‘什么是商标’与‘什么是显著性’实际上是同一个问题的不同表述”②。该结论确实有正确的一面，但却不准确，因为很显然商标属于一种符号，它具有能够被人感知的外观，而显著性只是该种

① 彭学龙：《商标显著性新探》，载《法律科学（西北政法学院学报）》2006 年第 2 期。

② 彭学龙：《商标显著性新探》，载《法律科学（西北政法学院学报）》2006 年第 2 期。

符号的特性而已，将符号与它的特性放在一个逻辑层次上是存在明显错误的。严格说来，真正与显著性存在“前后循环”或“互为定义”的是商标的功能，而并不是商标本身。[①]

“标示来源功能”作为商标的基本功能，自然就成为在定义商标显著性时不能回避的问题。有学者认为，商标显著性“具体是指该标志使用在具体的商品或服务时，能够让消费者觉得，它应该或者实际与商品或服务的特定出处有关”[②]。《商标显著性新探》一文将商标显著性界定为“商标标示产品出处并使之区别于其他同类产品的属性”，并认为“标示与区别相辅相成，系一枚硬币的两面”。足见“标示来源功能”在商标显著性中的重要地位。

正因为如此，对“标示来源功能”的研究有利于更加清晰地分析商标显著性问题，而对“标示来源功能”错误的认识将导致对商标显著性研究走向错误的方向。通说认为，按照显著性获得方式的不同，可以将商标的显著性分为固有显著性与获得显著性。[③] 2006 年《商标显著性新探》一文对该观点提出了挑战，并指出“这类标志在作为商标注册或者使用之初，也不可能立即被消费者认同为商标。商标的显著性，也就是标示商品出处的作用只有通过附注有商标的商品行销于市或广告宣传等手段才能真正实现。从这个意义上讲，商标的显著性只可能是获得显著性，而

---

① 参见张林：《标示来源功能与商标显著性——兼与彭学龙老师商榷》，载《甘肃政法学院学报》2013 年第 5 期。

② 黄晖：《商标法》，法律出版社 2005 年版，第 2－56 页。

③ 参见邓宏光：《商标法的理论基础：以商标显著性为中心》，法律出版社 2008 年版，第 54 页。

无所谓固有显著性"①。该观点在对商标显著性定义时，明显是将商品的物质来源作为判断商标显著性的依据，具体来说是作为商品生产者与其他生产者相区别的生产营销能力和广告宣传能力，这决定了该商标具有了区别于其他商标的显著性。按照这种理论，商标的显著性并不取决于商标在商标体系中与其他商标之间的区别性，而完全取决于来源企业的经济实力，经济实力强则其商标显著性就强，经济实力弱则其商标显著性就弱，因而对于那些只许可不生产商品的企业，或者不做广告宣传的企业来说，其商标就不具有显著性，其商标也丧失了获得法律保护的前提。

按照该观点，由于商标的显著性完全由作为来源企业的经济实力决定，因此如果要转让商标就必须首先将作为物质来源的企业的所有资产转让，否则原有商标的显著性将不复存在。通过上述分析，我们可以看出该学者的观点实际上是"严格来源规则"在商标显著性问题中的具体体现，按照他的观点商标所标示的来源必然是"唯一的、准确的"，不可能是无法确定或不为人所知晓的，否则来源之间将是无法相互区分的。

五、"第二含义"的判断与"严格来源规则"

每当谈论商标显著性问题时，我们都不可避免地论及美国弗兰德利法官在著名的 Abercrombie & Fitch Co. *v.* Hunting World, Inc. 案中所提出的对于词语商标的分类："按照宜于获得商标保护的适

① 彭学龙：《商标显著性新探》，载《法律科学（西北政法学院学报）》2006 年第 2 期。

格程度，各种标志可以分为四种类型：（1）任意性标记（Arbitrary Mark）或臆造性标记（Coined or Fanciful Marks）；（2）暗示性标记（Suggestive Mark）；（3）描述性标记（Descriptive Marks）；（4）普通名称标记（Generic Marks）。”① 通过对上述四种词语商标的显著性分析，有学者认为，“实质上，其划分标准就是商标与其所标示对象之间的关联程度，关联程度越高，商标的固有显著性就越低，反之则越高”②。描述性词语商标与商品、服务联系较为密切，因此当然不具备显著性，但是经过长期使用，“当在消费公众思想里一个描述性词语的首要意义是生产者而不是产品时”，商标取得了“第二含义”。但也有学者认为，可能相关公众不能将商标与某一个特定的商标所有者联系起来，但是只要商标能够标明商品的来源，即便相关公众可能不知道生产者的姓名，该商标也已经取得了“第二含义”。③ 本书认为在判断描述性词语是否取得“第二含义”时，作为特别情况下的个案，其所采用的来源规则应当是“严格来源规则”而不能再是普通的“来源不明规则”。明显的例证就是美国法院对于“第二含义”提出的相当高的证明标准：“一、系争商标之名称已丧失原始意义；二、它为原告首先使用，且为独家使用；三、消费大众已公认其为表彰某商品之标志；四、给予原告以救济俾便阻止被告之不诚实交易及搭便车之

① Abercrombie & Fitch Co. *v.* Hunting World, Inc. 189 USPQ 759 (2d Cir. 1976).

② 参见彭学龙：《商标显著性新探》，载《法律科学（西北政法学院学报）》2006年第2期。

③ See Centaur Communications, Ltd. *v.* A/S/M Communications, Inc., 830F. 2d 1217, 1221 (2d Cir 1987).

行为；五、使用期间悠久，广告效能强，销售量广，且已由非显著性变成具有显著性，并继续而排他之使用者。"①

按照《兰哈姆法》的规定，描述性词语如果要取得"第二含义"，商品生产者必须证明排他性的使用达到5年，并且法院还要对相关公众认知变化进行调查，即当看到、听到该未注册的描述性词语时，相关公众是否会立即将它与一个企业联系起来。在这种情况下，作为商标所标示的来源必定只能是"单一的、明确的"物质来源，否则该描述性词语将无法获得显著性。作为商标"标示来源功能"的特例，其适用是有条件的，不能将特殊情况下适用的"严格来源规则"推而广之。《商标显著性新探》一文基于描述性词语获得"第二含义"的过程，总结了各种商标的显著性生成机制，并认为"随意商标和暗示商标要想成为真正的商标……必须产生其作为商标的第二含义"②。但该种观点的错误显而易见。

首先，"第二含义"只会发生在描述性商标中，对于具有固有显著性的臆造性商标（任意性商标）和暗示性商标根本就不存在所谓的"第二含义"的问题。商标局在判断任意性商标显著性时，不会要求申请人提供大量证据证明该商标是否已经被排他性的使用5年以上，是否进行过大量广告宣传，是否企业有足够的营销力量。普通名称仍保留给大众所使用，任何人均不得取得专有权。

---

① Lunsford, *The Mechanics of Proof of Secondary Meaning*, 60 T. M. R. 263 (1970). 转引自曾陈明汝：《商标法原理》，中国人民大学2003年版，第280页。

② 彭学龙：《商标显著性新探》，载《法律科学（西北政法学院学报）》2006年第2期。

在此情况下，广告和销售量等均不构成独占权之证据。①

其次，在 Armstrong Paint & Varnish Works *v.* Nu – Enamel Corporation 案中，法院确认了“Nu – Enamel”作为描述性词语已经取得普通法上的“第二含义”，而不是《商标法》上的“第二含义”。该案件发生在1938年，当时生效的是1920年的美国《商标法》，该法并没有给予商标登记人“实质性权利”，排他性的使用不仅是取得商标登记的条件，还是取得排他性的商标权的条件。在今天，我国实行的是商标注册主义，只要商标具备显著性就赋予商标权人排他性的实质性权利，而使用商标只是维持商标权的条件而不是取得商标权的条件，因此该种案件在我国发生的可能性已经非常小了——即便有足够的经济实力连续5年使用该描述性商标，又如何能够保证在这5年中自己始终排他性使用该商标呢？面对高昂的成本和巨大的风险，申请人肯定会首先选择固有显著性较高的商标种类。《商标显著性新探》一文的推断显然忽视了“第二含义”适用的条件和依据。

将商标所标示的来源等同于商品、服务的物质来源，是违背商标“指示来源功能”本来含义的。就消费者而言，使用相同品牌商品的来源应当是单一的，因而不同种类、数量众多的商品具有相同的品质（但却不意味着具有相同功能）。但如果从物质来源上来看，商品、服务的来源绝对是不同的，同样是使用可口可乐商标的碳酸饮料，中国生产的碳酸饮料中所包含的着色致癌物质

① 参见曾陈明汝：《商标法原理》，中国人民大学出版社2003年版，第280页。

的含量是美国生产的碳酸饮料的 14 倍。[①] 同样使用 Golf 商标的汽车，第 1 代和第 5 代相差甚远，产品自身的差异性使我们在与其他商标的商品进行比较时无法说出它的独特性，因此商标法中的来源只能是抽象意义上的来源，该种来源是单一的，但可能是不明确的或者不为公众所知的。[②] 实际上，消费者对于商品的物质来源并不关心，商品的实际生产者是谁并不是作出消费选择的依据，是郑州太古可口可乐公司生产的还是西安中萃可口可乐公司生产的饮料对于消费者而言没有什么差别，只有商标是作出消费选择的依据。商标会告知消费者，尽管来源不明确，但该商品与其他所熟悉的商品具有共同的品质，同时商标的存在也已经表明商品、服务是由特别的企业发起或认可的。“在所有这些情况下，商标作为标示商品、服务质量的连续性和可预测性而发挥功能。而商标侵权是通过暗地破坏商标传递有效的、可靠的信息能力的方式，增加了消费者获取关于商品、服务知识的成本。对于被未授权使用商标所欺骗的消费者来说，商标侵权将会导致不谨慎的消费和预期的无法实现。”[③]

---

① 《可口可乐被曝含致癌物中国产品含量为美国 14 倍》，载中国经济网，http：//www. ce. cn/cysc/sp/info/201206/27/t20120627_21184176. shtml。

② 众所周知“雪铁龙”乃是法国著名汽车品牌，但“雪铁龙”C 4 Aircross 汽车却是利用了日本三菱公司的劲炫平台生产出来的一款 SUV，其发动机上标明的品牌是“雪铁龙”，但生产厂一栏中却写着“日本国三菱汽车工业株式会社名古屋制作所”。不把车拆开消费者是无法知道这一信息的。

③ The American Law Institute. Restatement （Third） of Unfair Competition § 9：10 （1995）.

第二节　词语商标显著性研究

显著性是商标的本质特征，其重要性好比新颖性对于专利、独创性对于作品。对商标显著性进行的分类比较既是体系化研究的必然过程，也是正确认识、运用商标显著性解决商标争议的必要基础。正如每一种分类都有其局限性一样，对商标显著性的分类也只有在一定条件下才是有意义的，尤其是在借鉴国外的商标显著性分类时，需要考虑国家之间商标注册制度和司法救济制度上的差异性。基于此，本书将运用语言学知识，对许多学者提到的“弗兰德利分类法”进行全面的分析，以指导对该分类方法的正确理解和使用。

一、对“弗兰德利分类法”的不同理解

（一）“弗兰德利分类法”的原文阐释

有学者认为，根据商标显著性的取得方式不同，可以将商标的显著性划分为固有显著性和获得显著性，并进一步根据美国弗兰德利法官阐述的商标四分法进行划分。[①] 但问题是弗兰德利法官似乎并没有将上述分类视为对“固有显著性”的分类。Abercrombie & Fitch Co. *v.* HuntingWorld，Inc. 案的争议焦点主要围

---

① 参见邓宏光：《商标法的理论基础——以商标显著性为中心》，法律出版社 2008 年版，第 29 页；彭学龙：《商标显著性新探》，载《法律科学（西北政法学院学报）》2006 年第 2 期。

绕着“safari”（旅游）词语商标是不是通用名称，是否真实存在“第二含义”，原告是否有权阻止被告在销售商品时描述性使用词语“safari”或者说被告对词语“safari”的描述性使用是否构成对原告已经注册的“safari”商标的侵害。在该案中，美国弗兰德利法官提出根据法律对词语商标保护程度的差别以及商标受到保护资格上的差异性（different categories ofterms with respect to trademark protection），由弱到强将商标所使用的词语分为：（1）通用名称；（2）描述性；（3）暗示性；（4）任意性和臆造性。由于词语商标只有具有了显著性才能获得法律的保护，因此上述分类自然就被视为词语商标显著性的分类标准，但是在该案中弗兰德利法官并未提及“固有显著性”问题，也没有将商标显著性划分为“固有显著性”与“获得显著性”。由此可见，将弗兰德利法官的四分法视为商标“固有显著性”的分类是与事实不一致的。①

对于庞大复杂的词语来说，任何分类都显得不周延，或者说任何分类都只能在一定范围内才是有意义的。对于词语商标的分类，弗兰德利法官认为：每一种词语的分界线并不是一直明确的。第一，用在一种产品上的某一种类的词语，如果用在另外一种产品上，该词语的种类可能会发生转变。例如，“Ivory”（象牙）商标如果使用在象牙制品上就属于描述性，但如果使用在肥皂上就属于任意性商标。第二，一个词语对于一个使用团体是一种含义而对于另一个使用团体来说则是另一种含义。中国生产的“菊花”

---

① 参见张林：《词语商标显著性新探——对商标显著性的“弗兰德利分类法”的不同理解》，载《政治与法律》2013年第4期。

（电器）在法国及拉美国家不会受欢迎，因为“Chrysanthemum”（菊花）是不祥之花的意思，“菊花”商标在中国属于任意性商标，而在法国及拉美国家就属于暗示性商标。第三，同一个词语使用在一个产品上，权利主体使用的目的、使用方式的差别也将直接改变词语的种类。这一点尤其在区别“描述性词语商标”与“暗示性词语商标”过程中表现得非常明显。如果通过词语想要达到关于“商标本质结论的想象、思考和概念”，那么该词语就是暗示性词语；如果一个词语将“产品的成分、质量或特性的及时观念毫不拖延地传递出来”，那么它就是描述性的词语。[①]

同一个词语在不同的句子中具有不同的含义，在不同的语境下指代不同的对象或发挥不同的功能，因而仅仅针对一个单独的词语，无法对其作出唯一确定的结论，无法判断“我们班”到底是“一班”还是“二班”，“红楼”到底是北京大学的“红楼”还是人民大学的“红楼”。因此，对于一个词语商标到底是描述性的还是暗示性的判断是没有意义的，只有在商标的具体使用中根据词语商标所发挥的作用，我们才能判断该词语商标的种类，而这也正是弗兰德利法官在判决书中所要阐释却被我们所忽视的。

（二）对“弗兰德利分类法”分类标准的不同理解

对于弗兰德利法官的分类标准，商标与其所标示的对象为反向关联，即管理密切程度越高，商标固有显著性就越低；反之，商标固有显著性就越高。但问题是，词语种类繁多、功能各异，

① See Abercrombie & Fitch Co. v. Hunting World, Inc., 537 F. 2d 4 (2d Cir. 1976).

有些词语不具有含义只能用来指代对象，有些词语具有含义但只能用来描述主词，而商标所标示的对象是商品或服务的来源，两者发生关联并不像在商品上贴上商标那么简单。

首先，如果从词语的固有含义来看，词语与商品的来源并不存在关联的问题。其中，最有力的例证就是臆造词语（如 Haier 或海尔）。关联程度高低比较的前提假设是词语与其所标示对象存在关联，但问题是臆造词语本身就不存在固有含义，本身就不可能与任何商品来源发生关联，因此就不存在关联的问题，因此，如果抛开使用，仅从词语的固有含义出发，上述观点在逻辑上是难以自圆其说的。

其次，词语的含义并没有受到指代对象的影响（除了臆造词语外），在被用作商标之前，词语就已经存在。按照斯特劳森的观点，并不存在词语对于指代（指示）对象的依赖——词语的含义与在特定语境下使用词语所指代的对象无关。“谈论一个词语的含义，不是谈论它在特定场合下的使用，而是谈论在所有场合下正确地把它用于指称或者断定某某事物所遵循的那些规则、习惯和约定，因此一个词语是否有意义的问题与该词语是否在那个特定场合下被用来指称某物毫无关系。”① 无论是使用词语描述该来源商品的功能、暗示该商品性能，还是仅为了区别商品，用与该商品毫无关系的词语加以指代，词语的含义并没有发生改变，词语在“主词—谓词”句式中的逻辑位置也都没有发生改变。

---

① ［英］P. F. 斯特劳森：《论指称》，载［美］A. P. 马蒂尼奇编：《语言哲学》，牟博等译，商务印书馆 2006 年版，第 422－423 页。

最后，商业使用才是词语与商品来源发生联系的主要原因。词语与商品的来源本身并不存在联系，只有当词语被用作标示来源的符号在商业中大量使用时，词语才与商品的来源发生了联系。2020 年前很少有人会将“加多宝”与“凉茶”联系起来，通过这几年的广告宣传和大量贴附有“加多宝”字样的凉茶饮品行销于市，“加多宝”已经成为知名度最高的凉茶商标之一。但是，如果从“加多宝”词性来看，其本身并不具有固定含义，只能用于指代对象，将它用于商标使用是有利于发挥词语商标的标示来源功能的。因而本书认为，词语与商品来源联系的紧密程度并不仅仅取决于商业使用的状况，还取决于词语自身的指代能力或区别能力，因此下文将运用语言学知识对词语的指代能力进行分析，力图从新的视角阐释词语之间的固有差别。

二、专名理论与词语商标显著性

词语在使用中具有指代对象和描述对象的功能，因而在语言逻辑学中，通常将词语分为专名和摹状词，其中专名没有含义，所指代的对象具有唯一性，在“主词—谓词”句式中充当主词。摹状词具有含义，它能够描述某一对象或者确定归属关系，在“主词—谓词”句式中充当谓词。商标的首要功能就是标示来源功能，或者说指代来源的功能，而商标是否能准确指代来源是判断商标显著性的重要标准，因此我们将借鉴语言学中关于专名和摹状词的划分分析词语商标的显著性问题。

（一）专名的含义与专名的指代功能

实际上，生活中的专名广泛存在，很多专名都被用作商标使用，如“黄山”“中南海”“鲁迅”等，对于专名是否具有含义的问题，很多人都曾产生怀疑，有些人（如罗素）则错误地认为专名的含义就是它所指代的对象。

罗素严格地区分了专名与摹状词。一方面，他认为专名就是一个简单的符号，能够指代一个个体，这个个体就是它的意义，并且凭它自身而有意义，与其他字的意义无关。摹状词则不同，一个摹状词由几个字组成，这些字的意义已经确定，摹状词所有的意义都是由这些意义而来。[①] 但另一方面，罗素认为专名的指称是根据摹状词的描述来确定的。例如，我们关于“亚里士多德”这个专名的指称就是由“柏拉图的学生”“亚历山大大帝的老师”“古希腊最后一个哲学家”等这些摹状词所描述的特性来确定的。罗素由此得出结论：一个专名实质上就是一个缩略的或伪装的摹状词，可以用一个相应的摹状词来代替它。这实际上又忽视了专名与摹状词之间的区别，并与他的观点相冲突。更重要的是，如果按照这种思路处理专名与摹状词的关系很容易使专名的含义完全成为不确定的东西，一个摹状词往往只能从一个方面描述专名，人们很难全面了解这些摹状词所描述的对象，不同的人会对同一专名作出不同的理解。

罗素把专名的意义等同于它所指称的对象的观点，遭到了斯特劳森的反驳，斯特劳森说，“如果我谈论我的手帕，我或许能从我的口袋里掏出我正在指称的对象，但却不能从我的口袋里掏出

① 参见［英］B. 罗素：《摹状词》，载［美］A. P. 马蒂尼奇编：《语言哲学》，牟博等译，商务印书馆2006年版，第400－407页。

‘我的手帕’这个语词的意义”。斯特劳森认为罗素宣称的“意义即指称”是完全错误的，意义不是指称，意义与所指称的对象之间没有任何联系。

斯特劳森认为“意义（至少就一种重要含义来说）是语句或词语的一种功能，而提到的指称、真或假则是语句使用或语词使用的一种功能。提出语词的意义（就我使用这个词的含义来说），就是为了把这个语词适用于指称或者提到一个特定的对象或特定的人而提出一些一般的指导”①。主张历史因果关系的克里普克认为，指称独立于含义，从而更彻底地坚持指称论。他认为专名和摹状词是两种截然不同的指示词，专名是“严格指示词”（rigid designator），它在一切可能的世界里都指示某一个特定的对象；摹状词则是“非严格指示词”（accidental designator），它只能描述对象的某一个方面、某种特性，这种描述也将随着人们对该事物认识的改变而改变。专名可以指称一个对象，但它不会把任何特性归属这一对象，事物的命名取决于名称的起源和历史，而不取决于命名对象的偶然特性。当名称的指称确定之后，只要这一对象的本质属性不变，就存在一个历史的传递链条，名字得以一环一环地传播，在链条中的任何人都可以使用这个名称而不必知道其指称对象所具有的特征或某种属性。② 克里普克认为，弗雷格、罗素等人把专名的含义等同于摹状词的观点实际上是将严格指示词

① ［英］P. F. 斯特劳森：《论指称》，载［美］A. P. 马蒂尼奇编：《语言哲学》，牟博等译，商务印书馆2006年版，第422－423页。

② 参见［美］索尔·克里普克：《命名与必然性》，梅文译，上海译文出版社1998年版，第134页。

与非严格指示词混为一谈，这是错误的，他认为要保持专名的严格性，专名就必须没有含义。但问题是如果专名没有含义，那么如何确定专名所指称的对象呢，克里普克并没有加以解释。

实际上，从本体论和认识论两个层面上来分析专名，我们完全可以理解罗素与克里普克之间所发生的争论。只有承认个体的存在，才能在此前提下以专名来命名个体，因此从本体论上讲，“专名实际上就是‘贴标签’”①，只有所指而没有任何含义，然而如果从认识论上讲，只有通过摹状词才能描述该对象，人们才能认识该对象，当然由于人认识能力的有限性、局限性，所有对对象的描述都无法代替专名。

正如人们所知道的那样，“黄山”并不是说颜色是黄色的山，它仅仅指代了安徽省的一处著名的自然景观。无论我们是引用徐霞客“五岳归来不看山，黄山归来不看岳”的诗句，还是用“奇松、怪石、云海、温泉”等摹状词去描述该自然景观都无法替代该专名，运用摹状词对象的描述永远只是局部的、片面的，“黄山”就是“黄山”，不是“奇松、怪石、云海、温泉”之和。专名的功能就在于能够清晰地指代某一个对象，而且对象与专名具有一一对应的关系，而这种指代功能正是商标所需要的，因此可以说专名是“天生的词语商标”。专名没有固定含义，所以它无法去描述对象的某一方面或某一特性，在“主词—谓词”句式中只能充当主词，摹状词可以从不同方面对它进行描述或确定归属，但摹状词或摹状词簇的描述永远也无法替代专名的指代，因而与摹

① 张家龙：《模态逻辑与哲学》，中国社会科学出版社2003年版，第74页。

状词相比，专名被用作商标后往往具有很高的显著性和区别力。这里尤其需要指出的是臆造词，臆造词是一种本来就“不存在”的词语，说它“不存在”并不是说它是没有词语载体，而是说该种“字的组合”或“字母的组合”是没有含义的（如“Kadak”）。如同专名一样，臆造词被用作商标之后，它只能充当主词指代某一商品、服务的来源，但对于臆造词而言，其奇特之处在于有时你甚至无法找到准确或全面的摹状词去描述它所指代的对象，如上述的“Kadak”商标，因而臆造词就具有了相当强的来源识别能力。虽然词语丰富多样，但想用其他词语与臆造词在指代上发生混淆是很困难的一件事，往往只有通过使用相似的字母和顺序的侵权办法才能使商标符号发生混淆。①

如果我们认真观察就会发现，企业所进行的广告宣传正在发生重大的变化：由过去的推销产品向推销商标转变。例如，广告词“怕上火，就喝王老吉”，如果从句子的字面意义上看，“怕上火”，应当喝“凉茶”而不是“喝商标”，因此这句广告词应该被表述为“怕上火，就喝王老吉凉茶”。但是从效果上看，很多人都认为前者的效果更好，但是为什么会有这种感觉呢？本书认为，前一个广告词之所以效果更好，是因为其将专名放到了主词位置（宾格），突出了“王老吉”商标标示来源的作用，抑制“上火”成为对来源的基本描述，后一个广告词增加了“凉茶”这一种非限定摹状词（通用名称），并将“凉茶”这个摹状词放在了宾语的

① 参见张林：《词语商标显著性新探——对商标显著性的“弗兰德利分类法”的不同理解》，载《政治与法律》2013 年第 4 期。

位置上，抑制“上火”从对来源的描述变为对商品的基本描述，但问题是“凉茶”本身就是对具有抑制“上火”饮料的描述，含义上的相互重复使得句子略显累赘，而“王老吉”商标所应当标示的来源却被对商品功能的描述所掩盖。又如，广告词“格力掌握核心科技”，该句广告词的成功之处就在于将专名放在了主词位置，使专名商标充分发挥了标示来源的功能，从句子的逻辑关系上就排除了增加“商品”的可能（只有来源企业能掌握核心科技，格力空调不可能掌握核心科技）。

（二）摹状词的指代功能

罗素将摹状词分为两种，即限定的摹状词和非限定的摹状词。一个非限定的摹状词是一个这种形式的词组，即“一个如此这般的东西”；一个限定的摹状词是一个这种形式的词组，即“那个如此这般的东西”。① 斯特劳森在《论指称》中对罗素摹状词理论提出了尖锐的批评。他严格区分了语词、语词的使用和语言的表达。他认为“只有语句能用来表述真命题或假命题，因而，我们显然不可能正确无误地谈到被用来表述真命题或假命题的‘法国国王’这一语词；类似地，只有使用语句，而不是使用孤立的语词，你才能谈论某一个特定人物”②。根据他的观点，词语本身也谈不上必定是指代某一对象。“提到”或“指称”并不是词语本身所作的事情，而是人们能够用词语去作的事情。同一个词语在不同时间

① 参见［英］B. 罗素：《摹状词》，载［美］A. P. 马蒂尼奇编：《语言哲学》，牟博等译，商务印书馆2006年版，第400－407页。

② ［英］B. 罗素：《摹状词》，载［美］A. P. 马蒂尼奇编：《语言哲学》，牟博等译，商务印书馆2006年版，第422－423页。

或不同场合有不同的使用，指称某个人或物不是词语本身的功能，而是词语的使用的功能。摹状词理论的错误在于它只关注了语言本身，而忽视了说话者对语言的使用所作出的具体论断，因而不能为日常语言的表达提供确切的逻辑。

斯特劳森指出，用于指称的不同种类的词语对于语境的依赖程度也是不同的。用它们来作出的指称依赖于表达它们的语境，它们的这种依赖程度有差别。像"我"和"它"这样的词语就处于这种依赖程度的一端（具有最大依赖性的一端），而像"《威弗利》的作者"和"法国国王十八世"这样的词组则处于另一端。[①] 也就是说，像"我"和"它"这样的代词如果不放到具体语境中，我们完全不知道它们各自的指称；而像"《威弗利》的作者"和"法国国王十八世"这样的摹状词则似乎可以脱离具体的语境而具有指称。但唐奈兰认为，甚至像"《威弗利》的作者"和"法国国王十八世"这样的摹状词在指称性用法中也必须依赖语境才能起作用。

在唐奈兰看来，摹状词理论只适用于用作归属性用法的限定摹状词，而用作指称用法的限定摹状词则接近于专名。为了区别两种不同的用法，唐奈兰还进行了举例说明：在单个语句的情况下，我们考虑"杀害史密斯的凶手是丧心病狂的"这个语句，如果我们不知道谁杀害了史密斯，这种情况下"杀害史密斯的凶手"的使用就属于归属性用法，因为说话者虽然没有明确指称杀害史

---

① ［英］P. F. 斯特劳森：《论指称》，载［美］A. P. 马蒂尼奇编：《语言哲学》，牟博等译，商务印书馆2006年版，第422－423页。

密斯的凶手，但说话者在某种意义上已经预设或暗示杀害史密斯的凶手存在。当我们知道了真正杀害史密斯的凶手是谁之后，“杀害斯密斯的凶手”的使用就成为指代性用法。

与专名相比，摹状词只有在特定语境下才能发挥指代功能，并且在不同的语境下，一个摹状词的指代功能完全可以由另外一个摹状词或专名来代替，因此如果将该摹状词用作商标很容易导致混淆的发生。例如，就洗发水而言，“顺爽”商标与“顺滑”“舒爽”商标在含义上就存在很大的相似性，如果将它们用作商标使用就很有可能发生混淆。

（三）“第二含义”还是“第二种作用”

长期以来，对于描述性商标经过使用所获得的“Secondary Meaning”，大多数学者都翻译为“第二含义”。但实际上，该种翻译存在着明显错误——混淆了词语作用和词语含义之间的差别。

首先，不能将描述性词语指代的对象等同于词语的含义。正如前文所述，词语本身的含义受到历史的、文化的因素影响，是由公共语言习惯、约定或规则决定的，描述性词语的含义并不会因为受到商业使用而发生变化。“Ivory”（象牙的）无论使用在象牙制品上，还是使用在肥皂上，它都是一个具有固定含义的摹状词，在使用过程中它的含义并没有发生改变，发生改变的只有该词语所发生的作用。

其次，从美国的相关司法资料看，所谓的“Secondary Meaning”只是指该描述性词语具有了标示商品来源的作用，描述性词语并没有产生新的含义。在《兰哈姆法》支持“Secondary Meaning”

的早期案例中，法院通常会要求原告证明该标志具有标示来源的作用（或功能）。法院并没有对较强的任意性商标和较弱的描述性商标进行明显区分。然而，随后的判决意识到“Secondary Meaning”并不适用在所有案件中，只有在发现标志具有描述性的案件中，原告才需要证明“Secondary Meaning”的存在。“Secondary Meaning”被概括为“除了关联（association），什么都没有”①。“当一个词语在消费公众的脑海中的首要意义不是产品，而是产品生产者”的时候，一个商标具有了“Secondary Meaning”。② 然而，消费公众并没有必要必须将商标与它的特定所有者联系起来，只要将该标志视为识别不同商品来源的标志，即便不知道商品生产者的名称，该商标也获得了“Secondary Meaning”。

实际上，如果将描述商品的质量、数量、原料、颜色视为描述性词语的第一种作用，标示商标来源应当被视为描述性词语的“第二种作用”，商业使用增加的是描述性词语的作用（功能），当事人的商业使用达到法律所认可的标准，法院才能认为该词语具有了“第二种作用”，即描述性词语才真正获得《商标法》上的显著性。“第二种作用”的获得并没有改变原有词语的含义，“黑又亮”商标获得“第二种作用”，并不意味着“黑”的不黑，“亮”的不亮。

---

① National Football League Properties, Inc. *v.* Wichita Falls Sportswear, Inc., 532 F. Supp, p. 651－658.

② See Kellogg Co. v. National Biscuit Co., 305 U. S. (1938), p. 111－118.

三、词语商标的使用与显著性

（一）词语的命名与使用

在语言哲学中，词语的命名与使用本身就不是一个层次的问题。维特根斯坦认为，“命名和描述并不在同一个平面上：命名是描述的准备。命名还根本不是语言游戏中的一步——就像在棋盘上把棋子摆好并非走了一步棋。可以说：为一个事物命名，还什么都没完成”[①]。在维特根斯坦看来，语言形式之所以具有它们所有的意义，是因为它们被人们使用，它们的有效性只有在它们的使用中才能得到保证。对语言的使用就如同在做语言游戏，因此只有在语言游戏中才能具有独立的意义。

但是这种使用到底是怎样的一种使用呢？如果个人的使用都算是对语言的使用，对同一个词语都会有不同的解释，那么人与人之间的交流就成为不可能。莫诺将他对维特根斯坦“意义在于使用”的看法大致归纳为以下两点：第一，一个词的意义依赖于某一特定历史共同体的个人的使用，这就排除了在语词使用中的任意性和纯粹个人意愿；第二，词语意义中个人意愿的排除不仅受制于个人所受的社会训练，还因为一个词是一个符号复合体中的一员，这个复合体的各部分不可能任意地瞬息万变。[②] 这就是说，维特根斯坦的语言游戏说内在地包含了说话者和听话者。这

---

① ［英］维特根斯坦：《哲学研究》，陈嘉映译，上海人民出版社 2002 年版，第 38 页。

② See Tullio De Mauro, *Ludwig Wittgenstein*, D. Reidel Publishing Company, 1967, p. 49.

样，语义的理解就不是说话者一方随意的事情，而是同处于一历史共同体双方共享的东西。这种共享的东西制约着人们在谈话整个过程中的语义的理解，以至于要通过社会训练才能习得。①

（二）词语商标的命名与使用

就词语商标而言，是否存在商标的命名与商标的使用这两个不同的阶段呢？虽然事实上确实存在选择商标符号的过程，但本书认为，商标自产生之日起就处于使用状态。因为商标的命名过程只属于个人对商标符号的使用，这时候并没有将商标标志贴附在大量商品上用于标示来源，也没有对使用商标符号的商品进行推销，相关公众对于该符号标示的对象并不了解。只有等到商标标志被贴附在商品上并被销售出去，此时的商标才是真正的商标，因为该标志已经从个人使用变成了社会公众的共同使用。对于商标标志的个人使用——是将它画到纸上还是储存在电脑里，甚至将它作为装饰画在自家墙上都无所谓，都不是商标法所关注的问题，商标法所关注的问题是当它被大量使用到商品上，消费者根据商标来识别商品的来源时，该标志是否具有显著性或区别力，是否会与其他商标标志发生混淆。《与贸易有关的知识产权协定》第15条之所以没有直接规定什么是商标，而是对商标的功能进行描述，任何标记或者标记的组合，只要能够将一个企业的商品和服务区别于其他企业，即能够构成商标，是因为实际上商标自产生之日起就是拿来用的，不被使用的商标就不是商标。

---

① 参见阳小华：《语言·意义·生活世界》，知识产权出版社2008年版，第101页。

也正是由于使用对于商标的重要意义，商标使用这个概念在多个国家或地区的商标法中都得到了体现。美国的《兰哈姆法》在第1127条首先将商标“在商业中使用”定义为“一个商标在通常的贸易过程中的真诚的而非仅以保留该商标权利为目的之使用”。美国一直坚持使用主义原则，《兰哈姆法》对商标注册规定了严格的使用要求，只有提交了在商业中实际使用的证据，申请人才能被核准注册。《欧共体商标条例》针对侵权标记的“使用”，列举了4种使用方式，包括：（1）在商品或商品包装上附加该标志；（2）提供带有该标志的商品，将其投入市场或为此目的持有或用该标志提供服务；（3）进口或出口带有该标志的商品；（4）在商业文书或广告上使用该标志。我国《商标法实施条例》也做了相似的解释。

（三）词语商标的使用与显著性

商业使用是符号具有显著性的必要条件，因此对于商标显著性的判断应当结合其使用的情况，但据此就作出“没有使用就没显著性”① 的结论是值得商榷的。至少在词语商标领域就不是这样——商标显著性是商标法的“分拣机”，它在挑选商标符号的时候，不仅需要对词语自身的指代能力进行判断，还要对该词语是否符合立法原则加以判断，同样一个“未使用”的词语或者以不同方式使用的词语，它在注册主义国家和使用主义国家的命运是不同的。采用注册主义还是使用主义并不都是立法者随意的选择，

① 文学：《商标使用与商标保护研究》，法律出版社2008年版，第18－19页。

而是受到本国商标行政管理水平、消费者对商标的认知水平、商标权利人的权利行使状况及商标的功能等多种因素共同影响的结果。

有学者认为“商标的显著性，也就是标示商品出处的作用只有通过附注有商标的商品行销于市或广告宣传等手段才能真正实现”①。该论断同样将商标显著性的产生归因于商标的使用，是美国商标使用主义的体现，这与大多数国家所采纳的商标注册主义不相吻合，更重要的是该论断将“商标的显著性”等同于“标示商品出处的作用”，这将导致对商标显著性的错误理解。

从横向来看，各个企业自身经济实力是有差异的，其使用商标的程度和规模也各不相同，如果仅从贴附有商标的商品销售数量或广告宣传数量判断商标显著性，认为销售数量多的商标显著性高于销售数量少的，打广告的商品比不打广告的商标显著性强，商标显著性将成为一个受到企业操纵的“玩物”。从纵向来看，就企业自身而言，其发展过程也是跌宕起伏的，经济实力也会有好坏之分，并不是一直都打广告，并不是一直生产贴附某种商标的商品，但不能因此否定商标显著性的存在。

将商标显著性的判断完全依赖于商标的使用，违背商标法的平等原则，违背商标符号体系的稳定性。商标显著性不仅是商标的本质特征，还是获得法律保护的前提条件，丧失显著性意味着丧失法律的保护。法律对商标的商业使用和商标符号区别性作出

① 彭学龙：《商标显著性新探》，载《法律科学（西北政法学院学报）》2006 年第 2 期。

了最低要求，不论企业的商业使用规模有多大，它都是确定的，它都是有资格获得法律保护的。因此，将“商标的显著性”等同于“标示商品出处的作用”的观点是错误的，它只注重了对商标与所标示来源的关联程度，却忽视了商标显著性包含的法律价值判断。

总体来说，首先，“弗兰德利分类法”的首要适用对象是词语商标，而不是颜色商标、图形商标、声音商标等其他商标种类，将“弗兰德利分类法”的适用范围扩大到所有商标种类并将其作为“商标固有显著性的分类标准”是没有科学依据的。其次，在坚持注册取得原则的前提下，本书建议通过强化使用在判断商标显著性的作用，以克服注册取得原则可能产生的消极性。“弗兰德利分类法”并不是对词语商标“固有显著性”的分类，而是对词语商标所发挥作用的分类。词语是否具有显著性，是否发挥标示来源的功能都必须通过该词语所发挥的作用进行判断，“未在商业活动中使用的商标并不是商标法所要保护的商标，充其量不过是一个图形或者词组”①。显著性不仅是商标获得注册的关键，还是获得法律保护的前提条件。因此，无论是按照《商标审查标准》（已修改）对商标显著性进行审查时，还是在对商标侵权案件进行判断时，都必须结合商标的实际使用情况对词语所发挥的作用加以判断。本书建议：在商标注册程序中要求申请人提供证据证明其已真实使用商标或具有真实使用商标的意图；在异议和撤销程序中要求提出异议、撤销的在先注册人提供使用注册商标的证据；

---

① 张玉敏：《论使用在商标制度构建中的作用——写在商标法第三次修改之际》，载《知识产权》2011 年第 9 期。

在侵权诉讼中，注册人也必须提供连续 3 年使用注册商标的证据，否则被告不承担侵权责任。

第三节　集体商标显著性分析

一、集体商标基本功能：标示商品或服务的来源

我国于 1982 年制定的《商标法》并没有对集体商标（collective mark）作出规定，1984 年 12 月 19 日，我国加入《巴黎公约》，该公约在第 7 条之二明确规定了各国对于集体商标予以保护的义务，但直到 1993 年 7 月修订《商标法实施细则》（已失效）时，商标行政管理机关才规定经商标局核准注册的集体商标受法律保护。1994 年 12 月国家工商行政管理局（现为国家市场监督管理总局）出台了《集体商标、证明商标注册和管理办法》①，对于集体商标的注册、管理及其法律责任作出了较为详细的规定。2001 年在我国对《商标法》进行第二次修订时，将集体商标纳入法定商标种类，集体商标注册人享有了与商品商标、服务商标相同的商标专用权，并且《商标法》首次对“集体商标”进行了明确，即集体商标是指以团体、协会或者其他组织名义注册，供该组织成员在商事活动中使用，以表明使用者在该组织中的成员资格的标志。

与我国《商标法》“集体商标”表明使用者成员资格不同，

① 该办法已失效，现为 2003 年的《集体商标、证明商标注册和管理办法》。

《欧共体商标条例》第 64 条在对集体商标解释时认为，共同体集体商标是提出注册申请并能将团体成员的商品或服务与其他企业的商品或服务区分开，由该团体作为商标所有人的共同团体商标。在《欧共体商标条例》看来，集体商标具有将团体成员商品或服务与非团体成员商品或服务区分开来的功能。有学者从信用机制角度指出，普通商标体现的是单向的联系，即消费者通过一般商标只能将信用评价与此商标所代表的个别特定企业联系起来，而消费者通过集体商标所产生的信用评价实际指向的是多个有着内在联系的商品或服务的生产者、提供者。① 普通商标的权利人是商品或服务的生产者、提供者，其良好的商业信誉来自商品或服务的良好的品质和健全的质量保障制度，而集体商标的注册人并不是商品、服务的生产者、提供者，其良好的商业信誉不可能完全来自有效监管和法律制度保障，否则将与政府市场监管职能相互重合，团体的良好声誉应当来自团体成员，尤其是具有代表性的主要团体成员。

依据美国《商标审查指南》第 1302 条的解释，集体商标被划分为两种基本类型：（1）集体商标或集体服务商标（collective trademarks of collective service marks）；（2）集体成员商标（collective membership marks）。第一种集体商标用于表明商品及服务的商业来源，是为了与非团体成员商品及服务加以区分，该类集体商标需要表明“提供商品及服务的一方是某特定团体的成员，并且符

---

① 参见牛玉兵、石俊峰：《集体商标的信用价值与风险应对策略》，载《知识产权》2011 年第 5 期。

合加入该团体的标准”①。第二种“集体成员商标”是一种以表明其为某个有组织的集合团体（如联盟、协会或其他组织）的成员为目的而采用的商标，无论是集体还是其成员都不使用集体成员商标来识别和区分商品或服务，这种商标的唯一功能是表明持有此商标者是某个有组织的集合团体的成员。② 第一种集体商标应当具有区分团体成员与非团体成员商品或服务的功能，美国《商标审查指南》特别强调作为申请者的团体对于其成员在商业中使用商标的“合理控制”，即在申请注册集体商标时向商标行政管理机关提交集体商标使用声明书，以表明申请者对于其成员对集体商标的商业使用实施了合理控制。按照我国《集体商标、证明商标注册和管理办法》的规定集体商标申请人也必须提交商标的使用管理规则，其中就包括使用集体商标的宗旨和商品的品质，集体商标所具有区别成员商品或服务与非成员商品或服务的功能很大程度上取决于团体管理之下商品或服务的定位和品质。普通商标只能代表某一经营者的商业信誉，而集体商标所代表的是一个团体组织的声誉。通过对于集体商标的运用能够将集体商标所承载的良好信用延伸到集体成员的商品或服务上，通过广告宣传提升自我品牌价值，标示商品或服务的来源依然是集体商标的首要功能。

从上述分析可以看出，我国《商标法》中的集体商标更类似

---

① 《美国商标审查指南》，美国专利商标局译，商务印书馆2008年版，第723页。

② 参见《美国商标审查指南》，美国专利商标局译，商务印书馆2008年版，第723页。

于美国《商标审查指南》中第一种集体商标，商标的基本功能依然是标示商品或服务的来源，只不过是要将团体成员的商品或服务的来源与非团体成员的商品或服务区别开来。我国《商标法》在对集体商标的定义过程中过度强调团体成员的身份特征，对于集体商标的基本功能的忽视直接导致对于集体商标显著性的忽视。

二、商标显著性为集体商标的权利范围划定了界限

（一）对于集体商标的限制并不是对商标专用权的否定

2021年年底发生的“逍遥镇胡辣汤”商标维权系列案件、“潼关肉夹馍”集体商标维权系列案件再次将商标权法律制度推到了舆论的风口浪尖。地方特色餐饮经营者仅因在商品外包装、门牌装饰中使用了“地名+食品名称”的商业标识即被相关商标权人诉至人民法院。餐饮经营者很难理解为何使用了多年的“地名+食品名称”商业标识会成为某个协会的私人财产，未经许可使用该商业标识会构成违法。2021年11月26日，国家知识产权局作出了回应，指出“逍遥镇胡辣汤”作为普通商标，其注册人不能据此收取所谓的“会费”，“潼关肉夹馍”是作为集体商标注册的地理标志，其注册人无权向潼关特定区域外的商户许可使用该地理标志集体商标并收取加盟费，同时也无权禁止潼关特定区域内的商家正当使用该地理标志集体商标中的地名。2021年12月12日，最高人民法院民三庭负责人对于“潼关肉夹馍”等地理标志集体商标司法保护相关问题回答了记者的提问，并指出“地理标志属于区域公共资源，地理标志集体商标注册人应当是当地不以

营利为目的的团体、协会或其他组织……个别协会和组织利用地理标志集体商标，获取加盟费等，在商标法上没有依据”[①]。团体协会不能向特定区域以外的经营者收取加盟费，但是如果商标权利人无法禁止本地区经营者对集体商标的商业使用，那么如何理解《商标法》第3条关于集体商标专有性的规定？团体成员如何与非团体成员共同使用具有公共属性的商业标识从而达到区别来源的功能？

2022年6月7日，知识产权局公布了《集体商标、证明商标管理和保护办法（征求意见稿）》，该征求意见稿第21条、第22条规定，以事实描述方式正当使用集体商标含有的地名的行为，商标专用权人无权阻止；他人以事实描述的方式在特色小吃、菜肴、菜单、橱窗展示等使用涉及餐饮类的集体商标的地名和商品名称，属于正当使用行为，商标专用权人无权阻止。从对集体商标检索的结果来看，沙县小吃、莆田鞋、镇江香醋、佛山瓷砖等知名集体商标都使用了“地名＋商品通用名称”的方式，一些集体商标虽采用了背景图案，但“地名＋商品通用名称”具有更加明确的标识性。一方面，就词语商标而言，描述性使用与标识性使用在很多情况下只能结合适当的背景才能够加以判断，很多情况下经营者使用“地名＋商品通用名称”的词语组合往往具有双重性质，如果完全按照上述征求意见稿的规定，我国大多数集体

① 《依法保护地理标志　严厉惩治恶意诉讼——最高人民法院民三庭负责人就地理标志司法保护问题答记者问》，载百家号网2021年12月12日，https://baijiahao.baidu.com/s?id=1718912684479795700&wfr=spider&for=pc。

商标权利人将无法禁止他人使用。另一方面，集体商标的使用情况存在较大差距，如果集体商标“地名+通用名称”的组合方式经过长期使用、大量广告宣传具有了“第二含义”，或者说具有了较强的商标显著性，采用“一刀切”的方式不加限制地许可他人使用，任由他人“搭便车”是否也有违商标法律制度的公平性。如“沙县小吃”也是“地名+食品种类”，在他人并未经过权利人授权的情况下在食品外包装、广告牌上使用“沙县的小吃”或者类似的文字是否侵犯商标专用权？公示的作用在于划定权利范围，如果无法划定权利范围，公示公信就无法构建。

（二）集体商标显著性

按照《巴黎公约》第7条的规定，签约国应当接受申请并保护属于已经存在的协会集体商标，只要该集体商标与来源国法律不相冲突，甚至如果该协会并不拥有任何工业或商业实体。《欧洲商标指引》第15条也作出了相同规定。另外该指引第15条还规定，如果有关标志或指示可能构成集体商标，则不再强制适用第3条关于原产地标志或指示的不可注册性的规定。然而，该商标不得使所有人有权禁止第三方在贸易过程中使用该标志或指示，前提是他在工业或商业事务中按照诚实的原则使用这些标志或指示，特别是不得针对有权使用地名的第三方援引该商标。① 同一方同时申请将同一商品或服务的同一商标注册为集体商标、证明商标、普通商标，商标注册机关要驳回对于普通商标的注册。就集体商

① See James Mellor, David Lewelyn, *Thomas Moody Stuart. Kerly's Law of Trade marks and Trade names*, 15th edition, Sweet & Maxwell, 2011, p. 402－404.

标而言，其功能必须可以区分协会成员与其他成员的商品和服务。

与普通商标相同，显著性始终是集体商标的本质特征。按照《欧共体商标条例》的规定，集体商标的构成与商品、服务商标相同，只要能够将团体成员商品、服务与非团体成员商品、服务区别开来的任何标识，如图形、文字都可以构成集体商标。黄晖教授认为，“商标的显著性也叫商标的识别性或区别性，具体是指该标识使用在具体的商品或服务时，能够让消费者觉得，它应该或者实际与商品或服务的特定出处有关”①。美国毕比教授认为，按照现行规则要成为商标法的保护对象，商标必须具有固定显著性或具有获得显著性。“一个具有固有显著性的商标，它的能指不能被合理地理解为是对其所附着的商品的描述或装饰。”② 集体商标不能是对商品或服务的描述，按照我国《商标法》第59条之规定，集体商标中不能包含有本商品的通用名称、图形、型号或者直接表示商品的质量、主要原料、功能、用途、重量、数量、地名等描述性元素，否则该集体商标将不具有显著性而无法获得注册。在集体商标注册之前，上述描述性元素就已经存在，成为描述该类商品共同使用的词语、标志，具有固定的“第一含义”，任何人都不具有对公有领域符号的垄断性权利，除非集体商标使用者能够证明通过该集体商标在长期的使用过程中具有了“第二含义”。

---

① 黄晖：《商标法》，法律出版社2004年版，第56页。

② Barton Beebe, *The Semiotic Analysis of Trademark Law*, UCLA Law Review, Vol. 51, p. 669 (2004).

在“潼关肉夹馍”地理标志集体商标案中，潼关肉夹馍协会首先申请注册“潼关肉夹馍”地理标志，然后以该地理标志申请了集体商标，看似将公共资源纳入私人权利范围，但实际上却造成了某种“自相矛盾”的尴尬境地：依据我国《商标法》的规定，无论是作为主要原料来源产地的“潼关”，还是作为商品种类物“肉夹馍”都不具有显著性，而其组合“潼关肉夹馍”通常只能用来描述某一特定区域的特色食品种类，不能用于标示某种商品或服务源于某一个团体经营者。“潼关肉夹馍”的显著性丧失使其无法将某一特色食品与某一地区特定经营者联系起来，这是其集体商标不具有排他性的根本原因。

（三）集体商标显著性与利益平衡

在商标法中存在着诸多利益关系，其中最主要的利益关系存在于消费者、商标专用权人和市场竞争者之间。我们经常从私权理论出发，将处于平等地位的商标专用权人与市场竞争者之间的利益关系视为商标法主要的利益关系，并将商标专用权人的利益放到了首要位置，但实际上应将消费者利益占据主导地位，商标专用权人的利益居于次要地位。从商标的标示来源功能和质量保证功能来看，商标法律制度是以满足消费者消费需求，防止消费者受到欺骗为目标的。法律对于集体商标专用权的保护，使集体商标成为团体成员进行有效竞争的手段，通过长期使用和广告宣传，良好商誉转化为集体商标的强大市场号召力和识别力，有效制止假冒商品的不公平竞争，从而维护公平有序的市场竞争。

集体商标具有显著性，商标权利人就能够对该商标享有排他性的权利；反之，该集体商标就处于共有领域，由经营者自由使用。集体商标显著性在利益冲突发生之前就明确界定了私人利益与公共利益之间的界限，从而能够有效避免冲突的发生，保护利益的平衡。冯晓青教授认为，商标显著性的制度设计就是为了在保护商标专用权人利益的同时，防止权利人对于商标标识的使用构成不公平的垄断，从而平衡与消费者、其他竞争主体的利益关系。[①] 在“潼关肉夹馍”地理标志集体商标案件中，潼关肉夹馍协会选择了具有描述性词语申请注册了地理标志，在对该地理标志的使用过程，该协会并没有通过商标使用规则实现提升商品或服务特色、打造知名品牌的目的，地理标志在被注册为集体商标后，没有形成除了地方特色小吃之外的“第二含义”，无法发挥集体商标将团体成员商品、服务与非团体成员商品、服务相互区别的功能，因而在主张集体商标专用权时，被知识产权行政管理机关和司法机关所否定。

（四）商标的“共有状态”与商标共存

2018 年，王太平教授在其《商标共存的法理逻辑与制度构造》一文中提出“商标共存”概念，即“同一法域内属于两个或者两个以上主体的两个或两个以上互相有冲突的商标基于某种原因同时合法存在的情形”[②]。对于该种情形到底应当属于“商标共存”，还是属于“商标权共存”是值得商榷的。商标符号之间通常只会

---

① 参见冯晓青：《知识产权法利益平衡理论》，中国政法大学出版社 2006 年版，第 144 页。

② 王太平：《商标共存的法理逻辑与制度构造》，载《法律科学（西北政法大学学报）》2018 年第 3 期。

存在相同、相似的问题，并不会存在“互相有冲突”的情形，而《商标法》第59条也是对商标先用人权利进行规定，并不是对先使用商标的规定。在2008年北京市高级人民法院受理的“法国鳄鱼”与“新加坡鳄鱼”侵犯商标专用权纠纷案中，案件的案由就是“侵犯商标专用权纠纷”，北京市高级人民法院为了判断两个商标专用权是否存在冲突，从普通消费者的认知能力角度对于两件商标的鳄鱼图形、文字及其整体外观是否能够发生混淆进行判断。相同或相似的商标符号作为人类共有的财富任由经营者自由使用，无论是通过注册取得还是长期使用取得，商标权共存的关键在于划定商标权的范围。商标权的存在意味着对于公有领域的符号，权利人享有了一定专有权利，能够排除他人对商标在一定范围商品或服务上的使用，但在该商品或服务之外其他人仍然可以取得商标权，就如同剧院中有很多座位一般，每一个骑士拥有“剧院中的一个座位”，但并不拥有优先于他人的权利。

三、地理标志与集体商标之间的差异性

为了履行《WTO原产地规则协议》的约定，2001年国家出入境检验检疫局出台了《原产地标记管理规定》，首次对地理标志的含义进行解释，即地理标志是指一个国家、地区或特定地方的地理名称，用于指示一项产品源于该地，且该产品的质量特征完全或主要取决于该地的地理环境、自然条件、人文背景等因素。2005年，国家质量监督检验检疫总局（现为国家市场监督管理总局）出台了《地理标志产品保护规定》，确立了我国地理标志产品管理

制度，2007年农业部（现为农业农村部）出台了《农产品地理标志管理办法》（已修改），对于农业初级产品的地理标志的登记管理制度进行了规定。同样是使用地理标志，地理标志产品保护制度和农产品地理标志保护制度更注重使用标志的产品源于特定地域的客观真实性，并不强调标识产品与特定生产、销售该产品的经营者相联系。巴西《知识产权法》第182条规定，地理标志仅仅能够使用于的确是产于该地的产品或服务。德国《商标和其他标准保护法》第127条规定，如果地理标志适用于不同来源的商品或服务上，并对于商品和服务的地理来源有产生误导危险的该地理标志将不能进行商业使用；如果在不同来源的商品或服务上使用某一具有特殊声誉的地理标志将会不正当利用或贬损该地理标志的声誉或显著性，则不允许在不同来源商品或服务上使用该标志，即便对地理来源不会有误导的危险。埃及《知识产权保护法》第110条规定，包含地理标志的商标如果可能引起公众对于产品真正产地的误认，则不得被注册。①

地理标志所标示的商品或服务来源并不是某个经营者抽象的商业信誉而是某一地域特殊自然、人文环境所产生的商品或服务的特殊品质，该品质与生产经营者无关，只与特定地域有关。对于该地域的经营者而言，地理标志对于所有人都是开放的，任何人对于地理标志的使用都不需要他人许可，更无须参加集体商标注册人的团体组织。2014年修订的《商标法实施条例》第4条从

① 参见《十二国商标法》，《十二国商标法》翻译组译，清华大学出版社2013年版，第33页。

商标行政管理角度允许将地理标志注册为集体商标，并对于“地理标志”公共属性进行了明确规定，即以地理标志作为集体商标注册的经营者，其商品符合使用该地理标志条件的自然人、法人或者其他组织，可以要求参加以该地理标志作为集体商标注册的团体；对于不参加以该地理标志作为集体商标注册的团体的经营者也可以正当使用该地理标志，该团体无权禁止。地理标志的“公共属性”源于特定区域经营者对于某类商品进行描述的特定需求，集体商标的专有权利不能对其他经营者对于地理标志的描述性使用加以禁止，但问题是如何解释集体商标专用权对外排他性，既然集体商标合法有效，为什么无法禁止他人在商品或服务的使用？本书认为，商标所标识的抽象的商誉与地理标志具体的地理区域之间的矛盾，使其相互之间无法兼容，而地理标志本身所具有的开放的公共属性更与商标排他性相互冲突，使将地理标志注册为商标的行为变得毫无意义。

四、集体商标的使用与管理

根据《国家知识产权局 2021 年年度报告》，2021 年我国新核准注册地理标志商标为 477 件，截至 2021 年年底，累计注册地理标志商标为 6562 件。其中大量的地理标志商标是由行业协会申请注册的集体商标，如法国波尔多葡萄酒行业联合会（141 件）、淮安市淮阴区畜禽产业协会（江苏，34 件）、涟水县农副产品营销协会（江苏，25 件）、洪泽县洪泽湖农产品协会（江苏，23 件）、喀什农村合作经济组织协会（新疆，21 件）。“潼关肉夹馍”集体商标维权案件发生之后，由于行业协会不能强迫经营者加入协会组织，地理标志并不因为被注册为集体商标而取得排他性，该地区的经营者依然可以使用地理标志标示其产品或服务与特定地区存在联系。

（一）集体商标团体组织通常为行业公益组织

1. 从集体商标的注册目的看，集体商标团体组织应当属于具有广泛代表性的公益服务组织

按照全国人大常委会法工委的立法解释，“集体商标由其成员使用，使用人较多，覆盖面较宽，有利于形成市场优势”[①]。集体商标的设立目的就在于能够发挥团体优势，群力群策，降低经营者个人维持和拥有商标权的成本，提升具有区域特色的农牧业高质量发展，公益服务性成为集体商标团体组织的首要特点。

2. 从管理职权看，集体商标团体组织不应当以营利为目的

按照我国《集体商标、证明商标注册和管理办法》的规定，团体组织应当具有监督成员使用该地理标志商标商品的特定品质的技术能力；享有制定规范性文件，规范集体成员使用集体商标的职权；对于违反集体商标使用管理规则的成员，团体组织有权要求其承担相应的法律责任。作为集体商标使用的管理者，团体组织必须以保证商标的规范使用为己任，而不能以获取经济回报为目的。

3. 从集体商标的许可使用看，团体组织不能以获取集体商标

① 郎胜主编：《中华人民共和国商标法释义》，法律出版社2013年版，第14页。

许可使用费为宗旨

按照我国《商标法》第16条的规定，使用地理标志的商品并非来源于该标志所标示的地区，误导公众的，不予注册并禁止使用。该条规定实际上大大限制了团体组织为了获利超越特定地区不断扩大成员的可能性，并且随着集体商标使用管理规则公示，按照《集体商标、证明商标注册和管理办法》第17条的规定，使用集体商标的前提是符合团体组织制定的集体商标使用管理规则，并不是许可使用费的多少。由此可见，无论是逍遥镇胡辣汤协会，还是潼关肉夹馍协会，其向逍遥镇、潼关县以外地区的经营者收取会员费的做法是违反《商标法》《商标法实施条例》的，能否成为团体成员应当依据法律和公示的集体商标使用管理规则加以确定，而不能由行业协会组织自行决定是否许可使用。

（二）对于集体商标的限制并不是对商标专用权的否定

随着商标注册制度、地理标志产品注册制度的建立，一个经营者使用他人商标或商标构成要素的行为会变得越来越普遍。洛克劳动财产理论能够从一个新的视角论证限制集体商标专用权的正当性：一方面，人类符号资源的大门是向所有人开放的，任何人都不享有优先于他人的特权，在权利人获得对商标独占性使用的同时不能影响符号的原有使用，例如，经营者为了介绍商品来源使用集体商标的地名或地理标志。集体商标的标示功能和区别功能与地域文化、商业经营方式存在密切的联系，无论是“逍遥镇胡辣汤”还是“潼关肉夹馍”都是地方特色食品，相比遍布全国各地上千家经营者而言，逍遥镇胡辣汤协会、潼关肉夹馍协会的成员对于商标的使用是微不足道的，消费者大多数情况下对于集体商标的认知并不是从集体成员的使用中获知的。如果我们要依据产生某一抽象物所作出的劳动来确定权利归属，就不得不承认这样一个事实："许多表面上看来由个人拥有的抽象物，实际上是因共同劳动而应当为集体所拥有的。"① 仅仅为了满足集体商标权利人对经济利益的贪婪，而置共同使用者与普通消费者利益于不顾，这与自然法中的"共有状态"相背离，因而必须对集体商标专用权设定限制。另一方面，排他性依然是集体商标专用权重要的特征，是其能够成为一种私人财产的重要条件，为了发挥集体商标的功能，立法者应当对集体商标权的限制进行明文规定，如对集体商标的合理使用加以规定。

财产权虽然建立在一定客体之上，但它最终所要解决的是人与人之间的关系，而不是人与物的关系。普芬道夫对消极共有——"所有的物向所有的人开放，人们彼此所拥有的是平等而没有差异的"——论述无疑是对人人平等自然法精神的经典阐释。人类符号资源的大门应当向每一个人开放，人们拥有平等使用符号标示商品或服务来源的权利，而过分强调集体商标权的排他性，忽视商标的"共有状态"，是有害于商标权法律制度的价值实现的。

① Peter Drahos, *A Philosophy of Intellectual Property*, Dartmouth, 1996, p. 46 – 63.

| 第八章 |

人工智能生成物著作权权利归属研究

第一节　人工智能及其生成物概念厘定

一、人工智能概述

“人工智能”（Artificial Intelligence）这一名词由美国科学家约翰·麦卡锡于1956年在美国达特茅斯会议上首先提出，并指出人工智能应当是用机器来模拟人脑工作，实现与人类相同或近似的智能。但是随着人工智能问题研究的深入，涉及的领域逐步扩大，要想给人工智能生成物下一个统一确定的定义在现在看来是有很大的难度的。世界知识产权组织把人工智能定义为用机器特别是计算机系统来模拟人类的智能过程；中国通信学会把人工智能界定为，研究、开发用于延伸和扩展人类智能的理论、方法、技术和应用系统，是一种新兴的技术学科；清华大学人工智能研究院院长张钹认为人工智能是利用机器去模仿人的智能行为。

虽然目前对人工智能没有一个准确的定义，但对人工智能的核心思想大家的认识是统一的，即“像人类一样思考的机器”。

通过以上官方和学者对人工智能的定义，本书认为人工智能是建立在算法的基础上，让其形成具有一定的学习推理能力的计算机系统。研究人工智能就是为了让人工智能去帮助人类做各种各样的事情，确切地说是让人工智能做之前只有人类才可以做到的事情。

人工智能在文艺创作领域的创作直接催生了人工智能生成物的诞生。人工智能生成物是在利用人工智能技术的背景下，制造出诗歌、小说、图画等文学艺术形式的内容。人工智能能够生成内容主要是深度学习算法在其中发挥了主要作用，深度学习是机器学习的重要研究领域，深度学习多层神经元处理，通过大量基础性数据的学习总结出数据之间的共性特征，目的是模仿人脑的思维来理解数据。具体到文学艺术领域是使用该技术学习文字、图画等作品的高级特征，然后将共性特征再应用到新的创作过程之中，最终能够完成之前只有人类才能完成的创作工作。

目前，关于人工智能生成的“智力成果”的表述五花八门，学界尚未存在统一的说法，熊琦教授在《人工智能生成内容的著作权认定》一文中使用了“人工智能生成的内容”；易继明教授将人工智能生成的内容称为“人工智能创作物”；还有学者提出“人工智能智力成果”的概念。本书认为，当人工智能的生成成果尚未被证成是创造物，即本书要研究的问题尚未形成定论以前，使用生成物更能真实客观地反映人工智能生成成果的情况。因为人工智能生成过程是否可以认定为“创作”的过程，生成的内容是否属于著作权法上的“智力成果”，还需要进一步认证，故直接使用“创作物”“智力成果”的表述，似乎意味着在对它的法律性质作出定性之前，就已经肯定了它的创造性和作品地位，这样表述不符合逻辑上的因果关系。

二、人工智能生成物的分类

人工智能有多种分类方式，目前主要的分类标准是根据人工智能的发展状况及人工智能在创作过程中所起作用的改变，将人工智能分为弱人工智能和强人工智能。

（一）弱人工智能生成物

弱人工智能生成物是指在整个创作过程中，自始至终起到决定性作用的是人类，弱人工智能生成物体现的是人类的创作意志，此时的人工智能仅仅是人类为了实现创作所使用的必要手段。此种情形下的人工智能生成物并不具有特殊性，自然属于著作权法中作品的范畴，其性质和人类利用画笔作为辅助工具在画板上画画没有任何本质的区别。人工智能的生成过程可以被看作自然人在学习知识一样，都是“先输入后输出”的过程。弱阶段的人工智能就好像无民事行为能力人一样，由其法定代理人代理实施民事法律行为。在弱人工智能阶段，在为其输入大量的信息和算法之后，人工智能不具备自主学习和判断的能力，其生成过程就如同小孩牙牙学语一样，老师教我们什么我们就学什么然后就说什么，只是一种简单的、机械的“复制”。例如，诗人利用人工智能协助创作，诗人提前设计好操作流程并向机器发出操作指令，机器完全依照其预设的流程进行演练，帮助诗人作出心中所想之诗，该诗句并没有体现人工智能的思想意志，这首诗所表达的就是诗人的思想情感，因此诗人就是这首诗的创造者。

（二）强人工智能生成物

在强人工智能生成物的创作过程中，人工智能在其中扮演着主要角色，即处于实际创作者的地位，此时的人工智能进行“深度学习”，拥有了近似于人类的自主学习能力，在借助大数据的环境下将收集到的信息素材进行有选择地加工重组，具备一定的思维逻辑。此时的人类恰似弱人工智能生成物中人工智能的作用一样，仅仅是负责数据输入等协助性工作。类比弱人工智能，强人工智能阶段输入过程与弱人工智能在输入阶段是一样的，但在输出阶段更像是完全民事行为能力人，其已经具备了独立思考问题的能力，通过“深度学习”的方式把所学到的知识进行归纳整理融合，开始有了自己的判断，具备了举一反三的能力，有了自己的个性和想法。比如《阳光失了玻璃窗》就是完全由人工智能小冰创作的诗集，人工智能起着完全主导的作用。强人工智能作品将会随着技术的进步大量涌现，在为人们提供便利的同时，也会带来诸多问题，会对我国乃至世界各国长久以来著作权法仅保护自然人创作的作品的理念造成冲击。本书拟展开研究的对象是人类没有直接参与创作的环境下，由人工智能扮演主要角色的独立创作的智力成果，即本书中所说的人工智能指的是强人工智能。

三、人工智能生成物典型案例

（一）北京菲林律师事务所诉百度公司百家号平台案

菲林律师事务所于2018年将百度公司起诉到北京互联网法院。该案被称为我国“人工智能生成内容著作权纠纷第一案”。[①] 案件的起因是百度公司未经菲林律师事务所的授权，私自复制转载菲林律师事务所发表在其公众号上的文章，且删除了菲林律师事务所的署名、引言等内容。涉案文章《分析报告》是菲林律师事务所利用威科先行创作的，原告认为百度公司的行为侵害了其署名权、保护作品信息完整权，百度公司辩称涉案作品的分析报告不具有独创性，不能构成作品。该案的争议焦点是人工智能生成物（在该案中是利用威科先行制作的数据分析）能否成为《著作权法》保护的作品。

法院的判决结果否认涉案文章构成《著作权法》意义上的作品，裁判理由如下：第一，涉案作品中的相关图形和文字数据是利用威科先行制作完成的，而非基于创作产生。针对同一资料，不同的使用者使用同一软件进行加工，最终得到的结果都是一样的，因此法院认为涉案作品不满足独创性要求。第二，根据现行法律的规定，文字、图画等作品的创作者是自然人或法人的，在法律没有作出特别规定之前，不应突破民法权利主体是自然人或法人这一基本规范，在《著作权法》中，自然人完成作品仍是必

---

① 参见北京互联网法院民事判决书，（2018）京0491民初239号。

要条件，[①]《著作权法》只保护自然人的创作，不保护非自然人创作的内容。

（二）腾讯诉盈讯科技侵害著作权纠纷案

2019 年年初腾讯以侵犯著作权为由，将盈讯科技起诉到法院。[②] 起因是腾讯自主研发的机器人 Dreamwriter 撰写了一篇财经文章，同日被盈讯科技在其网站复制转发。最终经过法院的审理，认定该涉案文章属于我国《著作权法》所保护的文字作品。裁判理由如下：机器人 Dreamwriter 撰写的文章具有独创性，与既有的作品存在差异，而且在创作之外的其他过程有自然人的参与，有体现自然人情感的可能，因此认定涉案文章为作品。

（三）首例放弃人工智能“著作权”事件

《阳光失了玻璃窗》是一部由人工智能小冰学习上百位中国现代诗人的上千首诗，独立创作而成的现代汉语诗集。小冰是微软公司研发的人工智能，2017 年微软研究院发表了一封公开信，表明放弃微软小冰生成的《阳光失了玻璃窗》的著作权，引起了大家对其著作权归属的广泛争论。那么问题是微软研究院有没有权利将《阳光失了玻璃窗》的著作权转让给别人？《阳光失了玻璃窗》是否可以被纳入著作权法的范畴？《阳光失了玻璃窗》的权利主体是微软研究所吗？[③] 一石激起千层浪，作为国内首例放弃人工

① 参见刘婉：《人工智能生成物的著作权保护研究》，载《池州学院学报》2021 年第 2 期。

② 参见广东省深圳市南山区人民法院民事判决书，（2019）粤 0305 民初 14010 号。

③ 参见张怀印、甘竞圆：《人工智能生成物著作权归属问题研究——谁有资格放弃〈阳光失了玻璃窗〉的版权?》，载《科技与法律》2019 年第 3 期。

智能生成物著作权的事件，值得引起我们的研究关注。

综合以上三个案例来看，前两个案例本书大体上可以用“同案不同判”来概括，这两个案子在客观情况上是极为相似的，但不同的法院却给出了截然相反的判决。这恰恰体现了在司法实践中，法官对于人工智能生成物是否能够获得《著作权法》上作品的保护还存在重大分歧，至少可以说还没有形成统一的意见，这也是本书写作的直接原因之一。① 通过对比发现，第二个案例中的涉案文章之所以判定为作品，在很大程度上是因为法院认定其创作过程中有人的参与，这也说明了在司法实践中审判机关还不接受除自然人外的其他创作主体。第三个事件恰好反映了热议的人工智能的设计者是否可以作为生成物的权利主体。

第二节　人工智能生成物的可著作权性分析

人工智能生成物是否具有可著作权性，与其权利归属状态有着直接联系，在解决人工智能生成物的著作权归属问题前，其是否具备可著作权性应成为优先解决的问题。人工智能生成物能否成为《著作权法》上的作品，是关乎著作权权利归属问题研究的重要组成部分。本书认为人工智能生成物可以作为著作权保护的客体，下面将从传统著作权法对著作权客体的认定标准来论证人

---

① 参见党玺、王丽群：《人工智能生成物的著作权归属研究》，载《浙江理工大学学报（社会科学版）》2021 年第 6 期。

工智能生成物应当为著作权保护的客体。

根据《著作权法》第3条的规定，[①] 以及《著作权法实施条例》第2条的规定，[②] 可以看出我国《著作权法》关于作品的构成要件主要有三个：独创性、可复制性、属于智力成果。下文将对人工智能生成物是否具有此“三性”逐一对照，如果人工智能生成物满足《著作权法》客体“三性”的构成要件，那么应当认定其为《著作权法》意义上的作品。

一、人工智能生成物具有独创性

关于独创性的判定，各国基于国情和立法价值取向不同，对独创性内涵有不同的定义。英美法系国家的要求较低，只要作品的外观形式不同于现有作品，且付出了一定的劳动，而不是抄袭他人的，就满足“独创性”的要求。美国在独创性的标准上曾长期奉行“额头流汗”原则，直到1990年的“费斯特”案才要求相关的表达应该具有最低限度的创造性。[③] 与英美法系相比较，大陆法系对于作品独创性的判定有着较为严格的标准，要求作品中应该包含创造性劳动、智力因素、能够体现出作者的个性并且要有一定的创作高度。

独创性对于作品来说，就相当于新颖性对于专利、显著性对

① 《著作权法》第3条规定，《著作权法》所称的作品，是指文学、艺术和科学领域内具有独创性并能以一定形式表现的智力成果。

② 《著作权法实施条例》第2条规定：“著作权法所称作品，是指文学、艺术和科学领域内具有独创性并能以某种有形形式复制的智力成果。”

③ 参见王迁：《知识产权法教程》（第7版），中国人民大学出版社2021年版，第93页。

于商标一样重要。关于“独创性”的认定，我国《著作权法》中没有明确的规定，我国《著作权法实施条例》第 3 条第 1 款规定，“著作权法所称创作，是指直接产生文学、艺术和科学作品的智力活动”，也就是说立法者将创作看作一种智力活动。根据我国《集成电路布图设计保护条例》第 4 条第 1 款的规定，“受保护的布图设计应当具有独创性，即该布图设计是创作者自己的智力劳动成果，并且在其创作时该布图设计在布图设计创作者和集成电路制造者中不是公认的常规设计”。独创性必须是由自己的独立思考加上智力劳动共同组成的。《著作权法》上作品的独创性与《专利法》中发明的创造性是有本质不同的，作品的独创性侧重强调的是形式上的创新性，形式上不同于现有作品即可满足创造性最基本的要求。王迁教授认为判断人工智能生成物是否够构成作品，取决于其生成过程是否属于创作行为。① 本书认为，我国《著作权法》保护的是创作的表达，创作者的生产过程是为最终的表达所服务的，生产过程只是手段，最终的表达才是目的，且生产过程属于创作者思想的范畴，以创作者的生产过程来判断是否构成作品的做法是不符合《著作权法》的规定的。易继明教授认为著作权法中的独创性标准应当偏向于一种客观的评判标准，即从形式上观察它与现有作品的表达是否不同，并将其假设为人类创造的，再判断是否能够解读出具有“最低限度的创造性”。② 吴汉东教授

① 参见王迁：《论人工智能生成的内容在著作权法中的定性》，载《法律科学（西北政法大学学报）》2017 年第 5 期。

② 参见易继明：《人工智能创作物是作品吗?》，载《法律科学（西北政法大学学报）》2017 年第 5 期。

认为独创性的判断应建立在“思维表达”和“人格主义”两个方面。思维表达的方式归根结底就是生成物的外部形态，而并非其思想范畴的生成过程。① 综合以上来看，独创性的判断要看其是否具备独立性和最低限度的创造性。本书认为，在坚持独立性和最低限度的创造性的基础上，还应当聚焦创造物要有价值、有意义，能够满足、迎合社会大众、消费者的需求，达到“创有所需”的效果。试想无论是人类还是人工智能创造出来的物品，社会大众不埋单，甚至不能满足任何一类群体的需求，那么创造出来的产品也就失去了其应有的价值，不被社会大众所认可的产品必将挫败生产者的积极性，该产品也终将会退出市场。所以独创性在满足独立和最低限度的创造性的基础上还应当兼顾实用性。

著名的“图灵实验”表明在不知道其出处的情况下，人工智能生成的作品与人类创作的作品几乎很难分辨，这就足以说明人工智能生成物亦能够达到独创性的要求。“独创性”的要件主要是看人工智能创造出来的成果与现有的作品是否可以达到相互区别的程度，而不是现有作品的复制品。以小冰创作的《阳光失了玻璃窗》为例，这是一部完全由人工智能主导创作的作品，首先在创作主体上就与之前存在的作品不同，自其创作完成公开发表后也没有任何作者主张该作品存在复制、抄袭的情况。该作品之所以能够与现有作品构成明显区别，是因为作者在作品里面倾注了自身独有的成分，作品是作者独立完成的，是独立性的表现。因

① 参见吴汉东：《人工智能生成作品的著作权法之问》，载《中外法学》2020年第3期。

此我们可以认定人工智能生成物具备独创性。

二、人工智能生成物具有可复制性

复制是对作品表达的重现，是利用各种无独创性的方法重现原作品的行为，同时这一行为又能够促进作品的广泛传播。倘若一项智力成果能够以有形的形式加以复制，我们称其为具有可复制性，可复制性是判断智力成果是否构成作品的必备要素，是指知识产权依靠一定的有形物体去固定和表现。关于作品可复制性的解读，理论上大致存在三种观点：一是将可复制性等同于固定性；① 二是认为可复制性是通过复印产生多份；② 三是站在我国现行立法的角度，将可复制性理解为可以被客观感觉到的外部表现。③ 以上三种观点对于理解可复制性都具有可采性，当一部作品出现在我们眼前时就意味着它是以某种载体存在的，但是对于即兴表演等未固定于特定载体之上的口头作品的保护有所疏漏。

本书更倾向于将可复制性理解为可以被客观地感觉到的外部表现。一方面，这种解读符合“思想与表达二分法”的基本规则，即著作权法保护可以被外在感知的思想表达，而不保护仅停留在内心的思想本身。之所以有这样的规则，是因为只有外化于形、能够被大众所感知的作品才能够通过一定形式将其进行传播，从

① 参见崔国斌：《著作权法：原理与案例》，北京大学出版社2014年版，第120页。

② 参见金松：《论作品的“可复制性”要件——兼论作品概念条款与作品类型条款的关系》，载《知识产权》2019年第1期。

③ 参见王迁：《知识产权法教程》（第7版），中国人民大学出版社2021年版，第26页。

而进一步达到促进文化事业繁荣的效果。仅停留在大脑中的某个想法、设计、创意，哪怕本身是具有创造性的，但是无法让外人感知到，无法进行传播，也就不符合著作权法上作品的构成要件。如郑板桥的“眼中之竹”和“心中之竹”即属于思想范畴，其不具备可复制性，所以不属于作品，如果将“心中之竹”用笔墨洋洋洒洒地呈现在纸上，则此时“纸上之竹”就成了作品。另一方面，可以被感知的外在表达的范围是大于可固定性的表达范围，能够被感知的外在表达最常见的形式就是思想表达被固定在了某一特定载体上，这样的载体是可以被我们接触并复制的，因此“表达”就隐含了可复制性。

由此观之，人工智能生成物只有满足可以被客观地感觉到的外部表现，才符合著作权法上作品的可复制性的构成要件。人工智能的生成物一般包括新闻、诗歌、音乐、绘画等形式，当这些生成物出现在我们面前时就意味着它是以某种载体存在的，既可以存在于光盘、图书、电脑之中，也可以存储于磁带、磁盘及移动硬盘之中，比如小冰的诗集、小冰的歌曲，当我们听到或者看到知晓其存在的时候，它就已经附着于载体之上了。本章开头第一个案例中的威科先行制作的数据报告和第二个案例中腾讯机器人撰写的财经文章都是能够被我们感知的外在表达，也都具有可复制性，单从作品可复制性的角度来看，这两个案例中的两篇文章和事例中的诗集，完全具备作品范畴的可能，在司法实践中法官应当认定这样的载体是可以被我们接触并复制的。在理论上，任何外化于形的文艺产品都具有被复制的可能性，只有思想才是不能被复制的。综上所述，人工智能生成物具有可复制性。①

三、人工智能生成物属于智力成果

从概念上说，“智力成果”是指人类在智力劳动中所产生的精神财富或精神产物，这一概念包含着智力成果的两个层次。第一个层次体现在精神财富或精神产品上，即从结果的表现形式上看何为智力成果。精神财富特指一般公众的内心主观感受，当普通民众在阅读书籍、观看影视作品的时候，内心会随着故事情节的起伏而波动，让我们感到内心的富足。同理，人工智能生成物通常表现为诗歌、绘画、音乐等形式，如当我们在阅读谷歌人工智能画作“Edmond de Belamy”时，② 我们也会同样地感受到内心世界的充实与富足，能够使公众在情感上获得不一样的体验，同阅读由人类创作的诗词歌赋没有什么区别。因此，人工智能生成物满足精神财富的层次要求。

第二个层次要求智力成果必须包含人的智力劳动，即从创作过程角度看何为智力成果。创作的过程限定智力成果必须包含人的智力劳动，那么这是否与人工智能生成物的创作过程相违背呢？答案是否定的。上文提到人工智能生成物的产生是一个“先输入后输出”的过程，拆解为三步走，即人类先向人工智能输入算法，人工智能通过深度学习将算法提炼进行编排重组，最后将结果输

① 参见高瑜聪：《人工智能生成物可版权性研究》，厦门大学2019年硕士学位论文，第22－23页。

② 参见高圆圆：《人工智能生成物的著作权归属研究》，郑州大学2019年硕士学位论文，第22页。

入出来，即人工智能生成物的产生，不可忽略的是人在创作过程中的启动和结束阶段发挥着一定作用。在人工智能的开始阶段需要有由人类输入算法以开启人工智能创作所必备的信息，虽然该算法的输入不影响人工智能创造的结果，但该输入动作是后续一系列过程的开端。人工智能在完成创作后，输出的结果并非都是有价值的、符合市场需求的，因此人类会对其输出结果进行筛选，挑选出有价值的生成物加以传播利用。综上所述，尽管生成物的内容是人工智能创作的，但人类在其中也发挥着对生成内容选择、判断的作用，符合第二个层次的要求。我国著作权法除了规定自然人可以成为作品的作者外，法人或其他组织也可以成为作品的作者，因此在现有的知识产权法体系下，仅仅认为“智力”是自然人独有的能力是不符时代发展潮流的。综上，本书认为人工智能生成物能够满足精神财富或智力劳动的要求，属于智力成果。

第三节　人工智能生成物著作权权利归属

一、人工智能作为权利主体的制度障碍

（一）人工智能处于权利客体地位

当人工智能生成物被定性为《著作权法》上的作品，那么下个重要的问题即要确定该“作品”的权利归属。近年来，学术界对人工智能生成物的权利主体争论不休，难以形成统一意见的主

要原因就在于人工智能生成物的创作行为是由人工智能本身完成的，而在人工智能出现以前，作品的创作都是由自然人完成的。根据我国《著作权法》第 11 条第 2 款、第 3 款的规定，创作作品的自然人是作者，由法人或非法人组织主持，代表法人或非法人意志创作，并由其承担责任的作品，法人或者非法人组织视为作者。可以看出一般情况下，创作作品的自然人就是作品的著作权人，特殊情况下，法人或者非法人组织也可以作为法律拟制的主体享有著作权。有学者认为人工智能生成物的权利归属可以类比拟制的法人或非法人组织主体。与拟制的法人主体不同的是，法人属于民法上的权利主体，而人工智能本身只是人工智能设计者（专利权人）生产出来的成果，是一种权利客体，这是人工智能无法改变的特点。如果将人工智能看作具有拟制的法律人格，让其成为权利主体，直接认定为生成物的作者，实质上是与民法上的民事主体相冲突的。现行法律制度下，权利主体与权利客体之间的法律身份地位不得相互调换，也就是权利客体无论再智能都不能改变其权利客体的地位，权利客体只能处于被动的接受地位。① 著作权法作为民法下的法律规范，也应当遵循此逻辑，民法上的民事主体是指依法享受权利并承担义务的参加者，能够作为民事主体的有自然人、法人和非法人组织。若将人工智能定义为权利主体，就违反了我国民法中的权利主体与客体不得互换的规定，故将人工智能看作权利主体拥有法律人格属性是对我国著作权法

① 参见李睿嘉：《论人工智能生成物著作权保护》，吉林大学 2020 年硕士学位论文，第 14 页。

和民法制度极大的挑战，缺乏实际考量和现实意义。

（二）与《著作权法》中激励机制不符

《著作权法》的立法目的之一是鼓励作品的创作，繁荣文化市场，使更多的人投入到生产创作中来。如何达到这一鼓励效果，则是通过法律规定赋予作者复制权、署名权、发行权和信息网络传播权等一系列权利，允许作者能够依据法律，禁止他人未经许可进行复制、发行、信息网络传播等方式利用作品的行为，确保他人在使用作品时要经过作者的同意并向作者支付合理费用。作者从作品市场化中取得的满足感是激励作者创作出更多新作品的重要原因，满足感当然不仅仅限于经济收入，还包括精神上的成就感。那么谁能在这套用心良苦的法律流程之中受到激励呢？当然只可能是自然人。只有自然人才能感受到激励，人工智能是无法通过激励理论来刺激自身产生创作的动力的，它无须激励也能保持不间断的动力，所以如果把人工智能规定为生成物的主体并享有权利，这与《著作权法》的立法目的相违背。不管是动物还是机器，都不可能在《著作权法》保护作品中受到鼓励，从而产生创作的动力。①

综上所述，在目前的法律体系下，人工智能想要成为权利主体还有很长的路要走，在为人工智能的法律人格作出合理解释之前，权利主体势必要在为其作出“必要安排”的编程设计者、使用者和投资者之间进行权衡，确定权利归属。

① 参见王迁：《论人工智能生成的内容在著作权法中的定性》，载《法律科学（西北政法大学学报）》2017 年第 5 期。

二、人工智能生成物权利归属的理论分析

(一)“设计者”说

部分学者认为人工智能生成物的著作权归属于人工智能的设计者，持这种主张的学者主要基于以下三点原因：第一，他们认为人工智能生成物是在严格执行设计者输入的编程程序，生成物的产生在于设计者的辛勤劳动，体现出的是设计者的意志。第二，人工智能的设计者对人工智能的产生作出了实质性的贡献，① 开启了人工智能的“生涯”，正是因为这些设计者们坚持不懈地投身于人工智能的研究之中，不断地进行算法的设定、代码的修改以及“测试”人工智能，才使人工智能的创作能力得到了显著提升。他们认为人工智能的出现是人工智能生成物的先决条件，人工智能和人工智能生成物具有因果关系。第三，人工智能生成物可以看作人工智能机器的演绎作品，上文已经阐述在人工智能本身不能够成为权利人的情况下，应将原本属于人工智能的权利延展至人工智能的设计者，即由设计者享有演绎作品的版权。

本书认为，首先，过度强调设计者编程的重要性其实是在忽略人工智能本身的智能性，设计者为人工智能的创作奠定了坚实的基础，但是并未直接作用于人工智能的创作。不可否认的是人工智能的设计者是人工智能产生的直接作用者，但是其贡献也仅仅止步于此，将设计者的贡献漫无边际地扩大，从而蔓延至人工

---

① 参见李宗辉：《人工智能创作物版权保护的正当性及版权归属》，载《编辑之友》2018 年第 7 期。

智能生成物是不合乎常理的。单纯的设计出一台机器并不等于设计出了这台机器所生产的产品，虽然设计者对人工智能技术的发展起着不可或缺的作用，但不能忽略的是如今的人工智能具有一定“智能”的特点，这使设计者与最终的生成物之间不具有直接的因果关系。① 其次，设计者已经是人工智能本身的权利人，在法律上已经获得了人工智能的著作权，作为其劳动成果的回报，他可以通过对人工智能转让的方式获得财产收益。如果其人工智能技术可以解决特定领域的技术难题，甚至还有可能获得专利权的回报。② 在此基础上还依然将人工智能生成物的权利赋予设计者，将会出现双重奖励甚至是多重奖励，不符合《著作权法》的利益平衡原则。最后，人工智能生成物与人工智能演绎作品在本质上是不同的。演绎作品是对已存在作品的再创造，主要表现形式是改编、翻译、整理原来的作品，演绎作品在创作表达上与原作品是较难区分的。但人工智能与人工智能生成物的关系并非如此，就像我们不能说鸡蛋是鸡的演绎作品。人工智能的核心表达是代码，而人工智能生成物的核心表达是文字、图画和音乐等，后者是运用前者的算法代码进行创作的成果，而不是对前者表达的简单复制和改动。③ 因此，人工智能的设计者无法成为工智能生成物的权利主体。

① 参见刘鸣柳：《人工智能生成物著作权保护研究》，河北经贸大学 2020 年硕士学位论文，第 27 页。

② 参见李宗辉：《人工智能的知识产权法应对与挑战》，知识产权出版社 2021 年版，第85 页。

③ 参见李宗辉：《人工智能的知识产权法应对与挑战》，知识产权出版社 2021 年版，第86 页。

（二）“所有者”说（投资者说）

部分学者赞成将版权归属于所有者。易继明教授认为，为了鼓励投资者并推动人工智能技术的持续发展，应构建起以所有者为中心的权利架构；① 熊琦教授认为人工智能生成物代表着所有者的意志，应将著作权归属于所有权人。② 所有权的取得分为原始取得和继受取得，所有者也相应地分为原始所有者和继受所有者。本节重点讨论原始所有者，即投资生产人工智能的主体，我们称其为投资者。基础科学研发制造需要投入巨额的资本，且周期较长，一般需要大型公司作为其推动力，非一般普通公民所能承受，通常的表现形式为投资者投入了大量的资金，汇聚了大量高学历、高技术的专业人才，组成研发团队。例如，美国的科技谷歌母公司 Alphabet、IBM 和微软等每年在基础技术研发上投入高达数百亿美元；阿尔法狗的研发团队 Deepmind 成员多达 400 人，其中有一半获得国际知名学府博士学位。可以发现投资者除了投入了必要的资金，在汇聚人工智能开发所必需的人才资源及技术方面也付出了巨大的努力。因此持有此观点的部分学者主张，对于付出了较多成本的投资者，仅从人工智能本身获得的商业利益不能填平其付出的资本，期望可以享有人工智能生成成果的著作权作为补充。

本书认为，投资者确实为人工智能的研发投入了必要的资金准备，主要表现为雇佣人工智能的研发设计者以及购买研制人工

---

① 参见易继明：《人工智能创作物是作品吗?》，载《法律科学（西北政法大学学报）》2017 年第 5 期。

② 参见熊琦：《人工智能生成内容的著作权认定》，载《知识产权》2017 年第 3 期。

智能所需要的原材料。成功的投资者必然会享有因投资行为而产生的商业利益，创造的商业利益往往会高于前期投资者的投入，至少也应当是前期投入的对价，而这些正是投资者所付出的努力和金钱的回报。投资必然伴随着风险，失败的投资者也要承担因投资失败所带来的不利后果，因此投资者的投资行为在市场收益中已经得到填平。另外，投资者在人工智能生成物创作的全过程中，并不是直接的参与者，没有直接投入智力劳动，产生的智力成果不能体现投资者的意志。如微软研发的“小冰”、谷歌研发的能够绘画的 Deep Dream、腾讯推出的 Dream writer 机器人等，投资者并未投入智力劳动，生成的智力成果也并非按照投资者的思想诠释的，因此将人工智能生成物的著作权全部归于投资者，就意味着忽视了人工智能设计者和使用者在智力成果中的贡献，这是不合理的。

（三）“使用者”说（最密切接触者说）

赞同人工智能生成物权利归属于使用者的学者考虑到实践中使用者是生成物最直接接触者，是人工智能的实际操作者。赞成者认为：第一，使用者根据自己的需要向人工智能发出必要的指令，输入心中所想的生成物的信息，最终产生的生成物体现使用者的选择和判断，最能体现出使用者的个性和意志。第二，使用者是首位知道人工智能生成物诞生的人，使用者会影响人工智能生成物的公开发行或销售。

本书最开始研究人工智能权利归属时，也曾在三者之间进行判断选择，并最终认为将权利归属于使用者更具有合理性，后来随着研究的深入，发现无论是将权利归属于设计者，还是将权利归属于使用者，其实都是忽略了人工智能本身的主观能动性，都只是将人工智能作为一种辅助工具来看待。在本章的最开头也阐释过，理论上来讲人工智能是其生成物产生的第一动力也是原始动力，正是因为人工智能作为权利主体与民法上的权利主体规定相违背以及难以做到“责任自负”等，所以不得已将权利主体“下放”至对人工智能生成物作出必要安排的自然人。如今的人工智能本身具有独立创作的能力，不能片面地认为生成物仅体现了使用者的意志而否定了人工智能本身自带的逻辑。在现有的人工智能研发环境下，开发人工智能产品的成本较高，开发者多为专业团队，专业团队背后也必然有大企业支持。无论是人工智能的设计者还是人工智能生成物的使用者都是受雇于大企业，从事相应的工作，获得相应的报酬。与其说人工智能生成物是否发表及市场交易的权利掌握在使用者手里，倒不如说使用者也被投资者牢牢掌握着。无论是“使用者”说还是“所有者”说，这两种学说都存在共同的误区，即忽略了在这个技术飞速发展的年代，人工智能不再仅仅是一个权利客体。

第四节　人工智能生成物著作权归属的具体设计

目前学界都试图将人工智能生成物的著作权归于同一主体，本书认为这是传统思路，该种思路并不能适用于具有多种主体共同参与创作的人工智能生成物的著作权归属。人工智能本身是其生成物“智力”的来源，人工智能的设计者付出了最多的体力劳动加上间接的脑力劳动，人工智能的投资者付出了最多的资本支持，人工智能的使用者是最直接的操作者。[①] 正如上文所言，人工智能本身与其设计者、使用者、投资者都为人工智能生成物的产生投入了不同程度的脑力或体力劳动，都作出了不可或缺的贡献。如将生成物的著作权单独归属于他们中的任一角色均是对其他主体劳动的忽视，[②] 每个单独个体都发挥着不可或缺的作用，离开任何一个都不可能单独完成此创作。著作权本身是排他权，各个主体之间存在着利益冲突，有利益冲突就会有平衡的需求。著作权法需要平衡此主体利益和彼主体利益，两者并不是孤立存在的，对此利益的保护同样也是为了更好地维护彼的利益。因此我们立法层面在进行权利归属时，要尽可能地平衡好各个主体之间的权利分配，使各主体的利益关系最大化。

我国《著作权法》对于作者的人身权、财产权作出了较为全面的规定。著作人身权是指作者对其作品所享有的具有各种紧密人身联系的权利，包括发表权、署名权、修改权、保护作品完整权。由于人身权能够体现出权利主体的人格痕迹和特点，所以该权利具有不可转让、不能剥夺、不可继承的特征。著作财产权指作者通过一定的方式利用作品，依法获得经济利益的权利。著作

① 参见宁静：《人工智能生成内容的著作权法保护研究》，西北政法大学 2018 年硕士学位论文，第 25 页。

② 参见张晨：《人工智能生成物的著作权归属探析》，华南理工大学 2020 年硕士学位论文，第 17 页。

财产权的核心在于使权利人获益，权利人为追逐利益最大化对于如何行使权利具有自由选择的权利。针对人工智能生成物这种“特殊”的作品形式，如何更好地平衡设计者、使用者、投资者的利益关系，合理配置三者的权利归属成为本书关注的重点。

一、人工智能生成物可以参考视听作品确定权利归属

我国《著作权法》第17条第1款规定：“视听作品中的电影作品、电视剧作品的著作权由制作者享有，但编剧、导演、摄影、作词、作曲等作者享有署名权，并有权按照与制作者签订的合同获得报酬。”视听作品中电影、电视剧作品的著作权归属于制片者，但编剧、导演、摄影、作词、作曲等作者享有署名权。制片者在电影作品中的作用主要是投入资金、建立剧组，并未从事具体的脑力创作工作。享有署名权的群体却是实际上发挥智力才能的主体，承担具体创作工作，包括电影的总体构思、人物选择、场面调度等任务。署名权属于著作人身权的范畴，归属于参与具体创作的主体，未参与具体创作的制片者享有全部的著作财产权和部分著作人身权，这一权利归属方式为人工智能生成物的权利归属提供了重要参考。电影作品的产生包括目前人工智能生成物的产生都是科学技术发展的结果，此类作品仅靠单独的自然人个体无论是在财力上还是在精力上都无法完成如此烦冗复杂的创作，需要多方主体的参与协调和管理。人工智能的设计者研发出人工智能，再到人工智能生成物的产生，其过程与电影作品的创作有着相似之处，因此可以借鉴《著作权法》对视听作品权利归属的

规定，构建人工智能生成物的权利归属基本规则，在保障设计者、使用者部分人身权的前提下，由投资者获得生成物的财产权和部分人身权。

二、人工智能生成物的著作人身权归属

著作人身权具有强烈的人身隶属性，权利应归属于作者，作者就是作品意志的集中体现者。那么人工智能生成物意志的集中体现者是谁呢？人工智能生成物是由人类发明的人工智能生成的，那么人工智能可否成为人工智能生成物的意志体现者？学界中存在肯定说和否定说，主要是围绕人工智能是否具备法律资格的问题。上文已阐释过，人工智能目前在我国的法律体系中还不具备成为法律主体资格的条件，因此本书持否定态度。既然人工智能无法取得其生成物的著作人身权，那么需要把目光投向与其有紧密联系的人工智能设计者、使用者和投资者。

本书倾向于将人工智能生成物的著作人身权归属于人工智能的使用者，人工智能进行创作的第一步是开启人工智能，而人工智能自身无法完成开启动作，所以重担就落在了使用者的身上。使用者是人工智能生成物“最亲近的人”，使用者基于自己的诉求向人工智能输入信息、发出指令，人工智能在搜集信息后，进行重组、融合、提取，最终输出的内容虽不一定在使用者的意料之中，但绝对是由使用者输入的信息元素构成的，人工智能生成物体现的是使用者的意志。若人工智能生成成果的主要部分都来自机器的重新编排，则权利应归属于机器的开启者。人工智能生成

物依靠外部使用者的指令输入，即便只是点击了“开始”按键，使用者也依然是促使人工智能进行创作，并将生成成果固定下来的人。因此，生成物的内容最能直接体现使用者的劳动成果。

有部分学者认为人工智能生成物体现的是投资者的意志，看似投资者没有参与具体的创作环节，没有投入任何的智力劳动，但其实投资者干预并输入了总体意志，其决定着人工智能生成物的发展方向。本书认为投资讲究的是利益回报，追求利益最大化是商人的初衷。投资者在决定对某一项目进行投资之前，一定会先进行相关市场调查。因为投资者要确保投资的产品是符合市场的需要，符合消费者的需求的，这也正是本书所认为的创作要达到“创有所需”的效果。还有部分学者认为投资者虽未参与具体的创作环节，但掌控着人工智能生成物大的发展方向，因此体现的是投资者的意志。本书认为人工智能生成物成为作品最关键的因素是要具备独创性，即独立完成加最低限度的创造性，显然独立完成的工作并不是投资者亲自完成的。投资者负责把研发人工智能生成物这件事交代下去，至于怎么研发、研发到什么程度、研发成功与否等都不是投资者所能决定的。既然投资者未能参与到具体的创作过程当中，那么从人工智能的构思到最终研制而成，从最初的算法嵌入到人工智能生成物的形成，都未曾体现出投资者的智力劳动，即体现不出投资者的意志。

三、人工智能生成物的著作财产权归属

著作财产权是经济权利，不具有强烈的人身隶属性，是以获

取利益为主要目的而设定的权利，那么在与人工智能生成物密切相关的三类主体中，哪一类主体最需要获得经济利益作为回报，即哪类主体在人工智能生成物研发中付出了最多的财产性贡献？答案显然是人工智能的投资者。人工智能的研发通常表现为团队合作型，作为高新科技的人工智能在其发展研制过程中需要大量的高精尖技术人才，需要为其提供精密的仪器设备以及相关的基础设施和研制材料，这些人力物力都是靠投资者组建筹备起来的，投资者往往是保证各项环节稳步推进的组织者。投资者为人工智能注入了资金支持，这是一项投入大、见效慢的活动，而人工智能及其生成物的财产权就是其长期以来付出想要获得的回报。[①] 投资者确信将来著作财产权归于自身为其源源不断地为人工智能投入资金提供了最大动力。对产业投资者的保护始终贯穿着著作权法的整个历史发展过程，否则不会有法人作品、职务作品的出现，更不会有将电视、电影作品的著作权归于制片者的突破性规定。[②] 一定程度上，投资方的资金支持与否直接关系人工智能研制工作的成败，因此在考虑人工智能生成物的财产权归属时必须考虑投资者的利益。

人工智能的投资者为创作活动提供了巨额的资金并承担极大的市场风险。大部分的人工智能程序和装置的购买者都是投资人所为，给予他们权利和把电影制品著作权归于制作人的政策考虑

① 参见张晨：《人工智能生成物的著作权归属探析》，华南理工大学 2020 年硕士学位论文，第 19－21 页。

② 参见张春艳：《论我国电影作品著作权的归属》，载《法学杂志》2012 年第 9 期。

是一致的，同时也符合某些国家著作权法律中关于数据库创造者的权利的政策考虑，从而使投资者对所使用的程序或装置的实质性投资获得回报。若将人身权赋予人工智能的使用者，为了避免权利的重合，维护多方利益的需要，将著作财产权赋予投资者将是十分必要且合乎逻辑的选择。

四、人工智能设计者的权利规制

设计者是人工智能的发明创造者，在研制人工智能的过程中，毫无疑问是完全按照自己的思想在创作。设计者对人工智能的贡献包括原型设计、塑造新技术、设计人工智能开发工具、收集数据供其学习，其中最重要的部分之一是收集数据供人工智能学习。举一个设计者收集数据帮助人工智能学习的例子：假如我们需要教人工智能来知道什么时候有人举手，为了训练人工智能，我们收集了数千个人举手的视频，并确保这些视频中的人来自不同年龄、性别、种族，有身体差异，从而使收集的数据具有广泛性。随后设计者收集了数千个没有举手的人的例子，帮助人工智能知道什么时候对“是那个人举起了他的手吗?”这个问题做否定回答。最后，他们展示了一些人恶意举手的例子，以便人工智能能够在识别后学会标记它们。设计者按照类似的方法对人工智能进行反复的训练—改进—再训练—再改进，最终确保研制成一个安全的、公平的、高效的，并能解决用户实际问题的人工智能系统。设计者可以让人工智能生成属于它的作品，但设计者并非直接操作该成果得以生成的人。他对人工智能运行的程序享有著作权，但无法认定生成内容是程序简单翻译的结果，所以其不能获得人工智能生成物的权利。也就是说，设计者研制出了人工智能，并不等于创作出了人工智能生成物。在现有的知识产权法律体系下，设计者发明创造了人工智能，人工智能具备《专利法》中新颖性、创造性、实用性的特点，设计者可以成为人工智能的专利权人。《专利法》中赋予了专利权人禁止权、许可权和转让权，专利权人可以通过许可他人使用专利或转让自己的发明专利来收取许可或转让的费用，另外设计者作为研发团队的成员之一，人工智能投资者会给予设计者应得的劳动报酬，设计者已经从专利权权人的身份和类似雇员身份两种渠道获取了相应的报酬，已无须再从后续的人工智能生成物那里寻求著作权经济回报，也没有必要再对其经济利益加以规定。

